陕西师范大学出版基金资助出版
教育部人文社会科学百所重点研究基地
陕西师范大学西北历史环境与经济社会发展研究中心
基地项目丛书

延军平 等著

西北典型区生态脱贫途径研究

XIBEI DIANXINGQU SHENGTAI TUOPIN TUJING YANJIU

中国社会科学出版社

图书在版编目（CIP）数据

西北典型区生态脱贫途径研究／延军平等著.—北京：
中国社会科学出版社，2010.8
ISBN 978 - 7 - 5004 - 9051 - 7

Ⅰ.①西… Ⅱ.①延… Ⅲ.①发展经济学：生态经
济学 - 研究 - 西北地区 Ⅳ.①F127.4

中国版本图书馆 CIP 数据核字（2010）第 165875 号

出版策划 任 明
特约编辑 王树龙 徐亚莉
责任校对 修广平
技术编辑 李 建

出版发行 中国社会科学出版社
社 址 北京鼓楼西大街甲 158 号 邮 编 100720
电 话 010 - 84029450（邮购）
网 址 http://www.csspw.cn
经 销 新华书店
印 刷 北京奥隆印刷厂 装 订 广增装订厂
版 次 2010 年 8 月第 1 版 印 次 2010 年 8 月第 1 次印刷
开 本 710×1000 1/16
印 张 19.75 插 页 2
字 数 330 千字
定 价 38.00 元

基地项目丛书序言

2000 年，陕西师范大学的中国历史地理研究所，以一个新的、名称较长的研究方向——西北历史环境与经济社会发展研究中心，申报教育部人文社会科学重点研究基地，于年底获得批准建立。从即时起，我们就有了一种憧憬和向往，那就是——在这一类领域内如何工作，才能获致一种出色的研究状态？

首先是需要认真打量和认识我们的研究对象。我们所面对的祖国西北地区，自全新世以来即是一个生态环境复杂而差异明显的地方，高寒、干旱、荒漠、黄土、草原等自然景观并存，历史上曾给予在这里生活和从事开发活动的民众以深刻的制约。即便到了近现代，这样的制约还在以不同的方式和面貌进行着。出于各种战略考虑，国家层面对这一地区制定了许多开发计划和实施方案，不仅促进了国家和地方的经济社会发展，同时也增强了社会各界抵御不同自然灾害、减轻自然压力的综合能力。这些过程就构成了我国西北开发建设的独特历史内容。

在此基础上，我们深知，着眼于发展的各项建设事业更具有意义。当前学术发展的一个趋势，即基础研究和应用对策研究相结合，除了政府和政府主管部门的提倡和资助计划所起的作用外，对于社会科学来说，在社会问题成堆出现之时，也正是学者学有所用、大显身手的好机会。即使是在人文科学方面，古今一脉的自然界与人类社会之关系的认识和研究，同样也牵动着学者那根敏感的心弦。因此，在致力于历史阶段内容的研究基础上，其学术视野逐渐转向晚近和现代，是可以寻找到同现实问题联系起来的那些结合点的。

当代社会处在一个倍加关注人类生存和发展条件的时代，人类需要在通晓过去环境变化过程的基础上，预测人类经济社会活动引起的环境影响，掌握生态环境演变的规律和经济规律，安排好事关人类前途命运的环保工作，做出经得起历史和后人检验的成绩。在此种形势下，对于从古到今贯通式研究和总结所获取的经验及其教训，更为有关的有识之士和决策机构所关注。

从 2000 年开始，本单位立项为教育部人文社会科学重点研究基地重大项目的课题已经不少，为了发挥这些科研成果应有的作用，我们计划编辑出版这一套"基地项目丛书"，贡献于我国西部大开发的宏大事业，并以求促进我国人文社会科学事业的繁荣发展。

陕西师范大学西北历史环境与经济社会发展研究中心

2010 年 6 月

引　言

　　《西北典型区生态脱贫途径研究》著作，是教育部人文社会科学重点研究基地重大项目"陕甘宁老区生态脱贫途径研究"（项目批准号05jjd770013）的部分成果，为教育部人文社会科学百所重点研究基地即陕西师范大学西北历史环境与经济社会发展研究中心"基地项目丛书"的组成部分。

　　陕甘宁老区是西部非常典型的区域，具有自然、经济、政治、社会和文化的特殊意义，在陕甘宁老区这样生态环境脆弱的地区，如何实现经济与生态的良性互动发展是一个十分重要的理论与实践问题。开发陕甘宁老区经济脱贫的生态建设途径研究，探讨生态脆弱地区经济系统与生态系统的互动关系机制、经济与生态良性互动发展的途径与模式、经济与生态"双赢"的产业政策及其对策选择，具有重大的学术价值与实践意义。

　　扩大到西部地区，特别是西北典型地区，其生态建设与经济发展如何和谐统一，如何通过完成国家生态建设目标，实现西北典型区经济发展的目标，是一个十分困难而又不得不面对的问题。该著作以西北典型区为例，进行相关实现途径的探索，旨在抛砖引玉。

　　近3年来，项目组先后组织研究人员30多人次赴西北典型研究区进行实证调研，先后赴山西大寨、陕西高西沟、安塞、延安、榆林、靖边、神木、汉中、绥德、佳县、甘肃、庆阳、宁夏银川、内蒙古乌审旗等实地考察，获得了大量的第一手资料，其中组织学生进行入户调查，形成多份调查报告。我们还于2006年7月组织召开了学术研讨会，收集到论文49篇，均在大会上进行交流，取得了很好的效果。项目组成员先后赴西宁参加全国人文地理学术研讨会（2006年8月）、西安中国自然资源学会2007年学术年会（2007年8月）、南昌教育部基地"区域经济合作与互动"会议（2007年12月）、汉中南水北调中线工程水源区水土保持生态补偿机制研讨会（2008年4月）等，交流和宣传研究成果。

　　该著作的主要特色是，提出了西北典型区生态脱贫途径的生态制度优化与层次结构的观点，特别注意了对策的针对性、操作性、制度创新等。生态制度优化，就是在进一步完善生态购买、生态私有制度创新的基础上，提出生态认证、生态捆绑、互动发展观等观点，而且这些制度与途径具有圈层和层次结构，即不同的地区应该实行不同的生态制度和建设途径，具有生态制度创新和生态管理创新的价值。

对矿区生态捆绑进行理论分析。所谓生态捆绑，就是指在生态环境脆弱的地区，为了实现生态环境与经济"双赢"的目标，以优势矿区企业为依托，把企业所在区域的整体发展速度和质量作为企业考核标准，依据捆绑能力来实现生态重建，形成企区利益共同体，实现企业与区域的生态环境与互动"双赢"。生态捆绑是基础，经济捆绑是途径，区域捆绑是目标。

对陕甘宁及黄土高原地区几个典型村发展状况进行了系统总结，凝练集成了生态脱贫的"大寨模式"、"高西沟模式"、"靖边模式"及"宁夏模式"等。

山西大寨村虽然不属于西北地区，但同样位于黄土高原，其经济发展方式对西北地区有一定启示。大寨村在保持生态稳定的前提下，大力发展特色经济，特别重视发挥品牌效益，基本实现了生态脱贫的目的，目前仍然是黄土高原地区生态脱贫的发展典型区。通过对陕西高西沟的调研，认为高西沟也经历了与大寨村类似的发展历程，但目前处于发展经济的时期，还没有实现生态脱贫，与大寨村比较还需要继续努力。通过对靖边生态经济的系统动力学（System Dynamics）分析，认为靖边县生态与经济互促型发展途径，应该通过调节农业投资系数等参数来实现，当农业投资系数为 0.266、人口出生率为 0.0115 时，靖边县生态与经济即可达到良好的互动效果。而在自然型发展方案中，农业投资系数为 0.242049，人口出生率为 0.012。

应该说关于西北及陕甘宁老区的生态脱贫途径研究才刚刚开始，我们的研究仍将继续下去。基于研究者的专业背景，研究中重视了区域思维，突出了生态经济学和经济地理学的方法，而关于经济学的思考比较欠缺，有待后续研究进一步完善，欢迎读者批评指正。

本著作由延军平教授组织策划，并主要执笔和统稿。其中第四章由西安财经学院陈正教授执笔，张芳、陈锋、张红娟、周立花、董华英、丁金梅、肖雁、曹小星、李彩飞等研究生参与了野外考察，并执笔部分内容，部分本科生也参与了一定的工作。

该著作由陕西师范大学出版基金资助出版，特此致谢。

目　录

第一章 研究意义

第一节 研究区域与实践意义

陕甘宁老区是我国中部的生态屏障、重要的能源基地，在西北经济发展中具有重要地位，且是对社会政治影响重大的特殊典型区域。这里的生态建设与经济脱贫实践，是实现西部生态安全、经济安全及全面协调可持续发展的重要组成部分。

陕甘宁老区包括陕西 25 个、甘肃 8 个和宁夏 8 个县区，地理位置为 105°10′E—111°34′E，35°14′N—39°35′N，跨东经 6°24′，跨北纬 4°21′，主体位于黄土高原丘陵沟壑区及毛乌素沙地南部，总面积 13.8×10^4 平方公里，其中黄土高原丘陵沟壑区及山区占 75.8%，毛乌素沙地风沙区占 24.2%。

陕甘宁老区生态环境十分脆弱，这里又位于东亚夏季风边缘带，气候干旱且不稳定，是中国脆弱生态环境的重要分布区，也是中国"贫困地区的分布呈现与脆弱的环境类型分布相一致的空间集中分布特征"的典型，是国家黄河上中游生态环境重点建设区。这里约 50% 的地区（6.83×10^4 平方公里）土壤侵蚀模数每年每平方公里 5000t 以上，极端值曾达 3×10^4t 多，是世界上水土流失最严重的地区，形成的大量泥沙对黄河下游安全造成严重威胁，见图 1-1。

陕甘宁老区主体位于黄土高原，黄土高原的生态状况直接体现和控制着陕甘宁老区的生态质量。众所周知，虽然现在黄土高原的水土保持治理以及黄河下游的清淤治理都取得了一定的效果，来沙量呈明显的减少趋势，但下游河道淤积量在总体上并无减少的趋势。黄河下游河道淤积量随来沙量的减少而减少，随来水量的减少而增加。大规模的水土保持，使入黄泥沙大幅度减少，有利于下游河道减淤；人类大规模开发利用黄河水资源，使下游河道来水量大幅度减少，输沙能力下降，使下游淤积量增加。二者在数量上接近于相等而互相抵消，使得下游淤积量并无减少的趋势。黄河下游来沙量大幅度减少而淤积量基本保持不变，这主要是由于河道泥

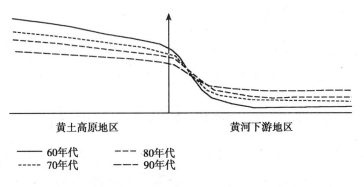

黄土高原地区　　　　　　　　　黄河下游地区

———— 60年代　　　 ----- 80年代
----- 70年代　　　 ----- 90年代

图1-1　黄土高原水土流失与黄河下游悬河化相关程度示意图

沙输移比减小所导致的结果；而泥沙输移比的减小则与下游河道水流输沙能力的减弱和来沙系数的增大有关。所以，在未来较长的时间内泥沙淤积依然存在，河床将继续抬升。

由于黄土高原的水土流失，大量泥沙被河水携带到下游，造成黄河下游淤积不断抬高，而且下游淤积量保持一个相对稳定的状态，淤积的大概规律是黄土高原的地表每年侵蚀0.01米表层土壤，黄河下游泥沙就会淤积抬高0.05—0.1米左右。因此，陕甘宁老区的生态问题，也是全国的生态问题。

陕甘宁老区2002年总人口1024万，每平方公里有74人，远远超出联合国半干旱区每平方公里20人的允许界限，目前仍为中国的贫困地区，且极易返贫。这里41个县区中有老区县29个，同时有29个县为国家扶贫开发工作重点县（见表1-1）。

表1-1　　　　　　　　　　陕甘宁老区不同范围的比较

	研究区——陕甘宁老区	老区县	国家扶贫开发工作重点县
陕西	清涧、绥德、子洲、米脂、吴堡、佳县、府谷、神木、榆阳区、横山、定边、靖边、宝塔区、安塞、吴旗、志丹、子长、延川、延长、甘泉、洛川、富县、黄龙、宜川、黄陵（25）	府谷、神木、横山、清涧、绥德、子洲、米脂、吴堡、佳县、定边、靖边、安塞、吴旗、志丹、子长、延川、延长、甘泉、洛川、富县（20）	清涧、绥德、子洲、米脂、吴堡、佳县、府谷、横山、定边、靖边、安塞、吴旗、子长、延川、延长、宜川（16）
甘肃	西峰区、环县、华池、庆阳、镇原、合水、宁县、正宁（8）	西峰区、环县、华池、庆阳、镇原、合水、宁县、正宁（8）	环县、华池、镇原、合水、宁县（5）
宁夏	西吉、海原、原洲区、隆德、泾原、彭阳、同心、盐池（8）	盐池（1）	西吉、海原、固原、隆德、泾原、彭阳、同心、盐池（8）
合计	41	29	29

全区农民人均纯收入约占全国农民人均纯收入的45%。2001年全国农民人均纯收入为2366元，矿产资源丰富的陕西神木、靖边县也分别仅为1318元、1336元（2002年为1490元）。近年来返贫问题也十分严重，1999年榆林市有贫困人口15万，但返贫人口为32.4万；2000年宁夏南部贫困人口由1999年的30.5万增加为52.7万，其中固原县返贫率为30%，贫困面达到38%，贫困人口由原有的3.5万人增加为2000年的16.64万人。

近年来国家实行的退耕还林等政策，使这里的生态环境得以初步恢复，但如何实现退耕还林后的软着陆，还需要做深入的实证研究。

生态脱贫，就是通过生态途径实现经济致富，生态是手段，致富是目的，其实质是实现生态与经济的良性互动发展。

该项目实践意义的核心是：关于生态与经济综合研究，把陕甘宁老区作为一个整体的研究还比较欠缺。陕甘宁老区的生态环境问题实质上是经济问题，即由于经济贫困产生生态环境问题，解决生态环境问题的途径只能是通过经济利益驱动。通过"陕甘宁老区生态脱贫途径研究"，探讨生态环境建设与经济发展互动促进的有效途径，实现生态效益与经济效益的有机统一，实现可持续的生态脱贫和经济发展，其实践意义十分巨大。

为了获得更大范围的相关实证案例，我们在陕甘宁老区范围的基础上，部分研究内容扩大到了其他省区，个别个案研究还选择了具有类似环境条件的山西典型村——大寨进行比较研究。

第二节　学术价值与目标

该项目的主要学术价值在于丰富了生态经济学的内涵。生态经济学是一门综合交叉学科。生态环境与经济发展是密不可分的，二者共同存在于一个更大的系统中。在环境脆弱的地区，两者中任何一个的变化都会影响到另一个的变化，且会使整体效益下降，即每个经济决策和行为都会影响生态环境，生态环境的每一种变化也会影响经济系统的正常运转。

通过陕甘宁老区生态脱贫途径研究，探讨生态脆弱区经济系统与生态系统的互动关系与互动机制（见图1-2），对扩展经济学的研究范围、把经济学的研究视野由对经济系统的关注拓展到对自然生态系统的关注具有重要意义。

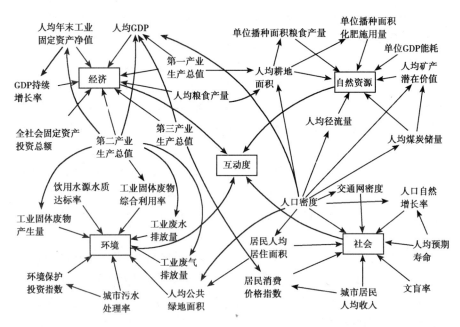

图1-2　基于系统动力学的生态与经济互动关系图

通过研究，不仅丰富了生态经济学中生态经济系统、持续发展、系统结构、功能与平衡的理论观点，还拓展了生态经济产业、生态安全与乘数效应战略、生态补偿与制度创新的应用价值。这些正是本项目研究要遵循的主要指导思想。

生态与经济有不同的组合关系，二者的互动协调发展是我们的最终目标。在许多情况下，存在强生态、弱经济；或弱生态、强经济的现象。如陕西省森林覆盖率33.9%，但2006年人均GDP位列全国第20名，人均仅为9918元。

资源与经济互动发展，是生态与经济互动发展的重要组成部分。目前存在一些相反的情况，即资源越富，百姓越穷。例如，湖南新晃：汞矿挖尽，贫穷依旧；四川攀枝花：富财政，穷百姓；陕、蒙：富了城市，苦了农村。2006年全国农民人均纯收入为3587元，而陕西为2260元，同期榆林市北部矿区6县区，榆阳区为2921元、神木为3594元、靖边为2022元、府谷为2125元、定边为2135元、横山为1838元。

生态、资源、经济三者有不同的组合类型。例如，陕西陕南：强生态、地上资源多、弱经济；陕北：弱生态、地下资源多、外强经济（内弱——老百姓经济贫困）；西北地区：弱生态、地上资源少、弱经济。总体而言，陕西及西北经济发展水平差。如何使这些地区在不同生态、资源条件下，实现经济的快速发展，需要我们从制度创新角度进行深入讨论。

学术价值的核心是：本项目把生态环境纳入经济学研究之中，把生态建设纳入经济发展之中，以陕甘宁老区为实证研究，探究此类区域经济发展与生态环境重建互动的创新模式。陕甘宁老区生态脱贫途径研究，其本质就是经济发展与生态建设的协调互动问题。本项目以生态经济学理论为基础，以经济与生态双赢为条件，以实证研究为手段，以区域可持续发展为目标。其研究的技术路线是，在历史与现状整理的基础上，提出理论创新、制度创新的观点，通过区域实施方案实证分析提出实施对策。通过制度结构优化，找到一些突破点，有利于完善和拓展经济学研究领域。

本项目的研究目标具有层次性。学术研究的目标是，建立具有西部特色的生态型经济与市场化生态建设良性互动"双赢"发展模式。实践层次的目标是，提出陕甘宁老区生态、经济与社会系统协调发展的创新制度和政策，满足生态脱贫需要。

为了体现学术价值、实现研究目标，本项目总体框架的层次结构表达如图1-3所示。

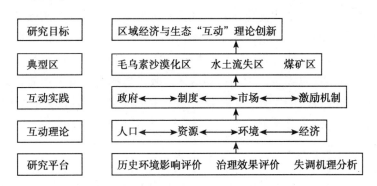

图1-3　总体框架的基本内容及研究思路

第三节　制度结构优化

针对西北地区脆弱的生态环境，为实现陕甘宁老区经济发展与生态建设的良性互动，就其生态经济发展模式的制度优化层次结构、生态经济制度创新的层次结构和生态经济管理创新的层次结构等进行研究。

制度优化。我们研究认为，生态文明是理想目标，生态制度建设是根本，生态工程建设是途径，生态意识与生态行为是基础。生态文明的目标是要实现生态与经济的良性互动发展，而创建生态文明的关键是要建立科学的生态文明制度。目前，建立生态文明制度的重点是先要建立生态补偿制度，而要开展生态补偿的关键是要做好制度创新，制度创新的关键是制度区域优化。

中国区域广阔，生态环境十分脆弱且具有多样性，各地的经济发展水平差异巨大，这就决定了生态建设途径应该具有多样性，生态建设制度也要具有多样性。基于这样的认识，我们曾提出了一些关于制度创新与实施途径的建议，如生态购买、生态私有等制度创新的建议，以及生态草建设、生态特区建设、生态河流建设等管理制度与实施途径的设想。最近，针对湿润、半湿润地区生态建设需要，我们提出了生态认证的观点，针对矿区特点提出生态捆绑的观点，还提出了生态义务的对策建议，等等。我们认为，这些旨在促进陕甘宁及西北地区生态与经济互动发展的制度与途径，其实施重点在区域空间上要有选择性，即要进行制度优化。制度优化，就是不同区域选择不同的生态建设制度。制度优化的理论意义在于提出制度创新的圈层结构优化途径，其实践价值是探索不同的实施途径。

制度创新的圈层结构。20世纪80年代初，邓小平同志就西部地区的经济发展问题曾经说过："对地广人稀、经济落后、生活贫困的地区，像贵州、云南、甘肃等省份中的这类地区，政策要放宽，使他们真正做到因地制宜，发挥自己的特点。"那么，对于生态环境十分脆弱的西北地区，在生态环境建设中，是否也应放宽政策，使他们尽快改变生态环境的面貌呢？

在陕甘宁老区，最理想的状况是实现生态建设与经济发展的良性互动。如何实现这一目标，我们就陕甘宁老区生态经济发展模式的制度优化层次结构（见图1-4）、生态经济制度创新的层次结构（见图1-5）和生态经济管理创新的层次结构（见图1-6）进行初步探讨。

如图1-4所示，在干旱区、半干旱区与半湿润区等不同气候区，应该实现不同的制度创新及不同的管理创新。由于具有不同的自然环境特点，即分别是沙漠区、农牧交错区与黄土高原区等，因此应该分别实行生态私有、生态购买与生态认证等管理制度，以调动人们生态建设的积极

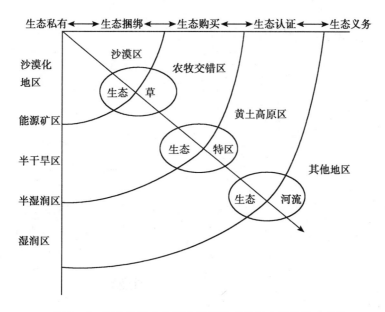

图1-4　西北地区生态经济发展模式的制度优化层次结构

性。在实施途径方面，也应该有选择的层次，即在沙漠干旱区应该建设生态防护草，在半干旱的农牧交错区建设生态特区，在半湿润的黄土高原区建设生态河流。

所谓生态私有，就是对干旱地区生态环境脆弱的沙荒地实行"私有责任制"，即根据自愿和公平分配的原则，由老百姓自己管理沙荒地，保证一定的林草覆盖度，实行自己投资、自己受益，并且允许继承、转让，但土地所有权仍归国家所有。生态私有政策仅在干旱地区生态环境脆弱的沙荒地实行，具体范围由国家根据具体情况划定，可以是一个区域，也可以是一个区域的局部地区。具体分配的数目和地点，应符合自愿的原则和公平的标准，管理者对于沙荒地的林草具有所有权，国家对承包出去的沙荒地只要求有一定的林草覆盖度，并不获取经济利益，如果达不到要求，那么国家有权无偿收回，并予以重新分配，视情况还要对承包者进行一定惩罚。

所谓生态购买，就是国家为了生态环境的持久安全，在半干旱区生态环境建设中实行国家市场经济体制，选择生态环境极端脆弱且又具有全局意义的地区，启动专门的生态工程，确定专门的职能机构，每年依据林草恢复的数量和自然生态质量来付给林草所有者相应的货币，实现国家要

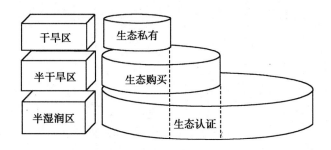

图 1-5　西北地区生态经济制度创新的层次结构

"被子"与农民要"票子"的双赢目标（即生态脆弱环境的良性循环与农民的生态致富），最终实现经济与生态的良性互动发展。生态购买是一种生态效益管理形式，是一种对环境生态效益的补偿，在理论上类似于"空间激励"行为，即国家在某一区域制定特殊的政策来刺激生态建设与经济发展。

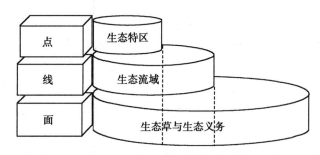

图 1-6　西北地区生态经济管理创新的层次结构

图 1-6 为生态经济管理创新的层次结构，即在西北地区，生态草建设（不是防护林）是面上管理途径，应该在西北地区具有普遍性，生态义务更是全民的普适义务；生态流域是对河流的生态化管理，是线上管理途径，包括河流上游的生态保护、中游的生态治理、下游的生态防护等，而不仅仅是对水资源的工程开发；生态特区则是在少数生态功能区实施的管理制度，选择限制或禁止开发的主体功能区，实行严格的生态保护制度。

针对陕甘宁老区部分地方拥有丰富矿产资源的特点，我们提出了生态捆绑的互动发展制度建议。

生态捆绑，就是指为了实现区域经济与生态环境"双赢"的目标，在生态环境脆弱的地区，以优势企业为依托，把企业所在区域的整体发展速度和质量作为企业考核标准，通过捆绑实现生态重建。通过经济捆绑带动企业所在区域实现可持续发展，进而实现生态捆绑，形成企业与区域的利益共同体，实现企业与区域的生态环境与经济互动"双赢"。捆绑能力是以企业产值或利润大小来确定，一般应为企业产值的 10% 或 1/3 左右。

生态捆绑的实质就是资源开采的同时不能忽视生态环境的建设，二者"两手抓，两手都要硬"，生态捆绑是基础，经济捆绑是途径，区域捆绑是目标。经济的发展得益于各种资源的开发，为了经济的进一步发展，人们忽视了生态环境，煤炭开采造成了水资源的匮乏，采煤造成地面塌陷，矸石堆放破坏了土地，大气污染严重，煤渣、煤灰污染环境，生态环境日益恶化，让人们不得不将生态与经济"捆绑"在一起思考，生态环境与经济的发展有着密切的关系，生态环境是潜在的资源，是未来的生产力，是经济发展的基础。良好的生态环境为经济发展提供了资源充分利用的客观条件，促进了经济的发展，相反，生态环境一旦遭到破坏，就会阻碍经济的发展，不仅如此，生态环境问题还具有显著的空间扩大效应：一个地方生态环境被破坏了，受害的不仅仅是当地，其他相关地方也往往成为受害区域。一旦大规模开采就会引起河流断流，从而引发其下游的一系列生态环境问题。

第四节　创新性

该项目的学术核心是凝练集成体现科学发展观的互动发展思维，学术重点是探索生态制度创新及生态制度的优化途径，主要的政策建议是推行生态认证，实行生态义务制。

一、关于互动发展观的思维

互动发展观是科学发展观的重要组成部分。该项目以"互动"为主线，开展西部经济发展与生态环境重建互动发展关系研究，探讨生态脆弱地区经济系统与生态系统的互动关系机制、经济与生态良性互动发展的理论、模式与实践途径、经济与生态"双赢"的产业政策及其对策选择，寻求经济发展与生态保护两难命题的生态经济解决途径，运用科学发展观及互动发展观统筹西部地区的发展，具有重大的学术价值。研究认为，互动应该成为建设和谐社会的途径、目标，不仅仅要实现经济发展与生态环境的互动，更应该是全社会多要素的互动。

二、关于生态制度优化的理论观点

第一次提出了生态脱贫途径的生态制度优化与层次结构的观点，特别注意了对策的针对性、操作性、制度创新等。生态制度优化，就是在进一步完善生态购买、生态私有制度创新的基础上，提出生态认证、生态捆绑、互动发展观等系列观点，而且这些制度与途径具有多重圈层和层次结构，即不同的地区应该实行不同的生态制度和建设途径，具有生态制度创新和生态管理创新的价值。生态制度优化，就是不同区域选择不同的生态建设制度。

三、首次关于生态捆绑制度的建议

所谓生态捆绑，就是指为了实现生态环境与经济"双赢"的目标，在生态环境脆弱的地区以优势企业为依托，把企业所在区域的整体发展速度和质量作为企业考核标准，依据捆绑能力来实现生态重建。通过经济捆绑带动企业所在区域实现可持续发展，达到生态捆绑，形成企区利益共同体，实现企业与区域的生态环境与经济互动发展。

四、首次提出生态义务的对策建议

在前期研究的基础上，我们提出生态义务的概念；为了生态建设的持久进行，建议实行生态义务制；为了确保生态义务的落实，国家应该尽快制定生态义务法。

生态义务，就是国家为了生态环境的持久安全，尽快实现生态文明，根据生态建设需要制定的生态建设法规，要求公民必须承担一定的生态安全责任。即强制要求公民承担一定的生态建设义务，明确相应的保护区域，确保生态成果的可持续性。

履行生态义务，虽然不需要服生态役，但责任是明确的，任何人不能逃避。

五、关于陕甘宁老区及相关典型区互动发展模式的探索

第一次对陕甘宁及黄土高原地区的几个典型村进行了系统总结，凝练

集成了生态脱贫模式的"大寨模式"、"高西沟模式"、"靖边模式"及"宁夏模式"等。

通过对山西大寨村的调研，认为大寨村经历了"经济贫困（60 年代前）—重视生态（60—70 年代）—发展经济（80 年代）—生态与经济互动（90 年代后）"的四个发展阶段，目前在保持生态稳定的前提下，大力发展特色经济，特别重视发挥品牌效益，基本实现了生态脱贫的目的，目前仍然是黄土高原实现可持续发展的典范。我们还特别讨论了陕西米脂高西沟、靖边、宁夏沙产业及山西大寨典型村等经济与生态互动发展模式。

概括起来，该项目力求突出 3 个内容：

关于提高学术性的问题。在总结过去研究成果的基础上，进一步提出了生态制度优化与圈层结构的区域制度创新的层次性观点。根据陕甘宁老区生态环境建设存在的问题，应用地理学地带性规律、区域分异规律及圈层结构理论，认为干旱区应该实行生态私有、半干旱区实行生态购买、半湿润区实行生态认证等制度，实现制度结构的优化。在实施途径上，提出了在干旱地区进行生态草建设，在半干旱地区进行生态特区建设，在半湿润地区进行生态河流建设，在矿区实行生态捆绑的政策等观点等。这些观点可以开阔应用经济学的视野。

关于增强实践性的问题。通过不同典型区的实证分析，认为不同地区应该实行不同的生态制度和建设途径，研究中提出的生态认证（西北地区）、生态捆绑（矿区）、全国实行生态义务制等生态管理创新，具有很强的实践操作性。

关于认识规律性的问题。在认识历史规律的基础上，提出了黄土高原地区生态环境的演化具有可逆性的观点。不同的人为活动则会导致不同的发展方向。历史上黄土高原地区也有人与自然的互动发展，生态环境比较好。畜牧对天然植被的破坏通常较农业轻微，目前黄土高原生态建设应坚持宜林则林、宜草则草、宜荒则荒的原则，注重生态自我修复功能，采取退耕、禁牧、封育等措施，推动黄土高原地区大面积的植被恢复和生态系统的改善，加快水土流失治理步伐。

第二章 基于历史经验的经济发展与生态失调机理分析

第一节 陕甘宁老区气候暖干化趋势

联合国气候变化公约中明确指出，干旱和半干旱地区或易受水灾、旱灾和沙漠化影响地区的国家以及具有脆弱化的山区生态系统的发展中国家，特别容易受到气候变化的不利影响。而且，已有研究表明，我国近百年来的气候已经发生了明显的变化，其趋势同全球变暖的总趋势一致。从地域来看，我国气候变暖的主要地区是西北、华北、东北地区，其中西北地区（陕、甘、宁、新）变暖的强度高于全国平均值。鉴于我国西部自然和人类生态系统具有脆弱性，未来的经济社会发展就要求提高系统的适应能力，减少其脆弱性。陕甘宁老区位于季风区边缘，水土流失严重，是全球气候、环境变化相应的敏感区域，所以陕甘宁老区的气候变化研究对于山川秀美工程的实现将具有十分重要的意义。

我们选取的是1951—2004年的气象资料，包括延安市（延安、吴旗、志丹、洛川、黄龙、富县、宜川、甘泉、延长、延川、安塞、子长），榆林市（榆林、衡山、绥德、定边、府谷、神木、佳县、米脂、靖边、子洲、吴堡、清涧），庆阳市（西峰、华池、庆阳、正宁、环县、镇原、合水、宁县），固原市（盐池、海源、同心、固原、西吉、隆德、径源），共39个测站的年平均气温，年平均降水量的记录，用回归分析方法将短的气候要素时间序列插补延长，使时间集中在1951—2004年间，分年代统计气温和降水及各年代在各种等级的发生频率，对比分析气温和降水两大要素多年来的变化趋势及变化规律、变化特征，以求能够客观而全面地反映陕甘宁老区多年来的气候变化情况，重点关注自1999年退耕还林以来气候条件有无明显的改善。

在陕甘宁老区气候变化的致灾效应分析中，有的学者已经分析得出结论：陕甘宁老区气候正在变干变暖，极端旱涝事件尤其是干旱的发生频率越来越高，脆弱生态环境的灾害更加严重。气温的暖干表现在年均温、年极端气温升高，平均相对湿度下降。20世纪80年代后期，尤其是进入90年代以来，陕甘宁老区的降水减少。这种敏感的气候变化致使20世纪90年代成为陕甘宁老区水土流失最为严重的时期。而且，气候的暖干化使老区大气水和地表水大量减少，贫水化程度十分严重。

一、气温变化

（一）年均温变化

由图2-1可见，陕甘宁老区年平均气温一直处于一种波动中的持续上升过程当中，线性倾向率可达0.025℃/天。

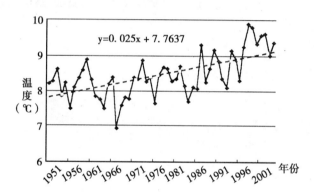

图2-1 陕甘宁老区年代均温变化

从多年平均气温和各年代平均气温的变化趋势对比图（见图2-2）可以明显地看到，60年代的年平均气温相比较于50年代虽然有一个降低的过程，但是进入70年代以后，各年代的平均气温一直保持高度增长的过程，尤其是20世纪末，年平均气温值在多年平均值（8.45℃）之上居高不下。80年代年平均气温比70年代仅增长了0.1%，到了90年代，年均温竟然比80年代增长了7.6%，而2000—2004年五年的气温均值又比90年代增长了4.6%。

分析多年来气温距平值（见图2-3）的变化过程可知，60年代正距平年仅占10%，到七八十年代升为30%，而90年代以后正距平年所占的比例明显升高，一跃而至70%，并且在进入21世纪的五年里始终处于正

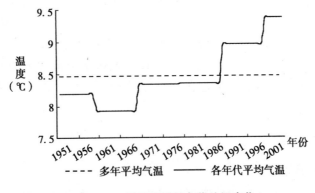

图2-2　陕甘宁老区年代均温变化

距平状态，气温值居高不下，这很明显地表征出气温在总体上保持着一个很高的增长趋势。

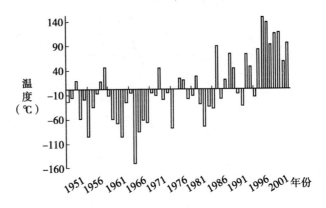

图2-3　陕甘宁老区年均温距平变化

陕甘宁老区的年均温年代际变化频率见表2-1。每十年做一次统计，如以1950—1959年为50年代，1960—1969年为60年代，以此类推，到90年代之后，2000—2004年五年为一阶段，分析年均气温各种等级的发生频率，从表2-1中也可以看出，从1951年到2004年，高温天气的发生频率逐年增加，在50年代大于9.0℃的天气从来没有出现过，可是进入21世纪以来，年均温居然在9.0℃以上居高不下，大于9.5℃的天气出现频率达到40%。

表 2 - 1　　　　　　　　　陕甘宁老区年平均气温年代际变化频率表

等级＼频数＼年代	≥6.0℃	≥6.5℃	≥7.0℃	≥7.5℃	≥8.0℃	≥8.5℃	≥9.0℃	≥9.5℃
50 年代			100	89	22			
60 年代	100	90	80	40	10			
70 年代				100	80	30		
80 年代				100	90	30	10	
90 年代					100	70	50	20
2000—2004 年							100	40

中国科学家在国外气候模式的基础上，发展和建立了自己的气候模式，预测出我国未来平均温度将继续上升，到 2010—2030 年，全国平均气温可能上升 2.12℃。做 2030 年和 2050 年的气温地理分布图，对比分析可以很明显地看到气温的上升幅度将是由南向北升高，西北和东北地区温度上升明显，到 2030 年，我国西北地区气温可升高 1.9℃—2.3℃。然而，从所给数据分析来看，1999 年之后，虽然 2001 年和 2004 年的气温值和上一年相比在一定程度上有所回升，但是相对于 1999 年来说还是有所下降的，在一个小周期内的变化趋势比较乐观。

分别做延安、榆林、庆阳、固原四个地区的年均温变化曲线图，经分析四个地区年均温的变化趋势同地区气温总的变化趋势保持高度的一致性，其变化趋势线性方程分别为 $Y_固 = 0.0192X + 6.2163$，$Y_榆 = 0.0406X + 7.8773$，$Y_庆 = 0.0301X + 7.9898$，$Y_延 = 0.0068X + 9.1625$，在增长速度上，榆林地区表现最为突出，其线性倾向值达到 0.0406℃/天，和延安（0.0068℃/天）、庆阳（0.0301℃/天）、固原（0.0192℃/天）三个地区相比有更加剧烈的上升趋势。然而，总体而言，四个地区有比较一致的约十年的周期性变化规律，其气温值均在 1998 年、1999 年达到一个周期的最高峰，继此之后各区的年均温较 1999 年都有一个下降的趋势，但是并没有持续下降，依然具有一定的波动性，在 2003 年之后略有回升。

（二）年极端气温变化

由图 2 - 4 可见，年极高气温同年平均气温一样在波动中呈现不断上升的趋势，线性倾向率为 0.0234℃/天。计算各年代的气温平均值，50—

90年代分别为33.7℃、32.9℃、34.3℃、33.5℃、34.3℃，2000—2004年五年期间气温平均值为35.0℃。可见，气温的总体增高仍然是一个很严重的问题。但是1999年之后，年极高气温还是有了一个逐年下降的趋势，只有2004年较2003年略有回升。虽然这只是在大的气候变暖背景下的一个微弱的缓和，对于气候的转型却也有着极其重要的作用。

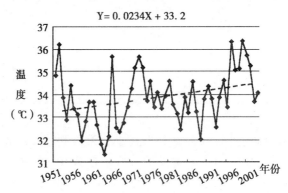

图2-4　陕甘宁老区年极端高温变化

而且在各分区的极端最高气温变化曲线图上，也可以很明显地看到各个地区温度变化的一致性，除固原地区的极端最高气温略有下降外，延安、庆阳、榆林三个地区的极端最高气温在很大程度上仍旧处于上升的过程当中，各区的变化趋势线性方程分别为 $Y_{固} = -0.0092X + 32.084$，$Y_{庆} = 0.0424X + 31.976$，$Y_{延} = 0.0068X + 35.029$，$Y_{榆} = 0.0147X + 35.532$，增长速度尤以庆阳地区为快，达到0.0424℃/天，其次是榆林地区，为0.0147℃/天，最后是延安地区，为0.0068℃/天。

由图2-5可见，年极端最低气温也处于一个波动中的逐渐上升过程当中，其线性倾向率为0.0265℃/天。从各年代平均气温值上来看，50—90年代均值分别为-21.9℃、-19.9℃、-20.7℃、-20.0℃、-19.8℃。进入21世纪，虽然它依然有一个逐年上升的趋势，可是和90年代相比较略有下降，五年的年均温下降了0.8℃。

做各分区的年极端最低气温变化趋势图，可知各分区线性变化趋势方程分别为 $Y_{固} = 0.0682X - 24.421$，$Y_{榆} = 0.0008X - 21.218$，$Y_{庆} = 0.0283X - 19.059$，$Y_{延} = 0.0378X - 21.209$，以固原地区增长最为迅速，达到0.0682℃/天，其次是延安，为0.0378℃/天，再次是庆阳，为0.0283℃/天，最后是榆林，为0.0008℃/天。

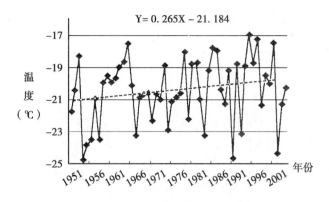

图 2 - 5　陕甘宁老区年极端低温变化

可见，年极端气温同年平均气温一样保持着一种波动中总体上升的大趋势，只是 1999 年以后，从逐年角度分析的话，无论是年极端气温还是年平均气温都有一个下降的变化趋势，证明在大的变暖趋势下有个良性转变倾向。

二、降水变化

（一）降水在减少

如图 2 - 6 所示，年降水量的值一直处于一种波动中不断减少的变化趋势，其线性倾向率可达 - 1.2195 毫米/天，而且，从图 2 - 6 中可以很明显地看到，进入 70 年代以后降水量的减少幅度骤然增大，比 60 年代减少了 10.6%，而且，逐年发展中降水量一直在减少，80 年代比 70 年代减少了 1.7%，90 年代比 80 年代减少了 2.1%，2000—2004 年五年之内，降水量平均值比 90 年代竟然减少了 3.1%。

从多年降水量距平值变化趋势图（见图 2 - 7）分析，可知 60 年代正距平年占 70%，进入 70 年代以后，下降到 50%，并按这个比例保持到 90 年代，1999 年之后，正距平年所占的比例明显减少，只有 2004 年降水量比较丰沛。

年平均降水量的年代际变化频率见表 2 - 2，同样以每十年为一个年代，进入 21 世纪之后 2000—2004 年五年为一阶段，分析年平均降水量的各种等级发生频率，得出结论是 60 年代为一个典型的降水丰沛期，虽然年降水量最高值达到 700 毫米/天的出现频率并不高，然而随着时代的发展，年均降水量却在逐年减少，2000—2004 年五年期间年降水量甚至没

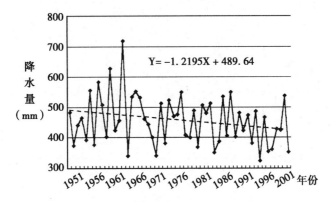

图 2 - 6　陕甘宁老区年降水量变化

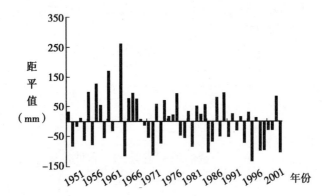

图 2 - 7　陕甘宁老区年降水量距平变化

有超过 500 毫米的年份，降水量达到 450 毫米的也仅占到 20%。

表 2 - 2　　　　　陕甘宁老区年平均降水量年代际变化频率表

等级 频数 年代	≥300mm	≥350mm	≥400mm	≥450mm	≥500mm	≥550mm	≥600mm	≥650mm	≥700mm
50 年代		100	67	56	33	22			
60 年代	100	90	90	70	50	30	20	10	10
70 年代	100	90	80	50	30	10			
80 年代		100	70	50	30				
90 年代	100	90	70	50	10				
2000—2004 年		100	60	20					

　　然而从 1999 年之后来看，降水量却有了一个逐年稳定上升的过程，只是在 2004 年突然大幅下降。不过，就总体而言，1999 年之后其变化趋势还是比较乐观的。

　　在延安、榆林、固原、庆阳四个地区的年平均降水量变化曲线图也不难看出，各个地区的降水变化具有一致性，都处于一种急剧减少的过程当中，其线性变化趋势方程分别为 $Y_延 = -2.4236X + 592.91$，$Y_榆 = -1.4983X + 453.26$，$Y_固 = -0.3519X + 361.79$，$Y_庆 = -0.82X + 558.53$。以延安地区减少最为迅速，甚至达到 -2.4236 毫米/天，其次是榆林地区，为 -1.4983 毫米/天，再次是庆阳地区，为 -0.82 毫米/天，最后是固原地区，为 -0.3519 毫米/天。

　　（二）气温和降水的关系

　　对比图 2 - 1 和图 2 - 6 不难看到，气温和降水的步调一致，趋势相反，只有 1950—1960 年之间气温降低，降水量增加是一个良好的气候变化过程。从 1970 年开始，各年代气温值就开始不断地回升，而降水量则不断地下降，两者变化都比较激烈。

　　气候的暖与干两个因子又是互相影响，互相促进的，一般认为，陕甘宁老区气温增加的同时降水量却在减少，即气候在变暖的同时却日益干旱，而干旱又会促使气候进一步变暖，循环的结果只能是气候的日益暖干。所以据有关研究表明，西北地区目前正处于全球气候波动的暖干期，在未来的几十年甚至几百年中，在全球气候转暖的大环境下，西北地区降水量的变化也不容乐观，反而温度升高，蒸发量加大，脆弱的生态环境，叠加人为活动的影响，对生态环境建设的难度加大。

　　然而 1999 年之后逐年来看，温度逐渐降低，降水量逐渐增多，这对于大的气候变暖背景下气候类型的转变却是一个好的征兆。

三、干燥指数

　　以降水代表水分收入，蒸发代表水分支出，多年平均蒸发量与降水量之比，称为干燥指数，又叫干燥度。利用干燥指数作为我们研究和预测全球变化对于人类及生物赖以生存的生态环境的影响，对于制定应对的策略、方法与途径具有重要的理论和现实意义。同时，干燥指数的统一和可比性，对于我国干湿气候区划、荒漠化、干旱化等相关的研究会起到重要的作用。

　　通过陕甘宁老区各年代干燥指数对比分析表（见表2－3）可见，从50年代一直到2004年，干燥指数在不断地增大，只有80年代有一个小幅度的下降，进入90年代以后，干燥指数比80年代增加了5.6%，而进入21世纪以来，仅五年的时间，干燥指数就比90年代增加了4.4%。

表2－3　　　　　　　　陕甘宁老区各年代干燥指数对比分析表

年代	50年代	60年代	70年代	80年代	90年代	2000—2004年
干燥指数	0.353	0.314	0.320	0.302	0.319	0.333

四、小结

　　（1）陕甘宁老区的气温无论是年均温还是年极端温，在1951—2004年期间都有一种缓慢上升的趋势，各年代不同时段内高温天气出现频率越来越高，负距平年所占比例不断减少。60年代温度大于8.0℃的天气仅占10%，发展到21世纪，2000—2004年五年时间里大于9.5℃的高温天气出现率竟高达40%。而且，分区来看，各地区的变化趋势还有很大的一致性。但是，在这个持续高温的大背景下，气温在1999年之后的一个小周期内却有比较稳定的下降趋势。

　　（2）1951—2004年各年平均降水量一直处于波动性的持续减少过程当中，各年代不同时段内高降水量的出现频率越来越低，正距平年所占比例不断减少。60年代年降水量曾经达到700毫米，以后的年份里却逐年递减，2000—2004年五年期间年平均降水量没有出现过大于500毫米的情况，450毫米以上降水量的出现频率也仅占到20%，五年的降水平均值比90年代减少了3.1%，而且各分区具有较高的一致性。从1999年之后来看，降水量却有一个逐渐增加的过程。

　　（3）从干燥指数上来看，多年来陕甘宁老区气候常年处于干燥的状态之下，只有在80年代有一个小幅度的减小，进入90年代以后，干燥指数比80年代升高了5.6%，而且，1999年之后五年期间的增长趋势依然很明显。

　　（4）气候的暖干化加剧了陕甘宁老区生态环境的恶化，所以在充分认识到气候变化趋势下，全力促进天然植被的自然恢复力。同时乔灌草并重，有效利用珍贵的水资源，防止水土流失的继续恶化。在发展西部特色经济体系、增强经济实力的同时，时刻关注气候变化的过程，以便及时调整修复措施，提高老区抵御气候灾害的能力。

第二节　陕甘宁老区生态环境问题背景及对中国东部地区的影响

一、生态问题

西北及陕甘宁老区的生态问题，就是东部的环境问题，也是全国的经济问题。

(一) 水土流失严重

中国是世界上水土流失最为严重的国家之一，且严重流失区主要分布在西部。据 1990 年遥感普查，水土流失面积达 367×10^4 平方公里，占国土面积的 38.2%。水土流失给国民经济发展带来了极大的危害，特别是主要发生在"老少边穷"地区，水土流失危及到当地人们的生存。同时，对中国东部的环境与经济发展带来严重的影响。

中国水土流失类型众多，主要有水力侵蚀和风力侵蚀两种类型，在 367×10^4 平方公里的水土流失面积中，水力侵蚀面积是 179×10^4 平方公里，风力侵蚀面积是 188×10^4 平方公里。其次，局部地区存在冻融侵蚀和滑坡、泥石流等重力侵蚀。近年来，随着城市化进程的加快，城市水土流失也在加剧。水力侵蚀主要分布于中国长江、黄河、淮河、珠江、海河、松花江、辽河等七大江河上中游的山区、丘陵区。西北黄土高原区从内蒙古河口镇至陕西、山西的龙门区间是中国水土流失最为严重的地区，每年流入黄河的泥沙约占黄河年输沙总量的 50% 以上[①]。水土流失极大地破坏了西北地区农业生产条件，使生态环境恶化，加剧洪涝灾害。黄土高原地区由于水土流失严重，大量泥沙淤积在下游河床，形成著名的"地上悬河"，严重威胁着黄淮海平原 25×10^4 平方公里范围内 1 亿多人口的生命财产安全。水土流失情况严重还会影响交通、电力、水利等基础设施的运行安全，不仅是群众脱贫致富的重要障碍，也严重制约国家经济社会的可持续发展。

---

① 中国社会科学院农村发展研究所、国家统计局农村社会经济调查司著：《2005—2006 年：中国农村经济形势分析与预测》，社会科学文献出版社 2006 年版，第 1—4 页。

（二）水资源匮乏，荒漠化现象严重

1. 气候干旱

如米脂县高西沟村，根据 2003 年的实地调查，农作物如玉米、高粱春季因干旱出苗率仅占 60%，伏天又因无水浇灌，作物大片枯死，亩产仅 50 多公斤，为一般年份水地产量的 1/8—1/7；花生亩产仅 50 公斤，为起旱前平均亩产的 3/10。有一瓜农种西瓜 0.33 公顷，采用地膜加高棚的抗旱技术，但因天气太旱又无水可浇，也未能逃脱旱灾，不但无利可图，而且赔了上千元。农户生活用水全部来自用水泵抽水到集体水塔，再从集体水塔中分流到各家各户。高西沟主要用于灌溉用水的唯一一座水库，建库年代已久远，加之谷家梁沟又无拦洪设施，每到汛期，洪水便携带大量泥沙进入水库。

据说 3 年前水库由于一次彻底炸鱼捕鱼的影响，使得富营养化极其严重，目前水库内杂草丛生，蓄水量少，水质混浊，高西沟生产用水的开发已经迫在眉睫。

黄土高原丘陵沟壑区地表水泥沙含量高，生产和生活用水主要靠地下水供给，由于打井灌溉，地下水位有明显下降趋势，这里常年降水在 400 毫米左右，而蒸发量却达到 2000 毫米以上，蒸发与降水严重失调。黄土高原地区"小老头树"形成的主导因子是缺水、缺肥与热量不足[①]。根据黄土高原实际情况，农林牧用地比例大致为 1:1.3:1 时，土地利用较为合理。

研究证明，在黄土高原的大部分地区，根本不宜大面积种植乔木，即使是灌木也应该适度发展。"三二一"耕作结构的确立，使耕地面积减少，而林地用地面积大幅度增加，随着人口数量的增加和乔灌木"抽水机"功效的发挥，无疑会加重高西沟用水压力。在林草植被过度耗水情况下，土壤含水量处于极度亏缺状态，经过雨季可以部分得到补偿，但是降雨的入渗补偿深度有限，得不到补偿的土层土壤含水量长期处于较低水平，形成土壤干层[②]。目前高西沟农林牧比例已经达到极限，如果再大力倡导发展林木业，势必会造成林草透支，消耗地下水的现象。另外，养殖

----

① 韩蕊莲、侯庆春：《黄土高原人工林小老树成因分析》，《干旱地区农业研究》1996 年 4 月第 14 期，第 104—108 页。

② 樊军、胡波：《黄土高原果业发展对区域环境的影响与对策》，《中国农学通报》2005 年第 21 期，第 355—359 页。

业的快速发展伴随着农牧业大量使用化肥、农药，在一定程度上给生态环境造成了污染，同时畜禽粪便和化肥、农药随地表径流、地下径流也会污染水体。

2. 气候变化的大趋势就是暖干化

如十年九旱的靖边县，脆弱的自然环境与暖干化两者叠加在一起，必然导致干旱加剧、地下水位下降。而且，近些年来，虽然靖边县北部风沙地区的植树造林、封沙育草、防风固沙在一定程度上控制了沙化的扩张，但同时也消耗了大量的地下水资源，因为植物生长需要水分，沙区降水少，所以植物所需水分主要来自地下水资源，大量的植树造林导致地下水位下降。而且，调查发现沙区的有些乔木已经成了"小老头树"，可见地下水资源已经满足不了乔木的需要，乔木一方面继续消耗地下水资源，另一方面对流沙的作用越来越小，加剧了生态环境的恶化。南部地区修梯田，打坝堰，控制水土流失，扩大基本农田面积，这样的措施确实达到了预想的目的，但同时大量的地下水资源也被消耗了，长远来看，这样的做法是不可持续的，而如果实行自然恢复，虽然需要很长时间，但配以适当的、轻微的人工措施，其效果会好一些。

目前根据各地的实际情况采取的封山禁牧、自然恢复是对靖边县大部分地区最好的生态重建途径[1]，目前靖边县的封山禁牧等措施已经开始执行，政策的制定情况得到当地群众的认可，就是具体到下面执行时出现一系列问题，导致群众对政策响应的程度不高，随着政策的进一步执行和不断的完善，当地的生态环境必定会逐渐转好。

根据实地调查，当地群众认为对沙地和荒山的有效治理办法是实行生态私有[2]，这样可以保证土地的使用权不会变化太快，他们的劳动会有所收获，治理成果得以维持下去。但我认为，不管采用什么方式进行生态重建，一条重要的原则是在保证当地生态本底——地下水资源、原有植被等的状况下进行，多种本地物种和适宜当地土壤、气候、降水等方面的植物，在生态重建过程中，要同时兼顾当地群众的利益和环境的利益，虽然这很难做到，现实情况也出现了一些问题，比如生态治理有了明显的效果

---

① 延军平、李怀恩：《陕甘宁老区生态贫水化与生态建设》，《水土保持学报》2003 年 1 月第 17 期，第 67—71 页。

② 陇西县气象局：《陇西气象》，内部资料。

但当地群众的生活却没有改善，或者是群众为了获取自己的利益而在治理环境的框架下进行开发，忽略了当地脆弱的生态环境，所以，当务之急是尽可能兼顾经济效益和生态效益，进行生态环境治理的同时兼顾当地群众的利益，若群众在生态环境治理中得不到直接利益或找不到以后发展的方向，要为他们指明出路，因为群众既是环境的建设者也是破坏者，既是受益者也是受害者。

3. 水资源严重短缺

陇西县地表水、入境水 9750×10^4 立方米，自产水 8012×10^4 立方米。水资源总量 1.78×10^8 立方米，年总开采量可达 3300×10^4 立方米，城区人均占有水资源 65.8 立方米，目前年开采量为 1700×10^4 立方米，人均占有 360 立方米，约为全国人均的 0.17 倍，是典型的水资源贫乏地区。水资源的另一个特点是地区分布、季节分配极不均匀，年内、年际差异很大（如图 2-8 所示），使得全县旱涝灾害频繁发生，特别是旱灾，几乎是十年九旱，严重地影响着生态环境的平衡和恢复①。

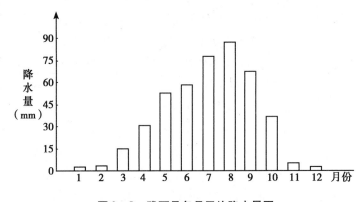

图 2-8　陇西县各月平均降水量图

陇西县地处陇中黄土高原沟壑干旱、半干旱区，自然灾害多发，其中水土流失、干旱对人们的生产、生活影响最大。陇西县的水土流失主要表现为水力侵蚀、水土流失面积占全县面积的 99.7%，沟壑密度达 1.52 公里/平方公里，土壤侵蚀模数达到 7251.46 吨/（平方公里·天），是世界上水土流失最严重的地区之一。严重的水土流失造成土壤大量的 N、P、K 等养分流失，使土壤瘠薄，地力衰退，粮食产量低而不稳。干旱少雨是

---

① 甘肃省土地管理局：《甘肃土地资源》，甘肃科学技术出版社 2000 年版。

陇西县的气候特点，全县降水少而不稳，造成农作物需水与供水之间的亏缺矛盾，旱灾频繁发生，常见的是春旱、初夏旱和伏旱。据统计陇西县所在的甘肃黄土高原干旱发生的频率达27%—41%，平均为36%；约9年一大旱，频率为11%；4年一小旱，频率为25%；持续2年连旱的频率平均为45%，最高达52%；持续3年连旱的平均频率为21%；持续4年连旱的平均频率为11%[①]。干旱的频繁发生，不仅使农业生产受到影响，而且威胁到人畜的饮水安全。

　　陇西近50年来气候趋于干暖化，气温、降水量的变化情况（见图2-9和图2-10）：气温：60年代正常到偏低，尤其是冬季寒冷；70年代后期到80年代前期气候变凉，其中伏秋气温偏低；90年代后期气候逐渐偏暖，其中冬、夏季最明显；进入2000年的5年时间气温显著偏高，而且四季气温均明显比常年高，从1997年开始到2005年，已连续9年平均气温比常年偏高0.5℃—1.3℃，其中2—9月的历年月平均气温为9.1℃，比常年偏高1.3℃，1984年最冷，平均气温为6.8℃，比常年偏低1.0℃，年际变量为2.3℃[②]。

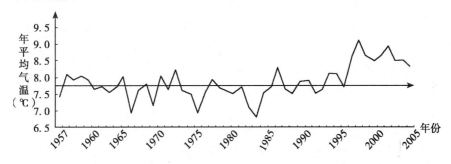

图2-9　陇西县历年（1957—2005）平均气温年际变化图

　　降水量：60—70年代前期，秋季降水偏多，连阴雨程度偏多；70—80年代前期降水量正常到偏多；进入90年代以少为主，偶有正常，特别是90年代后期，降水量持续偏少，其中伏秋偏少最为显著，秋旱频发；

---

　　① 张庆安、李崇霄：《陇中黄土高原生态环境建设与农业可持续发展问题探讨》，蒋文兰：《甘肃黄土高原生态环境建设与农业可持续发展战略研究》，甘肃科学技术出版社2002年版，第187—198页。

　　② 董锁成、刘桂环、李岱、李荣生、郎一环：《黄土高原生态脆弱与循环经济发展模式研究——以甘肃省陇西县为例》，《资源科学》2005，27（4），第81—88页。

自 1995 年以来，降水量基本上是偏少趋势，其中 2、3、11 月创历年同期降水量为 0 的纪录；4、5、7、9 月的降水量有的年不足 10 毫米，破历年同期最少纪录。降水最少的年份是 1997 年为 236.0 毫米，比常年偏少 196.2 毫米（–45%），最多的年份是 1967 年为 607.3 毫米，比常年偏多 175.1 毫米，年际变量为 371.3 毫米①。

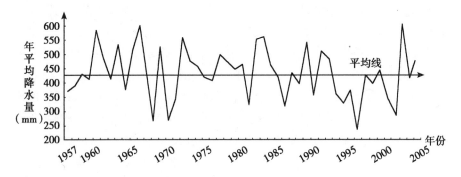

图 2 – 10　陇西县历年（1957—2005）平均降水量年际变化图

4. 我国是世界上土地沙化危害最严重的国家之一

据国家林业局 1994 年与 1999 年两次调查对比，5 年间我国荒漠化土地面积扩大了 5.2×10^4 平方公里，年均净增 1.04×10^4 平方公里，其中沙化土地面积年净增 3436 平方公里，这些土地退化面积的扩展主要发生在西北地区。1999 年全国荒漠化土地总面积为 267.4×10^4 平方公里，西北地区约为 218.3×10^4 平方公里。这就表明，西北地区无论是荒漠化还是沙化土地，都呈蔓延、扩大和加重的趋势。我国西北地区分布着大面积的干旱、半干旱和亚湿润干旱区，生态环境极其脆弱，在日益增长的人口压力下，土地荒漠化的形势日趋严峻，给西北地区的环境及社会经济的发展和人民群众的生活与生存造成了严重的危害。同时也成为严重威胁中华民族生存空间、严重制约我国经济社会发展的巨大挑战。虽然经过长期努力，我国在防沙治沙工作上取得了一些成就，但总体上看，土地沙化的形势依然十分严峻。

中国科学院寒区旱区环境与工程研究所冻土工程国家重点实验室研究员马松尧认为，影响我国西北地区生态环境好转的第一个因素是土地荒漠

① 吴玉萍：《黄土高原生态脆弱区经济发展与环境互动机理研究》，中国科学院地理科学与资源所博士论文，2002 年。

化严重、土地退化加剧。我国荒漠化土地面积达 262.2×10^4 平方公里，且每年以 2460 平方公里的速度在增长。西北地区荒漠化土地面积就达到 146.9×10^4 平方公里，占全国荒漠化土地总面积的 56%。西北地区的水土流失面积有 174.06×10^4 平方公里，占全国水土流失总面积的 47.41%，占西北地区总面积的 57.04%[①]。由这些数据可以看出，西北地区的荒漠化问题是我国生态环境的一大危机。

（三）沙尘暴等自然灾害频发

沙尘暴是我国西北地区和华北北部地区出现的强灾害性天气，可造成房屋倒塌、交通供电受阻或中断、火灾、人畜伤亡等，污染自然环境，破坏作物生长，给国民经济建设和人民生命财产安全造成严重的损失和极大的危害。据统计，我国西北地区分布有大沙漠及风蚀地 603800 平方公里，不同发展程度的沙漠化土地 60376 平方公里，整个地区年降水量多在 150 毫米以下，植被稀少，沙尘物质众多，风蚀强烈，且春季多大风，因此这里成为亚洲沙尘暴的多发区之一[②]。据统计，60 年代特大沙尘暴在我国发生过 8 次，70 年代发生过 13 次，80 年代发生过 14 次，而 90 年代至今已发生过 20 多次，并且波及的范围愈来愈广，造成的损失愈来愈严重[③]。

沙尘暴肆虐，自然灾害多。该区属中纬度干旱和半干旱地区，沙尘天气主要发生在 3—5 月，春季冷空气活跃，多大风，气温回暖解冻，地表裸露，容易形成沙尘天气。近年来地面植被减少，人口增长、滥垦乱采、超载放牧、滥用水资源，使得其影响面积扩大，发生时间延长。

由于这一地区远离海洋、气候干燥、属内陆河系，形成了一个内陆干旱封闭的盐渍系统。在这一特殊的盐渍系统中，不仅土地的盐渍普遍，而且积盐程度强烈、盐分组成复杂。盐碱化面积逐年扩大，使得耕地面积也越来越少。

（四）植被减少，管护水平低下，且"老林化"问题明显

经济林一直是高西沟经济发展的重要组成部分之一，目前有各类经济林 57.33 公顷（不包括庭院经济林），人均 0.11 公顷，但由于品种老化，管理粗放，科技含量低，致使产量低、质量差，没有真正实现经济效益最

---

① 国家统计局：《中国县（市）社会经济统计年鉴》，中国统计出版社 2004 年版。

② 樊胜岳、周立华：《沙漠化成因机制及其治理的沙产业模式》，《地理科学》2000，20（6），第 511—515 页。

③ 任小婵：《对榆林市沙产业开发的思考》，《价格与市场》2001（8），第 21 页。

大化，造成极大的资源浪费，也不能满足农业生态旅游的需求。现在有38.67公顷苹果园，但大多为1985年前后栽植的，主要为秦冠、金冠等早已经被市场淘汰的品种。1999年营造仁用杏13.33公顷，但树体较小，且缺乏管理，常出现开花不结果或结果很少的状况，经济效益极低。红枣是高西沟庭院经济的主要树种，分布在院落周围，共约3.33公顷，树龄5—10年，品种主要是本地团枣，经济效益差，急需技术改造。

北山那片70年代栽种的松柏树林成为高西沟当年治山治水的骄傲，由于当初栽种密度过大，加上黄土高原"十年九旱"，部分树木已经死亡。人工林树种结构单一，纯林比重大，混交林比重小，林地生态系统脆弱、稳定性差，而且残存的天然林多处于退化状态，部分林地出现了由林地向灌木林和草地退化的逆向演替①。当地老百姓反映，那片茂密的松柏树林如果不赶紧移植部分树木，再过三十年后，那片松柏树林必定死亡。另外，高西沟集体管理体制的弊端，导致树木无人管护、大量死亡。退耕还林由集体统一规划土地、统一安排植树造林、统一选用树种、集体统一劳作，退耕的土地归集体所有，集体统一派人维护管理。集体统一作业、做工、管理，"责、权、利"不明，"治、管、用"脱节的问题层出不鲜，没能发挥农民主人公的积极性，激发不了承包户生态治理的积极性，在林草的管护上也不会尽心尽力。

二、经济问题

（一）经济总体水平低而不稳

1. 基础设施建设落后，严重阻碍了农村经济的发展。例如，甘肃陇西的梁家岔村地处黄土高原，沟壑交纵，交通、通信、电力、水利等基础设施都十分落后。据实地调查，该村所处的乡绝大多数的道路是仅能容许一辆小汽车通过的土路，一遇到多雨天气，道路就可能被雨水冲断而不能行走，从乡上到县城一半多路都是崎岖不平的土路，这样的交通现状给全乡的人民都带来了很多的不便。

2. 根据国际上发展阶段判定的几种方法（人均GDP、产业结构、就业结构、工业结构、城乡结构）综合测算，有研究认为陇西县经济发展

---

① 罗怀良、朱波、陈国阶：《试论重庆市农业与生态环境协调发展》，《长江流域资源与环境》2003，12（4），第352—357页。

处在工业化前期阶段，总体处于农业社会性质①。综合特征为：人均 GDP
为 2799 元，现代工业发展缓慢，农业在国民经济中的比重仍占很大的比
重，产业结构层次、市场化水平、工业化水平、城市化水平较低，经济在
空间上集聚不明显，区域差异及城乡差距很大。与全省、全国相比已经拉
开了差距，而东部沿海地区已进入工业化后期，上海等大城市正在朝着信
息化时代迈进，陇西与之有着质的差距（见表 2 - 4 和图 2 - 11）。

表 2 - 4　　　　2005 年陇西县与全市、全省、全国主要经济指标对比　　　　单位：元

	陇西县	定西市	甘肃省	全国
人均 GDP	2799	2394	7341	14040
城镇居民人均可支配收入	5950	6510.21	8086.82	13832
农民人均纯收入	1735	1670	1980	3255

资料来源：国家统计局：《2006 年中国统计年鉴》，中国统计出版社；甘肃省统计局：《2006
年甘肃省统计年鉴》，中国统计出版社。

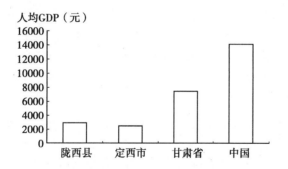

图 2 - 11　2005 年陇西县人均 GDP 与相关地区对比

已有定量研究结果表明：陇西县所在的定西地区产业结构不断提高是
生态环境脆弱度趋向减缓的重要原因，人口承载压力不断增大是生态脆弱
度趋向增强的关键原因②。本区域水土流失相关性最高的因素是耕地面积
和农业人口比重。目前，陇西县尚处于以农业为主的低效产业结构阶段。

①　Batzer, K. W., The human role in environmental history [J]. *Science*, 2000, 387:
pp. 2427—2428.

②　曲格平：《从清洁生产到循环经济》，张坤主编：《循环经济理论与实践》，中国环境科
学出版社 2003 年版，第 14—18 页。

主要表现为经济规模小，结构水平低；产业链条短，结构效率低；第二产业基数小，产业结构稳定性差。2003 年全县乡村从业人口 219 万人，其中农林牧渔业从业人口 134300 人[①]，大量的劳动力富集于农村，使生产效率低下，进而造成生态经济系统效益低下。同时，大量农业人口从事以土地资源开发、耕作为主的农牧业，给脆弱的生态环境施加了沉重的压力，加剧了生态环境退化。

（二）产业结构单一

传统经济方式受限制，调整后产业结构单一，产业链短，经济效益低，农民收入水平偏低，导致对生态建设投入严重不足。我们在延安市调查中，发现三个被调查村主要从事着单一传统养殖业或单一的水果种植业，社会联系狭窄，市场信息闭塞，生产的商品化程度、抗风险能力及其劳动率和经济效益都很低[②]。一方面，在国家实行退耕还林（草）政策后，农民的可耕地数量在逐渐减少，以枣园村退耕还林后农户耕地面积情况为例，枣园村原有川地面积 450 公顷，由于退耕和近年来建设征地，人均川地面积已不足 0.3 公顷，这就意味着它的传统经济方式将受到很大的冲击和限制。另一方面，由于结构调整滞后，缺少市场信息，农民的盲目生产，农产品初级产品多，加工产品少，精加工产品更少，直接导致农产品供给结构和需求结构严重脱节，从而使部分农产品"卖难"和价格下跌，影响农民收入的提高。这样在经济增长缓慢和收入水平较低的前提下，对生态建设的投入非常少。在调查的 150 家农户中，只有 26 户农民有生态投入，比例为 17.33%，其中年投入 100—500 元为 17 户，500—1000 元为 5 户，1000—2000 元为 3 户，2000—3000 元为 1 户。并且在年生态投入大于 500 元的农户中，主要集中在经济林，对生态林的投入比例非常小。农户年消费支出与生态投入对比详见图 2 – 12。

（三）农民人均收入低，收入差异大

1. 据调查所知，国家投资到米脂高西沟村的大型工程项目，基本上被县上有关部门承包，工程项目的"外向型"无法给高西沟农民创造摆

---

① 陇西县人民政府：《2006 年政府工作报告》2007 年。

② 王石英、蔡强国、吴淑安：《中国北方农牧交错区研究展望》，《水土保持研究》2004，11（4），第 138—142 页。

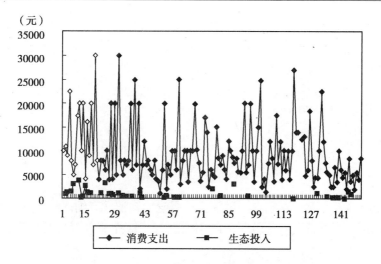

图 2 – 12　农户 2004 年消费支出与生态投入对比图

脱贫困的条件。调查中得知，所有村民都认为国家退耕还林（草）政策好，不仅减轻了农民负担，还减免了农业税和九年义务教育的费用。但村民普遍反映退耕还林（草）带来的益处通过中央到下级，经过层层环节，到基层农村时农民真正享受的实惠很少。目前，农民每年的经济收入主要来源于退耕还林（草）前栽种的果树（主要为苹果树、梨树），退耕还林（草）后栽种的果树尚未挂果，谈不上有任何经济效益。为摆脱贫困状态，年轻力壮的青年男女差不多都外出打工，2004 年，米脂县劳务输出3.12 万人，劳务经济收入达 1.2 亿元，占全年本县生产总值的 27.6%，占整个农民经济收入的 50.5%。外出打工收入成为高西沟家庭收入的主要来源（如图 2 – 13 所示），打工收入占到家庭收入的 22.67%，在收入结构中贷款占到 35.75%，说明近年来的新农村建设使农民增加了一定的债务负担。

调查户中 7.0% 收支相抵，48.8% 有盈余，44.2% 出现了亏空现象，亏空严重的村民必定由于修缮房屋和教育的花费所引起。支出一般包括修缮房屋、教育费用、食物和医疗等，教育和修缮房屋的支出占到整个家庭总支出的 50.76%。调查户中恩格尔系数为 21.87%，根据联合国粮农组织提出的标准，恩格尔系数在 59% 以上为贫困，50%—59% 为温饱，40%—50% 为小康，30%—40% 为富裕，低于 30% 为最富裕。根据调查户家庭消费支出的实际构成和农民本身的生活质量，恩格尔系数超低的主

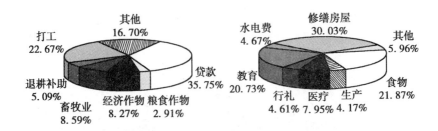

图 2-13　收入支出分配情况

要原因为：一方面，农民本身日常生活所吃的粮油没有纳入到折算的范围之内；另一方面，主要是由于近年来的教育、医疗等方面的费用不合理、超常规上涨引发所致。

2. 靖边虽然是农业大县，但不是农业强县，农民人均纯收入从1991年的415元/人增加到2004年的1687元/人，虽然有所增加，但与2004年全国农民人均纯收入的2936元/人相比，靖边县农民人均收入是全国的57%，显然比全国农民人均纯收入低得很多，更不用说和东部的比了。靖边县的农业人口一直占总人口的84%以上，所以，靖边县的经济发展程度可以从农民的收入来体现，农民的收入提高了，生活水平改善了，才能反映靖边的总体经济状况（见表2-5）。

靖边农民收入主要来自粮食生产，农民人均收入的57%（农民人均纯收入1687元/人，其中粮食收入954元/人）来自粮食，虽然靖边县农民2004年人均纯收入相对比较多，但这主要是因为2004年粮食生产的增长是在多年疲软、徘徊的情况下实现的，是政策推动、市场牵引、风调雨顺、工作努力共同作用的结果，带有明显的恢复增长的性质，因为农业单产提高不大，地区发展还是不平衡，农民抵制市场风险的能力仍很弱，农业的区域优势还没有体现出来，所以靖边县不是农业强县。

表2-5中的工资性收入包括非企业组织中劳动得到、本乡地域内劳动得到、外出从业得到；家庭经营收入包括第一产业收入（农业收入、林业收入、牧业收入）、第二产业收入（主要是建筑业收入）、第三产业收入（交通运输和邮电业收入）；财产性收入主要是租金，另外还有土地征用补偿；转移性收入主要是家庭非常住人口寄带回，小部分的退耕还林草补贴。

表 2 - 5　　　　　　　　　　**靖边县农民家庭收入结构**　　　　　　　　单位:%

项目　　　　年份	工资性收入	家庭经营收入	财产性收入	转移性收入
1991	5.64	92.47	—	—
1992	4.66	91.3	—	—
1993	6.14	92	—	—
1994	8.12	90.84	—	—
1995	12.72	83	—	—
1996	12.37	85.77	0.98	1.21
1997	14.05	84.33	0.4	1.22
1998	15.31	80.57	0.53	3.59
1999	27.47	64.83	4.86	2.84
2000	20.96	64.18	10.32	4.53
2001	19.79	70.23	6.78	3.19
2002	15.5	75.31	5.71	3.47
2003	13.23	78.72	3	5.05
2004	16.8557	73.8527	2.6931	6.5988

资料来源:《榆林统计年鉴》(1991—2004)。

注:—表示缺少数据。

　　另外,粮食单产不稳定,主要还是受自然环境状况的影响。靖边县生态环境恶劣,自然灾害频繁,加之农业基础设施薄弱,基础条件较差,农业科技水平低,市场信息闭塞,农业产业化程度低,优势产业少,生产规模小,所以靖边县农民主要依靠种植业的收入也不稳定。

　　3. 虽然高西沟村村民平均收入比较高,但收入很不均衡。由于该村村民收入途径不同,一般家里经济林比较多或经商的村民收入比较高,而只靠务农和打工的村民收入就很少,其中收入最高户为 8 万元,人均收入1.6 万元,最低户为 2000 元,人均收入为 667 元。收入高的村民不仅生活水平高,家里电视机、VCD、电冰箱、洗衣机、电话、摩托车都齐全,食物、衣服、上学各方面都比较宽裕,恩格尔系数较平均水平偏低。而收入少的家户,不仅家里什么陈设都没有,就是连温饱都解决不了,恩格尔系数比较大。由于贫富差异,村里人逐渐分为穷人和富人两个阶层,随着贫富差异的加大,两个阶层的矛盾就越来越明显,越来越对立,严重影响了村民的和谐相处和国家共同致富的目标。

4. 农业发展缓慢①。一方面，有些农业产品出现了供过于求的局面，俗话说："米贱伤农"，农产品价格下跌，严重挫伤了农民的生产积极性；另一方面，近年来天气干旱，农民粮食歉收，也影响了农民进行农业生产的积极性。因此，村里许多人走上了出外打工的道路，这样就使得该村的农业生产在人力和资金的投入上严重不足，发展缓慢，农民增收困难。农业生产资料价格上涨过猛，超过了部分农户再生产的承受能力。进入 90 年代以来农业生产资料价格犹如脱缰的野马，一年一个价。据调查，1996 年农民每购买一公斤化肥、农用薄膜需开支 1.2 元和 8.6 元，分别比 1990 年的价格上涨 1.5 倍和 2.4 倍，农民因农副产品价格上涨和发展生产获得利益的相当部分又被投入到生产资料中去②。另外，教育的支出已成为该村农民最大的支出，庞大的教育支出也成为村民们目前最大的负担。

（四）经营管理缺乏技术指导

1. 以高西沟村为例，在新的用地模式下，林草种植面积扩大，对技术要求不断提高，但技术人员少并且技能低，技术服务跟不上，难以胜任新技术的运用和推广与经济密切联系的运作机制。有的地方规划设计水平低，缺乏可操作性；有的地方乔灌草配置不合理，初植密度低，成活率低，长成"小老头树"；另外，全村的经济发展中占有重要地位并历经四十多年奋斗历史的畜牧业生产，规模化、产业化的格局没有形成，还没有把畜牧业发展作为全村主导产业来抓。目前畜、牧业发展存在许多问题：① 饲养规模小，管理粗放，设施落后，科技含量低，效益差，服务体系不健全；② 乡镇畜牧兽医人员年龄大，知识老化，无力指导畜、林、草病虫害的防治工作；③ 畜牧业发展上存在优良品种少、怀胎率低，出栏率低等问题。随着"三二一"制的推行，饲料饲草资源逐渐丰富，开发潜力较大，高西沟现有人工草地 87.27 公顷，灌木林 100 公顷，经济林 78.2 公顷。现有 46.67 公顷的农作物秸秆，加上各类野草、树叶，年干饲草产量近 200×10^4 公斤，能够满足存栏 2600 只羊和 200 头牛的发展需要。除了发展优良畜种佳米驴、白绒山羊和小尾寒羊等牲畜之外，还应该积极发展猪、兔等食草动物。

---

① 吴贵蜀：《农牧交错带的研究现状及进展》，《四川师范大学学报（自然科学版）》2003，26（1），第 108—110 页。

② 赵哈林、赵学勇、张铜会等：《北方农牧交错带的地理界定及其生态问题》，《地球科学进展》2002，17（5），第 739—747 页。

2. 高西沟村村民经商的范围主要是做生意、承包工程、红枣加工，开饭馆、旅馆，开出租，搞运输等。由于大部分经商的村民文化水平都比较低，所以在经营中存在很大的盲目性，往往是随大流，看别人赚钱了就盲目地跟着投资，虽然一般还是会赚一点，但利润不大，而且风险性比较大，随时可能亏本。另外，一些村民开办红枣加工厂或者开饭店、旅馆，大都不懂经营，不会管理，没有科学的管理知识作为指导，完全是一种粗放式的经营。一般的经营规模就是以家庭为单位，即使招工人也就是临时请一些亲戚帮工，也没有完善的管理制度，没有科学的技术，如同资本主义初期的手工作坊一般，生产力水平低下，管理落后，竞争力差，根本不能适应当前激烈的市场竞争环境，所以导致了经营规模比较小，不能形成具有一定规模的民营企业，对当地的经济发展贡献不大，不能带领大家共同致富。

（五）产业形不成规模，缺乏体系建设

在调查中，我们发现高西沟村舍饲养羊业的基础建设比较好，80%的农户具备"棚、场、槽、窖、机、池"配套饲养条件，科学喂养，形成了羊—草主导产业①。但是，都是以独立农户家庭饲养为主，没有形成规模化、专业化经营，对畜产品的销售、采购和管理工作缺少指导，没有形成良好的市场体系。还有实行舍饲后，饲草的储存加工；林、草新品种的选育、栽培、示范、推广；林草病虫害的防治等，目前这方面的工作还显得很薄弱。

（六）退耕还林（草）带来的问题

1. 以延安市三个调查村为例，实行退耕还林（草）政策后，生态建设给当地的经济发展发挥的促进作用不强。退耕后，许多地方都种上了杨槐、柏树和柠条，但生态建设自身还没有达到好的状况，主要体现在：现有的植被较为稀疏，整体水源涵养作用不强，生态环境没有进入良好的循环阶段，对当地经济发展起的作用较小。在调查中我们发现，农户的经济来源主要是来自外出打工的收入，三个村农民外出打工收入占总收入的平均值分别为42%、36%、52%。由于三个村的退耕还林（草）的时间不同，退耕的面积存在的差异、生态建设的林果收入和退

---

① 朱桂林、山仑、刘国彬：《黄土高原农牧交错带植被恢复途径》，《中国水利》2004（8），第30—33页。

耕补助收入所占的比例不相同，其中庙沟村年林果收入占总收入的36%，与外出打工收入所占比例相等，远高于另外两个村。在退耕补助收入中，峙崄岘村的比例为18%，高于其他两个村。但总体情况而言，三个村在发展经济的过程中，生态建设所产生的林果收入和退耕补助收入所占的比例较小，并且随着国家退耕还林（草）期限的临近，退耕补助收入所占的比例也在逐渐下降。研究区2004年农户的各种经济收入入户调查结果详见表2－6。

表2－6　　延安市调查村2004年农户的各种经济收入入户调查结果

项目	枣园村	平均收入（元）	庙沟村	平均收入（元）	峙崄岘村	平均收入（元）	平均值（%）		
调查户数	62		52		36				
年总收入	675940	10902.26	602500	11586.54	359400	9983.33			
经济作物收入	44300	714.52	53250	1024.39	11500	319.44	0.12	0.10	0.03
林果收入	50600	816.13	195950	3768.27	29700	825	0.07	0.36	0.09
退耕补助收入	33700	543.55	7080	136.15	46150	1281.94	0.08	0.03	0.18
粮食收入	0	0	2500	48.08	7600	211.11	0	0.01	0.04
经商收入	257500	4153.23	81500	1567.31	16000	444.44	0.20	0.05	0.03
企业收入	58000	935.48	0	0	5000	138.89	0.02	0	0.01
打工收入	176000	2838.71	200050	3847.12	213300	5925	0.42	0.36	0.52
国家救济	4000	64.52	500	9.62	0	0	0.01	0.01	0
扶贫收入	1000	16.13	0	0	300	8.33	0.003	0	0
亲戚帮助	1000	16.13	5000	96.15	11500	319.44	0	0.005	0.04
收礼	0	0	17500	336.54	15500	430.56	0	0.01	0.03

说明：每个农户此项经济收入占总收入的平均值（%）中的三个值是代表枣园村、庙沟村、峙崄岘村三个村的各自值。

2. 生态投入和生态收益不对等。国家实施的这种退耕还林（草）政策在生态建设方式、数量以及分配方式上都是由政府决定的，农户在生态建设中起被动作用①，在一定程度上影响农民的生态建设的积极性。目前农户对退耕还林（草）的参与与国家实行的补偿机制有直接的关系，国家给予的粮食和资金补助是农户参与退耕的一个重要的原因，也是农户退耕的现实利益驱动。但从长远来看，国家退耕还林

---

① 延安市志编纂委员会编：《延安市志》，陕西人民出版社1994年版。

（草）补助有时间期限，期限满后，农民既没有耕地，也没有拥有对生态建设成果的所有权（即国家所获得的生态安全环境），以后的生活就成了问题。无论是在经济状况较好的枣园村还是相对贫困的峙嵝岘村，农户的生态建设态度表现为生态私有，以前期的退耕还林（草）所形成的生态环境为基础，可以获得较为现实的经济利益。在调查的 150 户中，有 113 户农民希望生态私有（枣园村 49 户，庙沟村 41 户，峙嵝岘村 23 户），比例为 78%。15 户农民希望生态购买，5 户农民希望生态移民，希望其他政策的为 17 户。经济状况与生态建设态度之间的关系详见图 2-14。

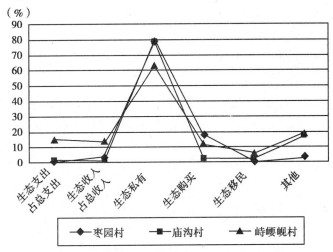

图 2-14　经济状况与生态建设态度之间的关系

3. 农户基本无管护措施，除了国家投入外，无个人投入，林木还未产生任何经济效益，一旦国家停止补助，这些土地没有效益回报农民，很可能受到"退林还耕"的处理。造成这一系列后果的一个主要原因就是农民对于退耕目的不明确，农村干部工作没有做到位，只知道命令农民执行国家政策，而没有进行详细、耐心的宣传教育；其次，农民自身缺乏资金、精力与技术；最后，经济林木成熟结果至少需要三四年，在这期间只能是光有投入没有产出。以上三点原因导致该村大面积的"果园"（被调查农户中最少退耕面积为 5 亩，最多为 33 亩）只能是自生自灭。因此，国家在退耕的同时，也应重视林木管护，为村民提供实用的帮助与指导，并制定鼓励机制，依照管理业绩发给农户报酬①；同时，地方应结合退耕还林，有步骤地发展相关产业及原有优势产业，保障区域经济的稳步发展。

4. 未合理规划所还林木，树种单一。经济林只有杏树，生态林只有刺槐、沙棘。杏树虽是数量最多的本土树种，但产量变化很大，经济效益不稳定。当地的经济林除了杏树最普遍外，桃树、枣树、桑树也是常见树种，加入这些树种不仅可以丰富树种多样性，也可以发展除果业外的蚕桑业②，使经济林产品更有市场竞争力。刺槐与沙棘不是当地的主要树木，虽易于生长，但从区域生态平衡上考虑，应有当地常见树种的搭配。当地最常见的生态林是臭椿、杨柳和白杨。这些树种适应环境，与新树种搭配能更好地保护生态环境，调节生态平衡。

5. 树苗质量无法保障，导致林木成活率较低。由于树苗是国家统一调拨，在购买渠道上经过多层过手，一旦底层环节出现问题，其他环节又没有认真检查，树木质量就很难保证，不仅损害了国家利益，也损害了农民利益。因此，确保树苗质量，防止不法行为是保障这项工程的前提。

三、社会问题

（一）人多地少的矛盾

1. 高西沟 1958 年的农林牧用地比例为 77∶12∶11，土地利用模式在"三三制"向"三二一"制转换的过程中，使耕地面积越来越少，主要种植的土豆、玉米、谷子等除了糊口和做饲料外，有限的农产品不能带来任何经济收入，村民越来越倾向于走出山沟。如果人口迁出，生态系统可能会失去其原有的稳态，或在短期内失去平衡③。人口与环境相互作用是通过人类对土地利用的不同方式或不同的生产活动而得到实现的④，高西沟土地利用情况（见图 2-15）。榆林市平均人口密度为 76 人/平方公里，

---

① 罗玉翠：《西部贫困地区农业和农村经济发展的问题和对策》，《黔西南民族师范高等专科学校学报》2003（6），第 58—59 页。

② 赵雪雁，巴建军：《甘肃黄土高原区生态建设与可持续农业发展对策》，《干旱区地理》2002，12（4），第 346—349 页。

③ 赵莹雪：《山区县域农业可持续发展综合评价研究——以五华县为例》，《地理科学》2003，23（2），第 223—229 页。

④ 中国社会科学院农村发展研究所、国家统计局农村社会经济调查司著：《2005—2006 年：中国农村经济形势分析与预测》，社会科学文献出版社 2006 年版，第 1—4 页。

据有关研究表明，陕北黄土高原丘陵沟壑区的土地承载力一般为 43 人/平方公里，超出这个限度会对生产生活甚至生存造成很大的压力①。高西沟的人口密度约为 131 人/平方公里，根据联合国 1977 年在内罗毕召开的沙漠化会议上提出的标准，干旱区、半干旱区土地对人口承载极限分别为 7 人/平方公里、20 人/平方公里，按照此标准，本区的人口严重超载，导致人口、资源、环境与经济发展之间恶性循环②。

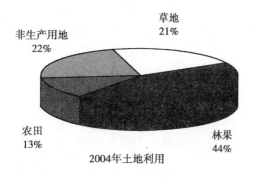

图 2 - 15　土地利用变化情况

2. 靖边县的问题。1991 年以来，靖边县人口自然增长率呈下降趋势，其拟合曲线为：$y = 0.0779x^2 - 2.1355x + 20.591$，$R^2 = 0.9066$。2004 年靖边县人口自然增长率为 6.2‰，而全国的人口自然增长率为 5.87‰，靖边县的人口增长率控制情况尚可，目前人口密度约为 57 人/平方公里，虽然人口自然增长率明显下降（见图 2 - 16），但因为人口基数大，所以人口密度超过了联合国规定的标准——在半干旱的农牧区人口密度不应大于 20 人/平方公里。

人口既是社会的建设因素，也是资源的消费因素，甚至还是环境的破坏因素。适量的、高素质的人口是社会的宝贵资源，相反，人口因素也会对资源环境和社会带来负面影响。

而靖边县人口素质总体上不高，这样的状况难以在短期内根本改变，人口的快速增长，不仅对粮食、住房、教育、就业等形成新的巨大需求，

---

① 韩蕊莲、侯庆春：《黄土高原人工林小老树成因分析》，《干旱地区农业研究》1996，14（4），第 104—108 页。

② 樊军、胡波：《黄土高原果业发展对区域环境的影响与对策》，《中国农学通报》2005，21（11），第 355—359 页。

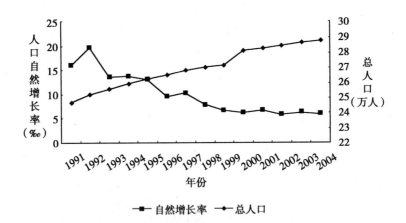

图 2 – 16　靖边县总人口与自然增长率

也对自然资源和环境形成很大的压力（见表 2 – 7）。

表 2 – 7　　　　　　　　　靖边县人口现状

项目 年份	总人口（万人）	农业人口（万人）	人口密度（人/km²）
2001	28.33	24.35	55
2002	28.5	24.27	56
2003	28.69	24.36	56
2004	28.86	24.91	57

资料来源：《榆林统计年鉴》（1991—2004）。

　　靖边县耕地面积从 1991—1995 年呈增长趋势，由 58589×10^4 公顷增加到 59741×10^4 公顷的极值，从 1996 年开始耕地面积明显减少，一方面是因为退耕还林（草）使耕地面积减少，加之政策因素执行时的漏洞，使退耕还林（草）的面积增加得更迅速；另一方面是沙化、盐碱化、水土流失的影响，使耕地面积减少。另外油气资源的开采和工程建筑也占用了一些耕地，所以导致耕地面积总体呈下降趋势。但是近年来，退耕还林（草）力度有所减轻，耕地面积减少趋势有所缓和（见表 2 – 8）。

表 2 - 8　　　　　　　　　　靖边县耕地面积与粮食产量　　　　（单位：公顷、t）

项目 \ 年份	1991	1992	1993	1994	1995	1996	1997
耕地面积	58589	58582	59398	59372	59741	59441	59043
粮食产量	43660	77185	94720	89205	44100	120219	74998

项目 \ 年份	1998	1999	2000	2001	2002	2003	2004
耕地面积	58648	56726	56946	52614	52597	52746	53748
粮食产量	109303	62471	84945	104969	130712	139818	166998

资料来源：《榆林统计年鉴》（1991—2004 年）。

3. 陇西县垦殖指数高达 50.42%，是全国 13.7% 平均垦殖指数的 3.7 倍，是世界 10.2% 平均垦殖指数的 4.9 倍。2005 年陇西县有 49.73×10^4 人，人口密度为 206 人/平方公里，分别是全国的 1.5 倍和甘肃省的 3.6 倍，这远远超过了联合国规定的半干旱地 o 区自然资源所供养的人口数量每平方千米不超过 20 人。这些数据充分说明陇西县的人地矛盾已经到了十分尖锐的地步。陇西县大量的人口集中在农村，对农村生态环境造成较大压力，大量农村剩余劳动力就业困难，2002 年农村人口占 86%，在 23×10^4 人的农村劳动力中，剩余劳动力 9.4×10^4 人，约占 40%。较大的人口基数，导致陇西面临着新一轮人口增长所带来的就业、食物保障、社会福利和生态环境等方面新的压力（见表 2 - 9 和图 2 - 17）。

农村生活能源的短缺也是全县生态环境恶化的原因之一。全县农村生活能源以林草、秸秆、畜粪为主，这不仅造成了林草植被的破坏，加剧了水土流失，也使秸秆和畜粪不能返田，耕地肥力无法提高，农业生产水平低下。据有关资料测算，每烧掉一吨牛粪或秸秆就相当于烧掉 30—35 公斤氮肥[1]。

---

[1]　樊军、胡波：《黄土高原果业发展对区域环境的影响与对策》，《中国农学通报》2005，21 (11)，第 355—359 页。

表2-9　　　　　　　　　陇西县与全市、全省、全国环境压力指数对比

	陇西县	定西市	甘肃省	中国
人口密度（人/km²）	206	144	57	135
人均耕地（亩）	2.8	2.61	2.71	1.41
垦殖指数（%）	50.42	37.88	10.97	13.7

资料来源：根据国家统计局：《2006年中国统计年鉴》，中国统计出版社；甘肃省统计局：《2006年甘肃省统计年鉴》，中国统计出版社；甘肃省人口普查办公室：《世纪之交的中国人口甘肃卷》，中国统计出版社，第384—386页。

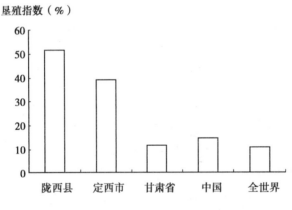

图2-17　陇西县垦殖指数与相关地区对比

（二）人口"老龄化"现象显著

截至2005年1月，高西沟全家常年生活在外的有46户（167人），家庭内单身外出为21人，总计有188人，占全村人口522人的36%。黄土高原"十年九旱"，农民往往靠天吃饭，经济条件稍好的村户已经迁移到米脂县城或外地。目前，留在村里的基本上都是些年迈或是体弱多病的老年人，以及少量在家从事养殖业的妇女。调查人数的平均年龄为55.7岁，且被调查农民年龄多集中在50—60岁的年龄阶段，人口老龄化现象日益明显（见图2-18）。高西沟"未富先老"的现象十分突出，已丧失劳动能力的老人没有养老保险，没有储蓄，必须依靠子女赡养，使家庭的经济负担加重，这也给本区的生态建设和社会发展造成了一定的影响。

（三）教育落后，人口素质差

1. 高西沟近年来农民的生活设施有所改善，有线电视、电话和日常

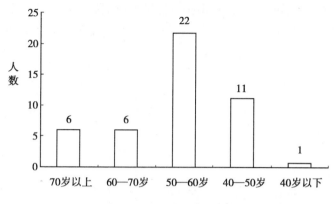

图 2 - 18　被调查者年龄

电器普遍进入各家各户，但由于地理区位、发展历史等本身条件的影响，该村农民思想保守，信息闭塞，科技教育落后，农业人口素质低，表现为商品经济观念缺乏，封建迷信思想浓重，文盲、半文盲比重较高，劳动技能低下①。广大农民群众文化水平不高，文盲、半文盲还占一定比例，稍有文化的中青年都外出务工或从事其他行业的生产，现留在村中从事农业生产的村民，多数文化水平较低。初中以上文化程度占总调查人口数的37.9%，文盲、半文盲和小学文化程度的人数占到63.1%（如图 2 - 19 所示）。

调查中100%的村民对本村教育问题表示极为不满意，"学校变成养猪场"成为该村农民谈及教育问题的脱口秀。由于老师的不负责任、不称职和没有生源（学前班连同小学总共有 4 个学生），两三年前乡上有关部门以此为理由撤销了高西沟村中的学校，村民对此深表愤慨，但也实属无奈，学校的撤离无疑加重了农民的经济负担。有孩子上学的家庭，妇女们不得不陪同娃娃们一起住在外乡或县城给上学孩子们做饭，城里消费水平又高，农民生活相当困难。有孩子上学的家庭生活非常拮据，丈夫常年在外打工，整个家庭常年在外，在退耕林草的管护上也不可能投入更多的人力、精力和心思。经济条件好的家庭可以把孩子送到县城去上学，但经济条件差的家庭的孩子教育问题该怎么办？高西沟后代的教育面临着严峻的困难。高西沟作为"黄土高原一颗璀璨的明星"和"黄土高原生态建

---

　　① 彭念一、陈长华：《农业制度创新评估指标体系及其测算方法》，《财经理论与实践》2003，24（124），第93—96 页。

设的一面旗帜"，后辈们文化素质和质量得不到提高，如何能肩负起"明星"和"旗帜"的光荣称号。青年一代的教育问题早已成为影响高西沟生态经济发展的坚固"壁垒"。

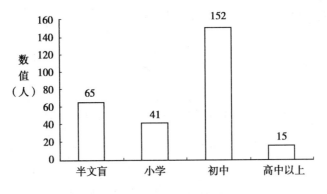

图 2-19　调查户受教育程度

2. 佳县调查村自然条件严酷，农业基础条件差，抵御自然灾害的能力差。受传统的农业习惯影响，现代科学农业技术基本用不上，农业生产"靠天吃饭"的格局基本没有大的改变，一旦遇到自然灾害就会颗粒无收。农业收入在总收入中所占的比例不大，而在村民总收入中占很大比例的经济作物收入也是一样。枣树的栽培和管理中缺少现代科学技术的指导，受自然条件的限制很大，如果年成不好，红枣产量下降，村民的收入锐减，很多以红枣为主要经济来源的村民就会在来年生活无靠，生活质量急剧下降。

3. 佳县调查村劳动力文化素质低，农民教育负担过重。根据作者抽样调查全村 65% 以上的户主为文盲或者小学文化水平，高中以上文化程度者更是屈指可数，农民文化素质低下和观念的落后对农村经济的发展是个很大的阻碍。

（四）人才匮乏

退耕还林（草）工程面广量大，技术要求高。但县区普遍存在着技术人员太少，科技服务跟不上的问题。由此引发出不少问题，如有的地方作业设计水平低，缺乏可操作性；有的地方整地规格低，初植密度小；有的地方乔、灌、草配置不合理、不科学、效益差；有的地方抗旱技术差，成活率低，种草出不了苗造成高成本浪费，等等。尤其是乡镇畜牧兽医站多年"线断人散"，现有人员年龄大，知识老化，人又少，远远适应不了林牧业发展需要和治病防疫任务的完成。广大农村的羊只等牲畜的繁殖还靠自然交配，发展速度和品种改良进度太慢。

（五）跟风"新农村"建设

在新农村建设理念的感染和村干部的带领下，村民们纷纷贷款迈入了新农村建设炒作的浪潮中。高西沟也掀起了所谓的"新村庄建设"，农民眼里的新农村建设无非是家家户户、里里外外的翻新景象。窑洞里里外外装饰还没有一个统一的规划、安排，在窑洞的整修上，农民凭自己的意念盲目地各显神通，窗帘色调的搭配与窑洞粉刷的颜色显得格格不入，窑洞内的摆设和布置过于追求都市风格，没有显出黄土高原特有的农居环境和黄土风情。新农村建设是培育新的经济增长点的重要举措，新农村建设的主要任务是促进农村经济和社会发展①。新农村的建设和规划要依据和遵循生态规律，以人为本，达到生产清洁，生活文明，实现生产、生活、消费与环境的良性循环，同时整个村庄也达到一种平衡、和谐的状态，·表现为具有地方特色的一种美丽、和谐的新农村景观。高西沟新村庄的建设和翻新与新农村建设的宗旨相违背，新农村建设过程中暴露出许多有待解决的问题：① 道路、庭院中堆放大量弃土弃渣，严重影响村容村貌。② 现有圈舍基本上是人畜共居，简易粗糙，禽畜粪便乱堆乱放，臭气熏天。③ 村民居住过于分散，多数村户都分布在山疙瘩（山顶）当中，严重影响新农村建设的整齐步调。从村主干道通往各个住户的黄土路又窄又陡，农民是否有能力或是否愿意投资庞大的经济支出建设此段道路？④ 道路太窄。尽管村主干道路已经铺上了柏油路，但连单行通道的中型巴士通过都无法满足。

（六）政府工作不到位

虽然国家对退耕还林（草）高度重视，但地方政府部门却没有按照国家的精神办事，工作缺乏主动性和责任感，不能够调动群众的积极性，上面下达命令，下面就干，上面不说话，下面绝对不先行一步，使得老百姓对有关退耕还林（草）的相关政策至今都不是很清楚，只是因为陕北地区连续干旱，反正也不能种地，既然政府给钱和粮食说是退耕还林，老百姓也就不去管那么多，就响应国家号召把地退了。由于政府工作没落到

---

① 中国社会科学院农村发展研究所、国家统计局农村社会经济调查司著：《2005—2006 年：中国农村经济形势分析与预测》，社会科学文献出版社 2006 年版，第 1—4 页。

实处，往往是走形式，栽植林木成活率低，浪费了资金，又贻误了时间，使得退耕还林的效果大大削弱。

第三节　历史时期陕甘宁老区生态与经济开发经验

一、历史时期黄土高原生态与经济开发历史演进

黄土高原地区生态环境的恶化与历史时期人类的活动有关，其中一个重要的表现是对植被的破坏。而历史时期黄土高原植被覆盖状况变化很大，总的变化趋势是林草植被，尤其是森林植被的不断缩小和破坏。造成黄土高原历史时期植被破坏的原因除了气候变化外，主要是人为开垦土地，人为采伐森林和过度放牧，所以黄土高原历史时期植被变化主要是在人类生产和建设中对植被的破坏。按照人类活动对黄土高原地区植被的破坏程度和时间先后顺序，可将黄土高原历史时期生态的变化分为 5 个时期[1][2][3][4][5][6][7][8][9]。

（一）西周春秋战国时期——协调时期

西周时期黄土高原地区保持着较好的自然生态环境。商末西周初年，气候的冷干化使植被带南移[10]。《诗经·小雅·鹿鸣》描写鹿群"食野之苹……食野之蒿……食野之芩"。《诗经·小雅·吉日》、《史记·秦本纪》

---

① 史念海：《河山集（三集）》，人民出版社 1988 年版。

② 吴祥定、钮仲勋、王守春等：《历史时期黄河流域环境变迁与水沙变化》，气象出版社 1994 年版。

③ 史念海：《河山集（二集）》，三联书店 1981 年版。

④ 史念海、曹尔琴、朱士光：《黄土高原森林与草原地变迁》，陕西人民出版社 1985 年版。

⑤ 史念海：《黄土高原历史地理研究》，黄河水利出版社 2001 年版。

⑥ 李润乾：《古代西北地区生态环境变化及其原因分析》，《西安财经学院学报》2005，18 (4)，第 5—11 页。

⑦ 王守春：《历史时期黄土高原的植被及其变迁》，《人民黄河》1994 (2)，第 9—12 页。

⑧ 史念海：《论历史时期我国植被的分布及其变迁》，《中国历史地理论丛》1991 (3)，第 43—73 页。

⑨ 黄春长：《渭河流域 3100 年前资源退化与人地关系演变》，《地理科学》2001，21 (1)，第 30—35 页。

⑩ 吴玉萍：《黄土高原生态脆弱区经济发展与环境互动机理研究》，中国科学院地理科学与资源所博士论文，2002 年。

中记述周天子、秦文公驱车在陕北、陇东追逐鹿群、射杀野兔的情景，可见陕北、陇东一带有广阔的草原①。商末至战国时期，延安、离石、庆阳一线以北长期是游牧民族的分布地区，西周末年游牧民族南侵可到达关中地区，西周的灭亡就是因为犬戎南侵造成的。在我国历史上游牧民族的大举南侵往往与气候突变，草场退化，植被带南移相关联②，植被带的南移使黄土高原地区大部分地区以草原植被为主。

战国时期由于铁器的广泛使用，农业获得了较快的发展，黄土高原南部如关中平原、汾河中下游平原被大量开垦成耕地，平原地区的森林、草原植被逐步为耕地所取代。大量的事实表明，战国时期是黄土高原植被仍保持原始天然状态的时间下限。这一时期黄土高原的山地植被仍保持着较好的状态，《山海经·山经·西次四经》记道"阴山（陕北黄龙山）上多穀柞（楮树）"、"申山（延河上游山地）其上多穀柞，其下多杻橿"、"鸟山（清涧河上游山地）其上多桑，其下多楮（漆树）"、"诸次之山（米脂佳县之间山地）多木无草"、"号山（榆林东部山地），其木多漆"、"白於之山（白于山），上多松柏，下多栎檀"。以上记载也被孢粉分析所证实。

（二）秦汉至北朝时期——比较协调时期

战国后期秦的势力不断增强，向渭河上游和泾河流域扩展。渭河流域，泾河流域天然植被被铲除，渐成农田。秦王嬴政十年（前237年）秦修郑国渠，"关中自汧雍以东至河华，膏壤沃野千里，自虞夏之贡以为上田"。可见到秦汉时关中平原地区天然植被已不多见。战国中后期赵国向今山西北部、陕西榆林扩展，使这些地区的游牧业逐步为农耕所代替，原有的灌丛草原被大片开垦，秦汉时期是有文字记载以来农耕业向黄土高原地区的第一次大举扩展。此次扩展对黄土高原地区天然植被的破坏是严重的。例如秦统一全国后修直道，"三十五年（前212年）除道，道九原，抵云阳，堑山堙谷，直通之"。直道自陕西淳化梁武帝村附近的秦甘泉宫到内蒙古包头附近的九原郡，全长725公里左右，循子午岭主脊北上，考古发掘路基残宽4.5米，所经之地森林植被全部被铲除。蒙恬

① 许靖华：《太阳、气候、饥荒与民族大迁移》，《中国科学》（D辑）1998（4），第366—384页。
② 刘东生：《黄土与环境》，科学出版社1985年版。

"将三十万众"北修长城，长城沿线兵民屯田开荒，使林草植被遭受很大破坏。到秦末汉初黄土高原地区北部形成一条农牧分界线，大致沿秦长城经东胜东、榆林北、靖边北到环县一线，此线以北为游牧民族活动的草原地带，此线以南为疏林灌丛草原。秦汉以后进入两晋南北朝时期，北方战乱频繁，黄土高原地区人口减少，农业萎缩，天然植被得以恢复。南北朝初年郭仲严著《秦州记》，描写关中"登陇东望秦川，四五百里，极目泯然，墟宇桑梓与云雾一片。"十六国时夏国首领赫连勃勃称赞其都城统万城（靖边县北红柳河北侧）"美哉，临广泽而带清流，吾行地多矣，自马岭以北，大河之南，未之有也"。北魏郦道元在《水经注》中也记道，榆林东北尚有成片榆、柳，被称为"榆柳之薮"。

（三）唐宋时期——破坏时期

唐宋时期是黄土高原地区植被变化的历史转折时期，隋唐初关中平原、汾河流域平原已没有天然森林植被。隋唐时期农耕业继秦汉以后达到新的高峰并不断向黄土高原中北部、西部推进，原有的林地、草地变为农田。同时唐长安人口达百万以上，建筑用材、生活用柴需求量很大，除就近在终南山采伐外，还在关中西部的岐山、陇山、山西北部的离石、岚县、采伐木材，使黄土高原地区林草植被大范围遭到破坏。唐末随着隋唐暖湿期的结束，黄土高原地区气候趋于干化，加之隋唐长达三百多年对植被的开垦破坏，黄土高原地区植被已发生很大变化，北部毛乌素沙漠南侵，植被带界线南移，植被覆盖度大大降低。唐后期"夏之属土（靖边、榆林一带），广长几千里，流沙……其所产无农桑，唯畜马、牛、羊、骆驼。"天然森林植被仅保存在太行山、吕梁山、芦芽山、云中山等山地。北宋时黄土高原地区植被状况进一步恶化，北宋初京城开封大兴土木，但附近的山地如嵩山、太行山南段、中条山已无林可采，采伐中心进一步向黄土高原腹地推移。北宋初年采伐中心位于天水西北的夕阳镇，三十年后进一步西移到武山县东的洛门镇。横山是北宋与西夏的界山，北宋政府禁止在横山采伐木材，但驻守官兵为谋利仍任意采伐，使横山"暴雨之期，湍湍大石"，如果横山植被不被破坏，土壤侵蚀也不至于如此严重。

（四）明清时期——严重破坏时期

金元时期黄土高原地区进一步开垦坡地，"田多山坂硗瘠"。坡地的开垦不仅使丘陵区疏林灌丛草原被破坏，人为松动土体也造成严重的人为土壤侵蚀。金曾以开封为都城，皇统元年（1141年）"营建南京（开封）宫室，大发河东（吕梁山地区）、陕西材木，浮河而下。"元代兴建大兴城（北京），大量砍伐山西北部林木，沿桑干河顺流而下。

明初在黄土高原北部修筑长城，驻守大量兵士，为解决驻军给养，发关内居民在长城沿线屯垦，黄土丘陵坡地和长城沿线草原遭受毁灭性破坏，明代官员庞尚鹏在《清理山西三关屯田疏》中记述山西北部宁武、偏关、雁门等地，山地几乎全被开垦。明中叶这些地区"百家成群，千夫为邻，逐之不可，禁之不从"，"林区被焚烧者一望成灰，砍伐者数里为扫"。经此破坏晋北长城沿线再也难以找到成片的森林了。

植被的破坏，加之明代中叶"小冰期"的到来①，黄土高原地区自然环境进一步恶化。明末许论在《九边总论》道："镇城（榆林）四望黄沙，不产五谷，不通货贿，一切草粮仰给腹里矣。"清康熙十二年（1673年）《重修延绥镇志》中写道："镇（榆林）之山荡然黄沙而已，连冈迭阜而不生草木，间有层崖，又率皆顽石。"同时《延绥镇志》中记道：靖边"城中无泉，山中无薪，颇有水火不足之虑。"从明清时期的地方志可以看到，只有延安以南的崂山、桥山、黄龙山等地才有森林的记载，广大黄土丘陵区天然植被已荡然无存。

（五）20世纪以来——破坏与建设交互时期

进入20世纪，黄土高原地区植被继续破坏，特别是新中国成立前由于连年战乱，特别是抗日战争期间黄土高原地区的丘陵山区毁林开荒，植被破坏严重。如20世纪初，陕北黄龙山还有不少森林，进入30年代，由于日本入侵东北及黄河下游花园口决口，从东北和黄河下游地区迁移来很多人口，把这里的山林几乎全部砍完，把很大一部分土地开垦成耕地。

新中国成立后黄土高原植被破坏主要有三个时期，即50年代末"大跃进"；60—70年代"文革"；70年代"农业学大寨"。新中国成立后人口的快速增加，使黄土高原植被破坏惊人，例如子午岭林区50—

---

① 黄春长：《环境变迁》，科学出版社1998年版。

80 年代林线后退 20 公里，平均每年后退 0.5 公里，林地面积减少了
42%①；宁夏固原县 50 年代初有天然次生林 48000 公顷，到 1981 年仅
剩 5333 公顷，减少了 88.9%；西吉县 50 年代有天然次生林 2593 公顷，
到 1981 年仅剩 300 公顷，减少了 88.4%；山西吕梁山北部 50 年代还生
长着茂密的乔木和灌木，到 80 年代从山麓到分水岭已成裸露的山地，
山坡几乎全部被开垦为农田②。

　　70 年代末以来黄土高原植树造林日渐被重视，植被破坏的状况被初
步遏制，部分地区植被覆盖度提高，生态环境得到了改善。到目前为止，
黄土高原草地占 30.5%，森林覆盖率 12.0%，若除去灌木林和疏林，森
林覆盖率仅 6.5%。其中宁夏南部的西海固地区森林覆盖率仅 2.7%，是
黄土高原森林覆盖率最低的地区。

　　以上情况可以概括为表 2－10 和表 2－11。

表 2－10　　　　　　　黄土高原地区历代人类活动与水土流失

朝代	政治局面	生产活动	人口数量	人类活动	水土流失	气候
清	国家统一社会安定	农业为主	猛增到 3400 万	乱耕滥垦	严重	寒冷期
明	军事对垒	半农半牧	增加	大量军屯民屯商屯	加剧	寒冷期
元	统一	牧业发展	锐减	变农田为牧场	减弱	温暖期
宋	军事对垒	农业发达	大幅度增加	军屯民屯	加剧	寒冷期
唐	国家统一	农业发达	增加至 1000 万	鼓励屯田	加强	温暖期
隋	社会安定	亦有牧业		开荒增加	加强	温暖期
北朝	民族迁移	牧业发达	减少至 500 万—200 万	开荒减少	减弱	寒冷期
晋	战乱不止			农田变牧场	减弱	寒冷期
西汉	国家统一	农牧业并举	增加至 880 万	允许开荒	加强	温暖期
秦	社会安定	牧业发达	人口少	保持自然面貌	微弱	暖湿期

---

① 任瑾：《子午岭森林植被的破坏与对流性降雨》，《地理研究》1992，11（1），第 70—76 页。
② 中国科学院黄土高原综合科学考察队：《黄土高原地区自然环境及其演变》，科学出版社 1991 年版。

表 2 – 11　　　　　　　　历史时期植被变迁的具体表现

时段	具体表现
西周春秋战国时期	黄土高原植被受人类活动破坏轻微，基本保持着原始天然状态。黄土高原森林相当广泛，不仅在陇中、陕北南部、晋西有森林，就是在陕北北部的横山、白于山，甚至更北的秃尾河上游、晋西北等地，森林也相当多，草原也相当普遍，草原和森林地区相互交错
秦汉至北朝时期	秦汉时期黄土高原地区植被虽遭破坏，农耕业向黄土高原地区不断推进，但直到两晋、南北朝时黄土高原地区天然植被仍占较大比重，人类活动尚没有改变黄土高原地区的植被面貌
唐宋时期	黄土高原地区的汾渭谷地等河谷平原，黄土台塬及黄土塬区已没有天然森林。黄土丘陵地区天然植被已遭到了很大的破坏，但尚没有达到毁灭性的程度，天然森林残存在黄土高原的石质和土石山地。长城沿线沙漠南侵，土地荒漠化凸显
明清时期	清代吕梁山、黄龙山、子午岭、六盘山、秦岭、陇山等黄土高原地区的诸多山地，尚保存较多天然植被，其中也包括灌丛植被。到清代后期，许多天然林遭到破坏。这段时期黄土高原的天然植被遭到毁灭性破坏
20 世纪以后	黄土高原受长期人为开垦、破坏，天然林草植被多已不具有连片的地带性分布，森林植被以天然次生林为主，主要残存在秦岭北坡、崤山、中条山、太行山、吕梁山、黄龙山、子午岭、陇山、六盘山等石质和土石山地，广大的黄土丘陵沟壑区天然植被破坏殆尽

　　新中国成立以后，国家改变了长期以来被动治理黄土高原水土流失的过程和措施，将黄土高原水土治理与经济建设上升为具有战略性的任务。随着黄土高原水土流失成因与治理理论研究的深入，国家不断调整水土治理方略、治理目标和治理措施。在治理目标上，由单一的水土治理到以生态脱困为中心，治理与开发相结合，注重经济效益、社会效益和生态效益的统一。在治理层次上，相继开展了单项措施或单项工程的试验示范，从机修梯田、水坠筑坝、沙棘推广，到小流域综合试点模式研究，从单个流域治理、县域试点示范到以支流大示范区规模治理与示范，从山区水土保持发展到城市水土保持，先后启动实施了国家重点治理工程、试点小流域、治沟骨干工程、世界银行贷款项目、沙棘专项、国债项目、生态县建设、淤地坝建设、退耕还林（草）及黄河水土保持生态工程等一大批水土保持生态工程建设，形成了由分散到集中、由点及面的治理格局；在产业结构上，由原来单一的农业基本农田建设到多种产业可持续发展，积极调整产业结构，发展具有生态经济性质的生态农业、生态旅游，进而建设社会主义新农村。在制度创新上，从推广抗旱耕作、户包小流域到"四

荒"拍卖，开展水保产权制度改革。水土治理由原来的政府主导的事业型引进市场机制成为一项大有发展前景的水土保持产业。治理资金来源也由原来单一的政府投资到引进社会资金再到引进国际资金援助。从各个方面对黄土高原水土保持生态建设进行了实践与探索，积累了丰富的经验。

二、生态治理与经济发展的进展——以高西沟为例

高西沟地处陕北黄土高原丘陵沟壑区，历史上的高西沟像黄土高原上的其他村落一样，旱、涝、风、霜等自然灾害频繁，土壤贫瘠，广种薄收，地表破碎，水土流失严重。从 1953 年开始，高西沟人先后在中科院、清华大学、陕西省黄委会及榆林专署水利水保局的专家、教授和科技人员的指导下，经过试验摸索积累了宝贵的治山治水经验，根据"宜林则林、宜草则草、宜粮则粮"的原则，于 1964 年制定了高西沟村第一个发展规划——《十年水土保持发展规划》，它是以粮食生产为基础，兼生物措施、工程措施、耕作措施并举的科学规划。

正是在这个规划的基础上，1958—1978 年期间，高西沟人民创造了在特定历史背景下的辉煌 20 年，建了 121 座淤地坝，修蓄水池 7 个，水库 2 座，新修"三田" 60 公顷，其中水浇地 30.67 公顷、坝地 5.33 公顷、梯田 24 公顷。有效地改善了农业生产条件，创造了农、林、牧用地各占 1/3 的"三三"制土地利用模式，特别是在生态环境建设方面，取得了突破性成就，主要表现在：

（1）扩大了种草面积，发展了畜牧业，培肥了地力。种草面积由1958 年的 20 公顷扩大到 1978 年的 73.33 公顷，人均 0.16 公顷。其中苜蓿 47.2 公顷，草木栖 20 公顷，沙打旺 6.67 公顷。1978 年年末猪 190 头，牛驴 69 头，羊 565 只，分别比 1958 年增加了 27 倍、50%、30%。牧业收入从 1958 年的 600 元增加到 1978 年的 1300 元，占农业总收入的比重由 3% 提高到 12%。畜牧业的发展，为农业提供了大量有机肥，每年积圈肥 210×10^4 公斤，青肥和秸秆还田 50 多万公斤，平均每亩施农家肥 3000公斤左右，比 1958 年多 10 倍。

（2）发展了林业，增加了收入。1978 年年末，累计植树造林 70 公顷，人均 0.17 公顷，比 1958 年增加 3 倍多。1978 年产水果 5×10^4 公斤，林业收入 2.5×10^4 元，占农业总收入的 23%。

（3）修建"三田"，促进粮食高产稳产。从 1958 年开始，在坡耕地

上修水平梯田，沟中筑坝淤地。到 1978 年，把原来的 66.67 公顷坡耕地修成 43.33 公顷梯田，沟中修 100 多座小坝，淤出 16.67 公顷坝地，干沟建小水库 1 座，将 2.67 公顷位置较低的梯田变成水浇地，人均基本农田 0.17 公顷，年人均产粮 500 公斤，年人均收入超过 200 元，比当地一般农村年人均收入提高 2—3 倍。1958—1978 年的 21 年间，共向国家交售粮食 50×10^4 公斤，平均每人 1136 公斤。

上述成绩来之不易：从 1958 年以来共动土石方 400×10^4 方，等于全大队 4 平方公里面积上铺了一层 1 米厚的土石；用了 21 万多个劳动日，平均每个劳动力每年投工 120 个。

新中国成立后近半个世纪以来，高西沟村民尊重自然规律，坚持科学的发展观，即使在"以粮为纲"的年代，主动退耕还林还草，打坝堰，修梯田，坚持沟、坡、梁、峁、洞综合治理及山、水、田、林、路统一规划，硬是把荒芜贫瘠的山沟治理成全国水土保持的典范，成为黄土高原生态建设的一面旗帜。50 年代初，高西沟开始了以水土保持为主的综合治理工程，成为全国水土保持的先进典型。50 年代末，高西沟在总结经验的基础上进一步进行优化治理，开始了山、水、田、林、路的科学规划，综合治理。至 70 年代，高西沟基本形成了"三三"制的治理模式，即农地、林地、草地用地结构各占总土地面积的 1/3，使其水土流失的治理和经济发展有了质的飞跃，并开创了黄土高原丘陵沟壑区生态建设的先河[①]。90 年代，基本走上了生态与经济协调发展、人与自然和谐发展的良性发展新路子。此后，高西沟一直走生态与经济协调发展的道路，目前已形成林、草、田"三二一"的生态家园式产业结构，被国家、省、市领导和有关专家誉为黄土高原"生态建设的一面旗帜"。当然高西沟今日的成绩并非一蹴而就，而是在科学规划的指导下，漫长的实践探索中不断摸索凝练而成，是集体智慧的结晶。近 50 年以来，高西沟农田基本建设和生态环境建设经历了如下几个发展阶段：

征山治水阶段（1959—1962）。50 年代中期全村有 280 人，耕种着 200 公顷坡耕地，每公顷产粮 375—450 公斤，年人均粮食 300—350 公

---

①　中国社会科学院农村发展研究所、国家统计局农村社会经济调查司著：《2005—2006 年：中国农村经济形势分析与预测》，社会科学文献出版社 2006 年版，第 1—4 页。

斤，年收入 50—60 元，生活十分贫困①。1958 年以前，高西沟继承和维护着我国传统农业以粮为主的小农经济结构，每人十多亩山坡地，亩产 40 斤左右，人均粮食 300 余斤，这一时期高西沟人民采用"东沟打坝，北梁修地，南山造林"的方法，由于方向不明，零敲碎打，缺乏经验，结果造成"人人搞饭吃，处处种粮食，年年缺粮吃"的局面。1958 年高西沟大队认真总结连遭失败的经验教训，转变过去单纯治沟、修坡式梯田的思想，最后形成"坡沟兼治，先坡后沟，修水平梯田"的共识，即修建水平梯田坚持严要求，高标准，务必做到修一亩，成一亩，丰一亩。具体做法是坚持用生土拍畔，熟土盖面，表土保留 70% 以上。并且合理规划梯田，使其山山相连，将小块连成大块，每层都处于同一水平线上，这既能增强蓄水、保肥、保土能力，又方便耕作。1959 年羊发展到 467 只，但草地只有 21.33 公顷，意识到发展畜牧业必须种草，要从根本上解决水土流失问题，必须植树造林。1962 年植树种草由 1958 年的 35.33 公顷增加到 58.67 公顷，但在基本农田不多的情况下，加之干旱，粮食产量从 1961 年的 10×10^4 公斤减到 5.5×10^4 公斤，为解决吃饭问题，又不得不毁林、草 6.67 公顷用来种粮食，通过曲折反复的实践认识到，退耕还林还草、畜牧业的发展必须与基本农田建设结合起来。这期间修筑的水平梯田，当年亩产平均 120—125 公斤，为坡地的 4 倍，与此同时也逐步退耕粮田，还林还牧。此期退耕和基建速度都较慢，林草面积平均占总农用土地面积的 22.8%，梯田面积占耕地面积的 10.2%，粮食总产量只比 1956 年增长 24.8%。1962 年 1 月 8 日《人民日报》头版头条以《山区农业的生命线》为题，报道了高西沟水土保持的经验，同时高度赞扬了高西沟人民改造河山的英勇气概。

　　土地耕作"三三"制阶段（1963—1972）。"四人帮"时期，生产遭到挫折，牲畜量下降，粮食减产，林草遭到破坏。1970 年传达了周总理关于陕北工作的指示后，于 1970 年"三田"（梯田、坝地、水地）达到 49.8 公顷，粮食总产达到 18×10^4 公斤，人均产量 409.5 公斤，创历史最高纪录，这一年，累计退耕面积达到 81.33 公顷，农林牧用地比例为 6：2：2。高西沟大队在与实践斗争中突破了"以粮为纲，其他扫光"、对农业生产"单打一"传统思想的束缚，在保证当年粮食增产的前提下，他

　　① 任小婵：《对榆林市沙产业开发的思考》，《价格与市场》2001（8），第 21 页。

们腾出 2/3 的农田植树造林种草，大搞生态环境建设，保持水土，仅用 1/3 的耕地却产出相当过去 5 倍多的粮食，粮食亩产提高了 8 倍。在生态建设中，他们实行农林牧并举，坚持"三个一"发展路线：即一个原则——因地制宜，宜粮则粮，宜林则林，宜牧则牧；一个方针——全面规划，集中治理，坡沟兼治，林草齐上，长短结合；一个规划——缓坡修梯田，沟底淤地打坝堰，高山远山造用材林，近村阳坡栽经济林，弃耕坡地种牧草，陡坡立垴种柠条。到 1972 年，农、林、牧各为 1/3，即 200 公顷土地中，粮田 70 公顷，林地 76.67 公顷，草地 66.67 公顷，人均实现一亩粮田、一亩林、一亩草、一头猪、羊或大牲畜。

向小平原和宽幅梯田进军阶段（1973—1979 年）。旧的问题解决了，新矛盾却层出不穷，由于窄幅梯田不能适应水利化、机械化的需要，1972 年天旱导致粮食锐减，实践使高西沟人们认识到："改土不改水，大旱要吃亏。"此期重点是狠抓水利建设及向小平原和宽幅梯田进军。到 1975 年，先后修建两个小水库，蓄水 16 万方，提水站 2 座，水利设施的改善，使得水浇地增加，不仅为农业创造了更高的生产力，还为进一步退耕还林还草创造了条件。1976 年造人造平原 2.67 公顷，1975—1977 年，填平一条沟，修连片坝地 8 公顷，1977 年高西沟农、林、牧用地与 1972 年相同，都是各为 66.67 公顷左右，但粮食总产达到 28×10^4 公斤，人均产粮 635.5 公斤，人均口粮 269 公斤，提高到过去的 5 倍多，亩产提高到过去的 10 倍。至 1978 年，有 460 口人的高西沟村已拥有耕地面积 71.33 公顷，占 33%；林地面积 70 公顷，占 33%；草地面积 73.33 公顷，占 34%，牛羊近 1000 头，初步实现了"三三"制，使农林牧得到了全面发展，逐步走出"广种薄收"的圈子，迈入了农林牧副渔全面发展的现代化农业生产结构的新路。这一期间粮食生产做到了旱涝保收、高产稳定，同时不断加强对林草的管护、修顿及调整，还大胆引进和推广优良品种来发展畜牧业，例如引进秦川牛、新疆细毛羊、沙能奶山羊、中卫白山羊、佳米驴、伊犁马、内江猪、八眉猪、来杭鸡、日本大耳朵兔等，基本上实现了家畜良种化，自觉进行圈养，还进行林粮间作、林药间作及发展编织、酿酒等工副业，使"三三"制模式不断完善并得以巩固。1973—1978 年间，不管天旱雨涝，粮食总产都在 20×10^4 公斤以上，在 1/3 土地上产出了过去 3.5 倍的产量，亩产增加了近 8 倍。此期重点是梯田水利化，使继续进行大幅度退耕成为可能。林草面积已占 2/3，梯田占 70% 以

上。由于将 35% 的旱梯田变成了水浇地，粮食产量更上一层楼，达到
1956 年总产量的 4 倍，从而彻底改变了单一经营时期贫困落后的局面。

　　成果巩固阶段（1980—1999）。80 年代，农村实行生产责任制，高西
沟人民并没有忘记他们的追求，背负着巨大的压力，依然坚持"以治水
改土为中心，实行山水田林路综合治理"的方针，按照自然规律和经济
规律办事，因地制宜，从实际出发，一如既往地补修坝堰、栽植林木。生
产责任制迫使周边村子"大分家"，导致集体财产流失，水坝地遭破坏，
生态林被毁掉，但高西沟农民按照"宜包则包、宜分则分、宜留则留"
的原则，把他们用血汗建造起来的台坝地和生态林作为重要保护内容，制
定了"包留"方案。把台坝地承包到群众，但承包个人必须自觉维护补
修，谁种谁负责，一旦发现有破坏情况及时收回另行发包。把集体果园承
包到户，在利益刺激下，群众有管护的积极性。但是生态林坚决留了下
来，并选派了 3 名责任心强的老党员担负起管护任务，林区禁牧一直坚持
到现在。

　　所谓"创业难，守业更难"，在此期间，高西沟也经历了"耕与退"
的沧桑更迭：1980 年，全县累计完成造林面积 1.94×10^4 公顷，羊存栏创
历史纪录 8.7×10^4 只，然而随后几年由于缺乏合理利用和有效管护措施，
林草面积急剧锐减，到 1985 年羊存栏降到 3.03×10^4 只。1986 年，联合
国粮农组织在米脂县实施"2744"项目工程，在小麦和面粉的援助下，
米脂县才遏制住复耕的局面，林草面积呈现出恢复性增长，在短短的 5 年
时间里，果园面积由 0.12×10^4 公顷剧增到 0.67×10^4 公顷。遗憾的是
1990 年联合国粮农组织停止援助后，农民又开始抢起镢头，蚕食自己曾
经用血汗营造的绿色植被。米脂县生态治理的几起几落，充分说明如果不
能从根本上解决农民的吃饭和花钱问题，生态环境建设的成果终将付诸
东流。

　　高西沟农民经过近半个世纪的征山治水，植树造林，封山禁牧，大搞
高标准基本农田建设，调整产业结构，截至目前自然面貌发生了翻天覆地
的变化。据有关资料记载，黄河中游每平方公里一年要流失土量 12000 吨
左右，以这个数字计算，如果高西沟 4 平方公里土地不治理的话，每年要
向黄河输送泥沙 48000 吨。目前的高西沟生态环境建设已经取得了实质性
的成效，基本做到了"泥不下山，水不出沟"，走出了"越穷越垦，越垦
越穷"的怪圈。

开拓创新阶段（1999 年至今）。在建设社会主义新农村的浪潮的影响下，高西沟吸收了新的思想，积极努力打造高西沟生态旅游品牌。努力达到"十个新"：新住房、新内涵、新设施、新模式、新环境、新规划、新农民、新形象、新风尚、新机制。形成一个融书法、绘画、民歌等形式为一体的黄土文化的浓缩；形成一个融吃、住、娱等内容为一体的生态旅游接待模式；形成一个融公司、基地、农户和以绿色产业、接待产业为一体的节约与集约型经营方式；形成一个融民办、民营、效益、管理为一体的协调发展的民主化管理机制。

进入 21 世纪的高西沟，又抓住了退耕还林的政策机遇，积极响应江泽民同志"再造一个山川秀美的大西北"的伟大号召，争项目、请专家，按照县上"四个一"工程的思路，对山、水、林、田、路进行了全面规划，补旧植新，更加完善了产业结构和生态环境建设。"林"是高西沟生态治理的出发点；"草"是发展畜牧业的"桥头堡"、农民增收致富的保证；基本农田是农民物质生活的最基本保证。随着农业结构的调整和土地生产力的提高，高西沟农民在新形势下勇于开拓创新，"三三"制逐渐发展成为生态型林业、主导经济型牧业、补充自给型农业的经济结构，目前除了 51.8 公顷农耕地外，其余全部成为林、牧用地，"三三"制逐渐演变成三分林、两分草、一分农耕地的"三二一"制。说起高西沟的成就，第一任支部书记高祖玉说："这是由于我们坚持贯彻落实了党在农村的政策。"

三、整合资源，打造品牌——以大寨为例

大寨地处黄土高原，属土石山区。新中国成立初期，大寨的自然条件十分恶劣，全村 700 多亩耕地，分成 4700 多块，零星散落在"七沟八梁一面坡"，其中坡地最多，坡、梁地 96%。坡地支离破碎，土层极薄，缺边少堰，里高外低，"地里上肥地边流，冲走肥土露石头"；梁地没边没堰，年年倒塌，地块越来越小；河沟地里乱石遍布，根本无法种地，仅有的 30 余亩沟边地，也经常遭受流水和泥沙的袭击①。大寨人认识到只有改变穷山恶水，战胜自然灾害，重新安排大寨的河山，掌握大自然的命

---

① 毕绪岱、班勇：《对我国主要类型区生态农业模式的分析》，《生态农业研究》3（2），第 4—9 页。

运，做大自然的主人，大寨的贫困面貌才能真正改变。大寨人在陈永贵的带领下，依靠自力更生、艰苦奋斗的精神，踏踏实实，一步一个脚印，从治坡治沟到人造平原，从改良土壤到建设高产稳产的"海绵田"，从担水抗旱到引水上山，从改革工具发展到机械化。在"以粮为纲"的时代，人们只要求提高粮食产量，而忽略了生态环境，导致了大寨在一段时间经济活动与自然生态环境之间处于矛盾对立状态。生态环境的恶性循环严重制约了当地经济的发展和人民生活水平的提高。

大寨六七十年代曾因轰轰烈烈的"农业学大寨"运动而声震华夏，名扬海外。那时"农业学大寨"、"普及大寨县"的标语遍布大江南北的各个角落；"大寨红花遍地开"、"大寨红旗遍神州"的歌声响彻长城内外的大街小巷。许多中央领导人和社会名流都曾到过大寨。从60年代以来，周恩来、叶剑英、邓小平、李先念、陈毅、徐向前、邓颖超、乔石、朱镕基、李岚清、田纪云、邹家华等40多位党和国家领导人，以及粟裕、萧劲光、杨成武、张爱萍、许世友、杨得志、廖汉生、秦基伟、李德生等40多位解放军高级将领先后视察访问大寨；郭沫若、巴金、马烽、钱学森、华罗庚、林巧稚、李政道、杨振宁，以及郭兰英、孙道临、崔嵬、于洋等学术界、文艺界的许多名人到过大寨。大寨也为世界所瞩目。五大洲的134个国家、2288批、25000名外宾曾到大寨访问，其中有墨西哥总统路易斯·埃切维里亚·阿尔瓦雷斯、马里共和国元首兼政府总理穆萨·特拉奥雷、乍得共和国总统费利克斯·马卢姆、新加坡共和国总理李光耀和联合国秘书长瓦尔德海姆等。

（一）生态状况

大寨村村民自古以土地为生，惜地如金。新中国成立前，为了维持生计，采取广种薄收的办法，将山坡开垦成阶梯式耕地，致使山坡面积越来越少，坡地越垦越多，耕种面积达900余亩。加之冬天烧炕取暖，无节制地砍伐柴火，使山体植被越来越稀疏，水土流失十分严重。1953年农业合作化后，党支部响应县委、县政府发出的"山地变梯田，河沟变粮田"的号召，领导社员制定了"十年造地规划"，依靠集体的力量，采取打坝、修堰及挖鱼鳞坑、建蓄水池等办法防治水土流失。1956年，随着治理老坟沟、狼窝掌等重大工程的开展，人工水保也同时进行，主要措施为闸沟造田、挖旱地、建谷坊及大面积平田整地。但因自然条件极差，这些成果常被肆虐的洪水冲没、毁坏，特别是1963年的特大洪水损失更严重。

由此，大寨干部群众意识到，只有植树造林，改善自然植被，才能改进水土条件，巩固农田基本建设成果。当年开始了荒山种草种树。1965年，周恩来总理陪外宾访问大寨时，提出植树造林、绿化虎头山的要求。根据周总理的指示，大寨做出了山、水、林、田、路综合治理的决策，采取生物治理与工程治理相结合的办法，在虎头山上种植木材树，山腰二坡地栽果树，山底荒沟造良田，易造成水土流失的土地退耕发展经济林。到70年代末，山、水、林、田、路综合治理取得成效。虎头山全部绿化，有油松、侧柏、杨树、皂角、黄栌、酸枣、虎榛子、沙棘等各种乔、灌木。七沟八梁一面坡经过多年治理，达到了小雨不离地，中雨不出沟，大雨不成灾的目的。

大寨第二次造林高潮是在1977年，这一次他们调整农业结构，因山造林，依地种树，大力发展以苹果、桃、葡萄、核桃、红枣为主的干鲜果经济林，总面积达到300多亩，户均2亩，虎头山渐渐绿起来了。

1992年开始，大寨人又在虎头山上做起了新文章。他们注重发挥绿化的潜在效应，把林业建设的重点转移到园林绿化上来。为了缩短路上运苗时间，保证树苗与花卉的成活，林业队队员，两天两夜不合眼，几千里路日夜兼程往返，为了防治森林火灾，林业队员吃住在山上。1995年春夏之交的植树造林中，全村共出工293人，投工1万多个，在大部分地段裸露的岩石上大种风景树。青石板不怕，放一炮出一坑，一个坑填一车土，炸药用了2吨多，硬是在石头上栽植了各类风景树1万余株。到1998年，全村有林地面积达到1320亩，成林面积800亩，森林覆盖率达43.3%，大寨森林公园粗具规模，成为游人到大寨旅游参观的重要景点。2001年，又在300亩"海绵田"里栽植叶合欢、松柏等风景树和枣树、桃树、金杏、红甘露桃等优质干鲜果树。今后，要把虎头山建设成为真正的绿色生态园林。

1992年以后的这段时期，大寨的绿化工作又出现了一个重大飞跃。在发展思路上，他们改变了过去单纯的生态观念，树立起市场观念、效益观念，把林业作为一项艰巨的生态工程和宏伟的富农产业来抓，实施全方位综合开发战略，还提出了"以林养土，以林蓄水，改善生态环境"的思路。大寨开始建设大寨森林公园，虎头山的绿化向园林化方向发展。为此，大寨聘请了省、地两级林业专家，在保持原有森林结构布局的基础上，本着"改造、配套、创新"的原则，帮助大寨制定了更加科学的近期、中期及远期《大寨园林绿化规划方案》。

1956 年高级社成立前，全村只有一些零星树木，谁栽种谁管理。高级社成立时，凡野外成材树木皆作价入社，归集体所有，由集体指派专人进行管护。实行人民公社化到"农业学大寨"后，大寨党支部一方面加强果园管理，另一方面对广大干部群众进行爱护集体财产的思想教育，培养大家热爱集体、爱护公物的良好风气。

70 年代，一些果树专家来大寨蹲点，把果树管理技术传授给了果树管理人员，培养出了一批土生土长的农民技术员。1983 年，大寨的土地承包到户，但处在产果盛期的果园仍由集体统一经营。1984 年承包给 6 个小组，由于承包者只注重眼前利益，缺乏长期打算，投入减少，疏于管理，致使果树遭受严重病虫害威胁。承包期满，党支部决定由受过专家指教、有技术特长的贾新文牵头的 40 人承包。承包人与村委会签订了管理协议，村委会对承包者的投入、产出、技术，按要求逐项考核，按比例提成；集体为承包者剪枝、施肥、浇水、治虫、培训、储存提供方便。

在管理上，他们坚持依法治林，改革过去的管理方法与分配制度，特别是对原有果园的承包进行了重大改革，划小了承包单位，实行了经济、技术、投入三项指标统筹承包，财物集体统管，分项进行考核，利润按比例分成的管理办法，责、权、利相统一，较好地解决了果园承包的短期行为和利益分配不公的问题。

(二) 经济状况

改革开放之前，大寨村的经济收入很单一，全村年收入不到 20×10^4 元，主要依托于 761 亩土地生产的粮食，总产量最高年份达 90×10^4 斤，卖给国家统购粮最高达 40×10^4 斤，经济十分有限。1992 年以来，大寨人在党总支部书记郭凤莲同志的领导下，解放思想，锐意改革，大胆创新，走经济强村之路。

农业稳步发展，推广先进科学技术，大力调整产业结构，实施退耕还林，强化农业服务，集体为群众提供了"五统一"，即：统一实施新品种试验和新技术推广；统一购买种子、化肥；统一实施机耕、机播、秸秆还田；统一实施水利灌溉和水利实施的应用；统一规划农田基本建设，减轻了农民负担，农业生产连年获得好收成。

工业发展迅速。1992 年，组建了大寨经济开发总公司之后，打开寨门，走南闯北，外引内联，引进人才，引进资金，引进技术，先后兴办了羊毛衫厂、制衣公司、酒业公司、中策水泥公司、煤炭发运站等 10 个企业。2002 年与阳泉南娄集团联合创办了大寨核桃露饮品企业，该企业总投资 2 亿元，是现在我国饮品同类企业中的佼佼者，2004 年该企业荣获全国五星级产品品牌，2006 年 4 月 13 日又被评为山西省著名商标品牌，该企业年创利税达 3 亿多元。2003 年大寨与县民营企业康达公司联合创办了大寨农牧公司，该公司是以种、养、加、贸于一体的综合性农业产业化企业，年加工面粉 2×10^4 吨，加工杂粮 2500 吨，转换粮食 1×10^4 吨，年出栏优质猪 6×10^4 头，优良品种猪 1×10^4 头，是公司加农户，带动农民致富的好企业。

　　第三产业方兴未艾，大寨立足本地实际，发挥名人、名地、名牌效应，大力发展朝阳产业。投资 1000 多万元建成了大寨森林公园，不仅发展了旅游业，而且从根本上改变了大寨的生态环境。"农业学大寨"期间，到大寨的人员以参观、访问、学习为主，极少专程旅游。参观点为虎头山、梯田、新农村、狼窝掌农田、大柳树等。90 年代以来，随着大寨经济的再度崛起，专程到大寨参观旅游的人数渐趋增多。1992 年 5 月，国务院总理朱镕基视察大寨，认为大寨开发旅游资源的时机已经成熟，要求尽快改善旅游条件，增加旅游项目。90 年代初，大寨的旅游业初步兴起，但景点仍以虎头山的自然风光和六七十年代建成的梯田、"火车厢"式排窑、"土楼"等为主，比较分散、简单。

　　从 1995 年起，在虎头山上开始了景点建设，当年共完成投资 300 余万元。1996 年 5 月 30 日，大寨展览馆开馆，标志着大寨旅游区正式向游人开放。大寨人在充分利用虎头山自然景观和森林资源，对虎头山进行园林式绿化的同时，逐步增设人文景观，建设集旅游、避暑和爱国主义教育为一体的大寨森林公园。大寨在保护森林资源的同时，特别注重了在旅游区内增设景点，改善基础条件。

　　到目前，景点除已有的自然景观和大寨居民楼外，还先后新建了陈永贵墓、郭沫若纪念碑、周总理休息纪念厅、水池长廊、军民池、大寨文化展览馆、水库、大寨奇石馆、郭老诗魂碑等人文景观。根据大寨森林公园中远期规划，还将在友谊坡建伟人形象展示厅，把曾访问过大寨的 100 多位中外伟人、名人图像装框悬挂；在龙山建碑林园，将极具收藏价值和纪念意义的上百位中外名人的留言、题词镌刻在 500 多块石碑上，散布山间；在龙山索桥下方立"群英雕塑"，将大寨众多英雄模范人物用汉白玉雕成塑像，集中展示；在虎头山与龙山之间建 500 米长、2 米宽的"龙虎索桥"，索道由四条钢索牵拉，铺以木质踏板，两旁加护栏，让游客在两山之间跨越，领略高山峡谷的险峻；在渡槽下建叠翠山庄，以供游客休憩娱乐。

农民生活水平明显提高，随着经济实力的增强，农民的生活实现了"三有三不"："三有"是小有教（从幼儿园到小学免费上学）、老有靠（实行养老保险金制度）、考有奖（凡考入大中专的学生集体发给奖学金）；"三不"是吃水不用吊（自来水）、看病不用跑（村有医疗保健站）、运输不用挑（集体提供车辆运肥和收秋）。与此同时，收入的增加给大寨人在住房、膳食、衣装、家用电器等方面带来了很大变化。

由于强化了集体统一经营职能，农民的负担减轻了，90%的劳动力从事了工、副业和旅游业，旅游业已占大寨集体经济总收入的30%，农民的收入不断增加，从1988年人均180元上升到2005年的5500元。大寨经济建设呈现蓬勃发展的好势头（见表2-12），农民纯收入在1991年735元的基础上1992年突破千元大关，达到1017元；1996年达到2100元；1998年达到3000元；2000年达到3620元；经济总收入1993年突破千万元大关；1994年又闯过双千万元大关；1996年达到 3260×10^4 元；1998年达到 5419×10^4 元；2000年达到 7400×10^4 元；集体固定资产在1991年 300×10^4 元的基础上，1996年达到 4100×10^4 元；1998年达到 5400×10^4 元；2000年达到 7050×10^4 元。大寨村2004年经济总收入达 11026×10^4 元，人均收入5000元，经济收入比1980年增长524倍，人均收入增长27倍，集体积累3000万元，固定资产 8300×10^4 元。2005年大寨经济总收入 11574×10^4 元，年人均收入5500元，远远超过了中国农村人均收入水平。

表2-12　　　　　　　90年代以来大寨经济发展状况逐年统计表

项目　　　年份	经济总收入（万元）	人均收入（元）	集体积累（万元）	固定资产（万元）	上缴国家税收（万元）
1991	220	735	10	300	12
1992	735	1017	60	500	18
1993	1006	1350	120	1700	30
1994	2064	1500	200	3000	42
1995	3000	1800	280	3400	137.9
1996	3260	2100	325	4100	164.16
1997	4796	1700	465	5400	190.6

续表

项目\年份	经济总收入（万元）	人均收入（元）	集体积累（万元）	固定资产（万元）	上缴国家税收（万元）
1998	5419	300	650	5400	292
1999	7142	3500	970	7050	340.4
2000	7400	3620	1200	7050	304
2001	9050	3910	1600	7500	375
2002	10000	4000	2200	7500	300
2003	10865	4100	2805	8000	310
2004	11026	5000	3000	8300	—
2005	11574	5500	—	8300	—

资料来源：大寨村委会，2006。

（三）文化状况

新中国成立前，大寨多数村民生活穷困，几乎没有文化活动。新中国成立后，随着各方面条件的改善，文化生活逐步充实。1956年办起俱乐部，开展形式多样的宣传活动，有黑板报、土广播、图书馆、读报组，还举办图画展览、诗歌表演、秧歌宣传，等等；1957年开通有线广播，安装舌簧喇叭；1958年，大寨成为昔阳县"三枝花"之一，文化活动走在全县前列；1960年，大寨办起阶级教育展览室，除继续坚持宣传活动外，注重了对青少年的阶级教育和艰苦创业精神的培养；1964年春，山西省文化工作宣传队来到大寨，帮助大寨人民建起了展览馆，制作了大寨模型、绘画，配备了黑白照片；1972年，大寨公社成立电影队，每星期到大寨放映。这一时期，全国许多文艺团体不断到大寨演出，并将大寨的故事改编成各种文艺节目，搬上银幕、舞台。同时帮助大寨成立了文艺宣传队，利用田间地头、集会饭场表演秧歌、快板儿等，丰富了群众的文化生活。大寨学校的幻灯队、小演唱队也经常带着自己制作的图片和编排的节目在村内、村外、农村、机关、军营、工地演出，深受人们欢迎；小美术组在县文化馆和在大寨搞泥塑的美术工作者的辅导下，经常在一起画漫画、搞创作，有的作品还参加了全县画展。

1964年，毛泽东主席发出"农业学大寨"的号召，大寨成为全国农业战线的先进典型。随着大寨人自力更生、艰苦奋斗改造自然事迹的广泛宣传，大寨声名大振，远播海外，一些友好国家开始派员、组团到大寨参观；一些友好人士慕名到大寨访问。1965 年起，参观访问大寨的外宾人数逐渐增多，级别越来越高，除一般友好人士、外交使团外，少数国家元首、议会议长、政府首脑、党派领袖也专门赴大寨参观访问。

中共十一届三中全会以来，随着物质条件的改善，大寨的群众文化活动又迈上新的台阶。1993 年，村委会投资 20 余万元建成农民科技文化活动中心，为群众学文化、学科学创造了条件。同时，结合社会主义精神文明建设，开展了"文明家庭"创建活动，村容村貌及村民精神面貌发生了巨大变化，连年被中共晋中地委和山西省委授予"精神文明先进单位"。

而今，改革开放的大寨，百姓文化生活更趋丰富多彩。大门敞开，企业发展，人员流动，信息通达，音像普及，确实今非昔比。每逢年关节日总有宣传队演出新编节目，高唱创业歌曲，徜徉虎头山，昔日的故事民歌在导游小姐侃侃而谈中重现，森林公园万绿丛中亦不时有创业歌的音符飘荡。

四、生态与经济互动双赢的经验总结

（一）关于黄土高原的生态治理

1. 小流域集中规模治理是推进综合治理的基本模式

1980 年 4 月水利部在山西吉县召开小流域治理座谈会议，揭开了小流域治理研究与试验实践的序幕。国家制定了以小流域为单元推进综合治理的基本方略。以小流域为单元，统一规划、综合治理、综合开发，优化治理措施配置，充分合理地利用小流域的土地资源，促进小流域农、林、牧各业协调发展，做到植物措施、工程措施与保土耕作措施相结合，发挥整体效益。

这种以小流域为单元进行水土流失综合、集中、连续治理的治理方式即在黄土高原地区全面推开，改变了长期以来单项措施分散治理的状况。现在，各水土流失类型区已形成了一套科学的小流域治理措施布局模式，建成了一大批完整的小流域综合防治体系。近几年来，以小流域治理为基础逐步过渡到县域治理开发方式。甘肃藉河示范区即是一个成功的范例。综合治理典型大量涌现，宁夏彭阳、山西偏关、陕西延安宝塔区和内蒙古准葛尔旗川掌沟、甘肃定西官兴岔等，都起到了很好的示范作用。

2. 以效益为中心是推进综合治理的源泉和动力

农民是治理水土流失的主力军。为使农民持久地参与水土流失防治，处理好生态效益与群众经济效益的关系，依托小流域水土资源开发，将小流域的资源优势转化成经济优势。

建立健全水土保持预防监督法规体系、执法体系和预防保护体系，由单纯治理转到防治并重，巩固和保护了水土保持治理成果，做好大中型开发建设项目的恢复治理，特别是在晋陕蒙接壤地区等重点建设项目开发区落实"三同时"制度，有效遏制了滥挖乱采、乱堆乱放的人为破坏现象。

3. 适应市场经济体制是推进综合治理的重要机制

以户包或联户承包形式治理小流域的模式和经营管理机制，得到大面积推广，这是水土保持治理方式上的一个重大突破。高潮时期，黄河中游地区约有350万农户承包治理小流域，按照"谁治理、谁管理、谁受益"的原则调动社会参与者的积极性，采取户包、租赁、股份合作、拍卖等多种形式加快"四荒"地治理。目前，全区出让"四荒"地使用权总面积接近 4.5×10^4 平方公里，已完成治理"四荒"地近 2.5×10^4 平方公里。

4. 人与自然和谐共处是推进综合治理的终极目标

为树立和落实科学发展观，各地更加注重发挥大自然的自我修复能力，进行生态恢复，制定政策，颁布禁牧令，划分封禁区，实行封山禁牧、舍饲养畜、飞播封育等措施，推进退耕还林还草，取得了很好效果，这一点将成为今后一个时期综合治理的新特征。

5. 系统工程治理是推进综合治理的战略要求

黄土高原生态工程建设，是一个复杂的过程，是一个大的系统工程。目前水土流失治理主要集中在重点地区和典型小流域区，不能从整体上把握黄土高原生态环境建设。重点治理区和典型小流域区在整个黄土高原所占比例较小，就黄土高原整体而论，治理区呈现出"点上一枝花，整体水平差"的格局，生态环境恶化现象并没有很大改观。根据系统论观点，整个黄土高原即为一个大的系统，根治黄土高原必须统筹安排，全面治理，方能奏效。

20 世纪 90 年代开始实施西部大开发，生态环境建设被列为西部大开发的重要内容，黄土高原水土治理方略和措施进入了一个新的时期。

1997 年 7 月，江泽民总书记发出了"再造一个山川秀美的西北地区"的伟大召号，党的第三代领导集体做出了建设跨世纪生态工程的战略部署，黄土高原依其特殊的区域地位，治理的紧迫性和艰巨性，被列为全国生态环境建设的重中之重，"提出一个治理黄土高原水土流失的工程规划，争取十五年初见成效，三十年大见成效"。整治黄土高原已迎来了一个新的机遇。

黄土高原水土流失面广量大，治理异常艰难。水土保持生态建设是一项庞大的系统工程，今后必须理清思路，总结经验，在新形势下全面推进水土治理和经济发展，力求取得全面成效。

（二）关于典型村经济品牌打造：以山西大寨村为例，发挥特色的品牌效应

1. 增加产品技术含量，提高企业市场拓展能力

从 1992 年组建大寨经济开发总公司以来，到目前大寨已经有了 30 多种商品的品牌——大寨核桃露、大寨牌衬衫、大寨铝塑管、大寨金鹿酒、大寨春酒、大寨杂粮等大寨的村办企业都是传统的产业，标记大寨的产品科技成分不高，与其他商品比较起来，外表和包装很普通，性能也没有独特之处，因此在市场竞争中没有优势，如果它们能比别人多销一点，无非是靠大寨的牌子。

在市场经济的今天，市场经济规律是每个人要正视的不二法则。"大寨"可以引来工商投资，可以带来经济效益，如果不在自身企业发展上下工夫的话，这两张"牌"无法发挥长久的作用。如大寨起初办的草编厂和建材厂，草编厂原料用的是本地取之不尽的玉米棒子，用它编成沙发垫、草篮一类的工艺品与实用品，在国内外都有一定的市场；建材厂用的是本地用之不竭的黏土，再有唐山玉田的专利，生产仿古琉璃瓦和彩色地面瓷砖。两家企业成立不久，但因缺乏技术，缺乏经验，没有市场竞争力，最终被关闭了。

2. 完善现有知识产权体系，规范商标及品牌市场

从法律概念上来讲，"大寨"已经成为重要的知识产权保护对象，依法建立"大寨"的知识产权保护体系，是大寨品牌转化与保护的第一步。就"大寨"本身而言，作为一个世界驰名的地理名称，若将之使用于相关商品或服务项目，在标示该商品与大寨有特定联系的同时，暗示了商品的品质、信誉等特征与大寨自身的一些特有的因素密切相关。由于历史的原因以及以前对"大寨"品牌认知的局限性，"大寨"商标及品牌的使用比较混乱，甚至出现了商标被抢注的尴尬。如 1999 年年底，山东省淄博市庆海酒家向国家工商总局商标局申请注册了"大寨"商标，核定使用

商品范围为国际分类第 30 类的"陈醋、酱油、包子、饺子等"，2000 年 1 月 28 日，国家工商总局商标局对此予以初步审定。2000 年 8 月 3 日，昔阳县大寨经济开发总公司也向国家工商总局商标局在国际分类 30 类上申请注册"大寨"商标时，才发现"大寨"商标已被注册。

为了缔造"大寨品牌"的可持续发展空间，应依法对大寨集团成员在水泥、服装、酒和无酒精饮料等商品上注册的"大寨"商标实施转让，由集团按公司资产建账管理，以服务于大寨品牌经营战略的整体运作，形成整合资源的优势；依法纠正昔阳县辖区内将"大寨"品牌名称擅自作为企业字号使用的混乱现象；严格杜绝乱用滥用"大寨"商标的现象，同时积极防范"大寨"从品牌向品名的主观意识转化。

第四节　近 20 年来陕甘宁老区脱贫效果评价与经验分析

一、黄土高原脱贫效果评价

据资料统计，经过 50 多年的治理，黄土高原初步治理水土流失面积达到 1.54×10^5 平方公里，占水土流失面积的 35.8%。建成各类水土保持工程约 4.00×10^6 座，1.00×10^7 多人，1.50×10^7 多头牲畜解决了饮水困难。共建成淤地坝约 1.00×10^5 座，淤地 3.00×10^4 余公顷，平均增产粮食 3750 公斤/公顷。已安装修建水土保持治沟骨干工程 854 座，完成工程量 4.66×10^7 立方米，总库容 9.30×10^8 立方米，可拦泥 7.30×10^8 吨。修建基本农田 500 公顷，每年增产粮食 4.00×10^9 公斤，为 1.00×10^7 人解决了吃饭问题。累计造林种草 1.00×10^7 公顷，增加活立木蓄积量 5.60×10^7 多立方米，产枝柴 5.60×10^{10} 公斤，产饲草 4.50×10^{10} 公斤。经济林发展迅速，仅苹果面积就达 6.60×10^5 多公斤，年产量 1.00×10^{10} 公斤以上，沙棘资源建设与产品开发成效显著，资源面积达 9.30×10^5 多公顷，商品开发年产值上亿元。自 20 世纪 80 年代后期以来，黄土高原区各地十分注意以提高效益为中心，以市场经济为导向，根据市场需求，结合当地资源优势，选种适销对路、在市场上有竞争能力的优良树种、草种、果品和经济作物，把水土流失区的各类土地建成优质、高产、高效的商品基地。并进一步把各类初级产品就地加工、转化、增值，做到农工贸一体化、产运销一条龙，进行产业化经营，促使一批现代化工业体系在该区逐步兴起。

目前，黄土高原区人民的生产方式有了改善，农业生产在一定程度上采用了机械化，改变了过去单纯的人畜耕作，人民群众的生活条件也有了很大程度的提高，在解决了温饱之后又有一部分人向小康迈进，产业结构有了进一步的调整，农业主导的局面已被打破，第一、二、三产业的比例逐步协调。基础设施也在逐步完善，基本上做到了村村通路、通电、通水。教育设施有了很大改善，人们的文化水平普遍提高。进入90年代后，水土流失的预防监督工作得到了加强，《中华人民共和国水土保持法》的颁布实施，标志着水土流失防治进入了法制化轨道，水土保持法规体系和监督执法体系逐步建立健全，执法力度加大，水土保持意识和法制意识日益加强，区内各省（区）都相继制定了《水土保持法实施办法》及配套法规。建立了水保监督执法机构200多个，配备专、兼职监督执法人员7000多人，已依法审批水土保持方案600多个，查处水保违法案件1800余起，收缴水土保持防治费和补偿费1000多万元。有效地巩固了水土保持治理成果，防止或减少了人为造成的新的水土流失。根据黄土高原区的重点治理区资料分析，1983—1992年完成的第一期工程339条重点治理小流域，都通过了国家验收。1982年治理区内人均粮食174公斤，经济收入139元。1994年治理区内人均粮食293公斤，经济收入增加到439元，分别提高了68.3%与2.1倍。治理区内有80%的农户脱贫，其中10%的农户已达到小康。在重点地区治理的启示和带动下，通过积极开展水土保持工作，目前黄土高原已有近2/3的农民群众解决了温饱问题。联合国粮农组织粮食计划署和世界银行分别在杏子河流域、延河流域进行的国际援助治理与开发项目也取得了良好的成效。这充分说明以小流域为单元的治理模式在黄土高原区的治理中是一种行之有效的手段，在今后的治理中应继续加强、完善。

黄土高原地区治理中已取得了明显的经济效益和社会效益，这点是必须肯定的。同时，在综合治理中，走出了一条有地域特色的治理新路子，即以重点治理为依托，以小流域为单元，以经济效益为中心，将生态效益、社会效益、经济效益紧密结合的综合治理开发，经过综合治理，不仅减轻了水土流失，改善了人民群众生产、生活条件，而且也推动了整个黄土高原区域经济的发展。大面积基本农田的建设为解决该区人民群众的温饱问题奠定了基础，在国家"以粮为纲"（要求地方粮食自给）的政策下，人均粮食、人均收入都有了大幅度的提高。各种工程措施和生物措施也都发挥了拦泥蓄水作用。近年来统计数字表明，黄河三门峡泥沙总量在减少，除降雨偏少外，不可否认各项措施明显的保水保土效果。整个高原的面貌得以好转。但是从全国的社会经济发展水平分析，目前该区的整体经济发展速度仍然缓慢，水平不高，农业生产徘徊不前，后劲不足，农村经济基础薄弱，生态环境恶劣和贫困一直在阻碍着社会经济发展，不仅与全国平均水平有相当大的差距，而且与发达地区的差距更大。近年来，该区的工业有了一定的发展，但主要集中于煤炭、电力、冶金、化工和建材等方面，这些工业均属重污染型，单位工业产品产值的"三废"排放量大。对该区生态环境造成了很大破坏。同时，由于全国对黄土高原地区煤炭及能源—重化工业产品的迫切需要，工业的进一步发展将不可避免地会给黄土高原的生态环境造成更大压力。由此可以看出，黄土高原地区所取得的绩效是建立在过度开垦资源、破坏生态环境的基础之上的。同时，这些短期绩效的基础是国家的巨额资金投入，一旦国家撤退资金，黄土高原区将很难自我维持。

二、高西沟脱贫效果综合评价

几十年来，高西沟在各级政府的领导和几代人的努力下，生态环境建设取得了显著的成绩。现有林地2253亩，人均林地4.32亩，占49.7%，其中生态林1660亩，经济林593亩；有以紫花苜蓿为主的草地1500亩，人均草地2.98亩，占33.1%；有777亩基本农田，人均基本农田1.49亩，占17.1%，其中380亩为人造小平原和宽幅梯田，397亩为可以节节拦截、层层分解洪水流量、每处都有蓄水塄的台坝堰窝地。高西沟主要依靠群众，发挥集体的优势进行生态建设，所有林地由集体统一组织安排栽种，集体统一管护。

土地承包后高西沟决定分地不分树，所有林地由集体统一管护，村上安排护林员每天进行巡护。由集体强行保护下来的660亩针叶林，为集体带来了丰厚的回报。在山脚下约50亩的水库在近三十年里，一直是水绿鱼肥。水库承包所得收入由集体按照村民参加工数的多少按劳分配，为农民个体增加了经济收入。

高西沟综合治理的主要做法，概括起来说就是"建"、"退"、"封"、

"调"四个字。

（1）建，即建设高标准农田。高西沟充分利用沟道丰富的资源优势，在无水的沟道打坝、修堰窝，在有水的沟道建池修渠，发展水池，同时在山顶缓坡建台地，修宽幅梯田。他们说："沟底打了坝、天旱也不怕，淤积一寸泥、可顶百担肥。"建高标准农田，既解决了水土流失，增加了土地资源，又可稳产高产，可以说一举三得。

（2）退，即将低产坡耕地全部退耕还林，栽树种草。早在50年代初，高西沟就开始征山治水，在经历了东沟打坝、北渠修地、南山造林等多次失败教训后，从1959年开始，逐步确立了"因地制宜、合理用地、宜粮则粮、宜林则林、宜牧则牧"的原则，认准了"全面规划，集中治理，沟坡兼治，林草齐上，长短结合"的方针，坚持山、水、田、林、草、路、梁、峁、洼、沟、坡、堰统一治理，对坡耕地有计划地进行退耕，截至2004年年底，造林2253亩，种草1500亩，"退得下、还得上、保得住"在高西沟得到了验证[①]。

（3）封，即封山禁牧。南山造林失败，很重要的一个原因就是人为破坏、滥放乱牧。因此，从1958年春季起，高西沟就对林地和草地实行"封禁"，一方面严禁羊只上山，另一方面严禁人为破坏砍伐，几十年如一日，即使在"文革"期间和实行生产责任制后仍不例外。为了解决"封禁"与传统放牧之间的矛盾，村上积极推行舍饲养殖方法，为封禁后的畜牧业发展找到了出路，同时解决了林、草、牧之间的矛盾。

（4）调，即调整产业结构。按照"结构调优、经济调活、农民调富"的原则，缩小粮田面积，扩大林草种植，全面推行"三三"制，实现了生态与经济的协调发展，人与自然的和谐生存，基本上解决了农民的吃饭问题。一是农业投入相对增加，提高了单产，粮食产量大幅度增长，1973—1978年，不管天旱雨涝，粮食总产都在 20×10^4 公斤以上，在1/3土地上产出了过去3.5倍的产量，亩产增加了近8倍；二是解决了当时"要多打粮食肥料不足，要多养牲畜草料不足，要发展生产资金不足"的矛盾，全村林地从无到有，发展到70公顷，草地扩大到66.67公顷，年产饲草 125×10^4 多公斤，大牲畜从公社化前的20头发展到85头，猪羊

---

① 周述武：《关于农村基层党支部建设几个问题的调查和思考》，《理论导刊》1990（2），第23—26页。

从 100 头（只）发展到 900 头（只）；三是有效地控制了水土流失。过去每年从高西沟境内流出的泥沙有 4×10^4 多吨，经过治理，基本实现了水不下山，泥不出沟[①]。实践证明，高西沟的"三三"制是生态效益和经济效益实现"双赢"的最佳途径。高西沟 20 年前的"三三"制模式，与我们今天全面实施的退耕还林还草政策不谋而合。

三、主要经验总结

（1）以科学发展观为治理理念，探索人与自然和谐协调的新机制。探索人类与自然相协调的新的经济体制，大力恢复和维护生态平衡，促进人类经济持续发展，是当今人类经济发展重大课题，更是水土保持工作的前提。黄土高原水土保持工作必须吸取过去边治理边破坏的历史教训，积极探索和促进我国经济向人类与自然相协调的新体制（如生态经济、低耗持续经济）过渡，实现人类与自然和谐共处，只有这样才能从根本上遏制人类经济活动对水土资源的破坏，促进水土保持事业全面发展。

高西沟村实施"科技兴农"战略，在所有的旱平地、水坝地上，全部采用垄沟种植、地膜覆盖、间作套种，提高了亩产量。高西沟人还充分利用科学技术，在坝地栽上大垄沟红薯，在山上种了地膜绿豆。坝地里的大垄沟红薯每亩收入 2600 元；地膜绿豆亩产 100 多公斤，比传统种植亩增值 100 元。

在 20 多年的治理中，高西沟不唯书、不唯上、只唯实，在无数次的失败中，摸爬滚打，不断探索，反复实践，走向成功。一是因地制宜，全面实施。按照"山上缓坡修梯田，沟里坝地打堰窝，高山远山森林山，近村阳坡建果园，弃耕坡地种牧草，荒坡险洼种柠条"的布局进行综合治理，既有效地控制了水土流失又提高了土地利用率。二是科学规划，分步实施。在具体治理过程中，采取了"先治山、后治沟、先治掌、后治口"的办法，集中力量，逐片突破，做到了治理一片、见效一片、巩固一片、再造一片。近年来，高西沟每一项工程，每一个建设，都本着高起点、严要求进行，成效极为明显。

（2）创新水土治理制度，引入市场机制（激励机制、资源环境公共品产权制、国外资金与管理），建立由市场机制与政府管制相结合的水土

---

① 延军平：《中国西部大开发的战略与对策》，科学出版社 2001 年版。

治理机制。黄土高原水土流失治理急切需要土地制度创新。为了加快黄土高原水土流失治理的进程，可以考虑给予黄土高原地区特殊土地政策，建立"黄土高原土地特区"，对所有农村土地实行"国家所有，农户使用，期限永久，依法流转"的特殊政策。

（3）优化产业结构，大力发展生态经济，以生态脱困经济致富为首要目标，以资源环境与社会经济协调可持续发展为最终目标。

① 实施生态脱贫战略，着力提高水土保持经济效益。对处于贫困状态的人来说，生存原则是第一甚至是唯一原则。水土保持工作必须做到有利于为当地居民提供生产和生活使用的产品或其他经济效益，经济效益是水土保持工作生命线。以大力发展粮食和经济作物生产为中心的基本农田建设和以经济开发为中心的经济林、药材及其加工业建设应成为水土保持工作的首要任务。

② 合理配置产业结构，发展水土保持型产业。水土治理应走产业化的道路，在水土流失的治理与市场之间建立起直接联系的桥梁：一是可以调动社会各方面的力量，通过各种形式参与到水土流失的治理中来，加大治理投入；二是促进了对水土资源的可持续利用和开发，提高了水土资源的开发利用潜力，有利于把资源优势变成商品优势；三是推动了水土流失区域社会经济的发展，加快了贫困地区人民群众脱贫致富奔小康的步伐。

③ "三二一"新模式。在"三二一"新结构中，"林"是高西沟生态建设的主体，羊草业是产业结构调整的重点，基本农田是高西沟农民生活的基础和保障。"三二一"新模式不仅是产业结构的重大变化，而且是生态效益、经济效益、社会效益的科学优化组合模式，是再造一个秀美山川的标本和样板。

"三二一"新模式一是比较好地解决了"如果退耕还林还草后，没有新的土地补偿，势必使一部分农民因粮源缺乏，长期躺在国家怀里，以及如果退耕后还上的林草在短期内甚至更长时间里不能产生直接经济效益，失去赖以生存的农民会再度抢起镢头砍树毁草"等复杂问题；二是把治沟与绿化相结合，在还上的林草还不能充分发挥有效控制水土流失作用时，打坝拦泥，因害设防，从沟掌到沟口节节拦蓄，既可杜绝入黄泥沙，又可淤地造田，且一亩坝地在正常年景的产量超过十亩坡耕地，农民口粮完全可以自足，退耕还林才能退得下，还得上，保得住；三是比较好地解决了国家要"被子"与农民要票子的矛盾，一亩高标准农田把广大农民从管护广种薄收的繁重劳作中解放出来，为实现"三农"裂变提供了必备的条件。

④ 及时了解市场需要，发展特色林果业、畜牧业。高西沟在建设生态林的同时，也积极建设经济林。现有苹果树、梨树、枣树、大扁杏、葡萄等经济林 593 亩。其中近 120 多亩 4000 多株苹果树，年产苹果 20 多万公斤，年收入近 8 万元。

高西沟现有紫花苜蓿为主的草地 1500 亩，养白绒山羊、小尾寒羊1300 多只。80% 的农户具备"棚、场、槽、窖、机、池"配套饲养条件，科学喂养，形成了羊草主导产业。还饲养秦川牛 90 头，把饲养秦川牛作为后续产业。

第三章 基于国际经验的经济与生态互动发展分析

第一节 发达国家生态环境建设经验借鉴

发达国家很早就意识到生态环境问题，20世纪六七十年代后通过调整产业结构，推行清洁生产，大力发展循环经济和高技术产业，减少了对环境的污染，同时坚持环境保护和生态建设，加强环境教育提高公众的环境保护意识。

一、美国

美国是世界上最大的发达国家，目前其经济与生态已进入良性互动的局面，有许多经验值得我们学习：

（一）循环经济方面

一方面采取多种措施推动废弃物的回收利用，为了鼓励对资源进行循环利用，减少有害废弃物对环境的影响，美国政府相继出台了一系列的法规和政策，如20世纪90年代的净化空气法和对电池处理的法规等，通过立法推动资源的回收和利用；同时以行政手段推动再生资源产业的发展，美国各地回收利用废弃物的努力带动了再生资源产业的发展，但因为相关技术的发展和市场的培育需要一个过程，所以美国政府采取了一些调控手段，如行政命令政府采购等；除经济法律手段外，美国有关当局还对公众进行大规模的宣传教育，力争在源头上减少废弃物的产生。另一方面提倡节约在国家政策层面发展循环经济。其主要做法有以下几点：一是通过财政手段和为可再生能源的发电项目提供抵税优惠及政府部门带头使用新能源等促进可再生能源的开发利用。二是在不影响环境的前提下，充分合理利用现有资源。煤是美国最丰富的传统资源之一，近年该国提出了"让煤更干净"的口号，联邦政府准备在2004—2012年期间，每年拨款2亿美元，用于减少煤电环境污染等技术的开发和相关工程建设。美国政府近期还承诺为建设更安全、更高效的新核电站提供贷款担保。三是鼓励节能。在2004—2006年间，美国政府准备每年拨款34亿美元给地方州政府，用于旧家电回收和鼓励购买节能新产品。美国还在法律中对一些耗能型商用和民用产品设定了新的节能标准。另外，美国还为生产节能型家电的厂家提供抵税优惠，消费者购买节能设备也将获得抵税优惠。

（二）资源保护和生态环境建设

美国西部开发初期，曾出现过严重的掠夺式开发问题，特别是在南北战争后，草原过牧、森林过伐、土地滥用、洪水泛滥、水质污染，给生态环境造成了严重的破坏，针对这种情况，美国政府开始重视资源保护和生态建设问题。采取的主要措施有：一、统一制定自然资源和环境保护法。先后通过了《泰勒放牧法》、《土壤保护和国内配额法》、《农业调整法》、《农业法》、《土壤和水资源保护法》、《食品保障法》等多部法律，规定开矿必须复田；农牧业开发必须防止水土流失；砍伐森林必须扶植幼林；开办企业必须保护水源和防止环境污染等，并强制执行。二、加强对水土流失的治理，兴修水利工程，开发利用水资源由国家每年拨专款，地方自筹和团体个人捐款，大力开展水土保持工作。据统计，几十年来，政府已投资150亿美元。在开展水土保持的基础上，大力兴修水利，发展灌溉农业。如加州对干旱谷地和沙漠地区发展引水浇灌农业，既充分利用了沙漠环境的优势，创造了财富，又改善了当地的生态环境，阻止了沙漠进一步扩展的趋势。三、对森林、草地的合理利用和保护。目前，美国已建立起全国性和地区性相结合的森林资源连续清查体制，每隔十年对全国的森林清查一遍，随时掌握森林面积和蓄积量动态，在摸清资源状况的基础上，以施业区为单位编制森林经营施业方案，保证合理经营森林。在草地方面，采取三种类型放牧地（永久牧地、轮牧地和补充牧地），合理地配合使用；对草原进行合理管理，不使其过牧，同时采取更新草场，对草地进行灌溉施肥，提高草原产草量和载畜量，对畜牧业进行全面科学的集约经营等措施，合理利用环境，损失得到了弥补，形成了确保可持续发展的开发与补偿机制。

（三）用十分醒目的直接利益鼓励指导人们去搞好环境建设

美国是一个典型的商业社会，在美国环境保护光讲公益观念不行，还得讲功利主义，要算经济账，而且算得越细越好。他们认为，生态和经济不能分开：凉爽的空气意味着家用电费将大大减少；更清洁的水源不光大大减少水净化上的开支，而且意味着将会有更卫生和更丰富的鱼类储备；

树木可以通过减缓暴雨雨水流速而防止洪灾，这意味着可节省用于建设防洪设施和灾后恢复所需的大量资金；绿色社区对有竞争力的公司和有才能的雇员自然魅力十足；社区环境好，有益人们健康，家庭或公司所付的健康保险就降低了，等等。

二、德国

优美的生态环境和人与自然的高度和谐，城乡一体化和良好的社会保障制度是德国作为世界发达国家的主要特征，其经济与生态互动途径为：

（一）通过发展生态农业提高农业竞争力减少对环境的污染

进入20世纪80年代后期，德国及欧洲其他国家的农业生产已经由产量型向质量型转移，农业由高投入高产出的常规生产向绿色食品、有机食品为重要目标的综合生产方向转移。1991年欧盟制定了生态农业条例，不允许在农业生产中施用化肥和农药，并对动物饲养的环境等都做了明确的规定。德国也是在这一形式下，农业生产由综合生产逐步向生态农业方向转型。到目前德国有机农场的比例占27.5%，经营面积占3.3%，德国已成为欧洲最大的有机食品消费市场，1999年德国生态食品销售额达20亿美元。巴伐利亚州是德国生态农业的典范，其标准都高于欧盟规定的一般标准，政府为鼓励有机食品生产，实行政府补贴。

（二）发展循环经济，提高资源利用率，减少废物排放

德国是世界上公认的循环经济起步最早水平最高的国家之一。德国的循环经济起源于垃圾处理，然后逐步向生产和消费领域扩展和转变。其发展循环经济的主要经验有以下几点：1. 制定和完善循环经济发展的法律框架。1996年出台的《循环经济和废弃物管理法》，是德国循环经济法律体系的核心。该法律把循环经济定义为物质闭环流动型经济，明确企业生产者和产品交易者担负着维持循环经济发展的最主要责任；该法明确规定了废弃物管理处置的基本原则和做法。在这一法律框架下，德国根据各个行业的不同情况，制定促进该行业发展循环经济的法规，比如《饮料包装押金规定》、《废旧汽车处理规定》、《废旧电池处理规定》、《废木料处理办法》等。德国自颁布《循环经济和废物处置法》以来，家庭废弃物循环利用率从1996年约35%上升至2000年的49%。目前废弃物处理已成为德国经济中的一个重要产业，每年的营业额约410亿欧元，创造了20多万个就业机会。2. 建立垃圾处理的监督机制。德国建立了专门的监

督企业废料回收和执行循环经济发展要求的机构。生产企业必须要向监督机构证明其有足够的能力回收废旧产品才会被允许进行生产和销售活动。

3. 发挥社会中介组织作用，在包装回收系统实施"绿点"计划发展循环经济中，非营利性的社会中介组织可以起到政府公共组织和企业营利性组织所没有的作用。德国的包装物双元回收体系（DSD）就是一个发挥了巨大作用的回收中介组织。DSD 是德国专门组织回收处理包装废弃物的非营利社会中介组织，"绿点"计划的基本原则是：谁生产垃圾谁就要为此付出代价。企业交纳的"绿点"费，由 DSD 用来收集包装垃圾，然后进行清理、分拣和循环再生利用。

（三）良好的环境保护意识和严格的环境保护制度

据有关报道：德国南部的绿地覆盖率可达47%以上。良好的植被覆盖，一方面得益于充沛的天然降雨（年降雨量 600—1800 毫米），另一方面得益于德联邦政府铁面无私地严格执行环境保护法以及人民良好的环保意识。大多数德国人能自觉地进行垃圾分类，自发地绿化公共环境，发展太阳能住宅，在小学就倡导节约资源、保护环境加强环境教育。巴伐利亚州的慕尼黑市为降低城市用水的净化成本，将其西部的一个水源地划分为水源保护区，并与该流域内的居民签订合同，付给居民一定的报酬，条件是这一流域内的居民不得使用化学肥料和饲养牲畜，从而大大减少了流域内水质的人为污染，使这一水源地的水质几乎不加处理就可饮用，水的净化费用因此大大降低。在水资源的保护方面，德联邦政府已在境内划定了2000 多个水源保护区域，而且其法律、法规的处罚也是非常严格的。如一家工厂的储油罐发生油料泄漏，地下水潜流方向下游的饮用水井里发现了水质污染，居民的健康状况受到了损害。接到投诉后，当地政府即委托专门的咨询公司调查评估。在弄清事实后，这家工厂就得承担居民的健康赔偿、调查、污染源处理和处罚等费用。即便是导致工厂破产，也毫不姑息迁就。这样一来，所有企业都比较注意生态环境的保护，从而大大减少了环境污染的几率。

（四）农村综合发展新战略

此战略的目的是解决失业率高、生产方式相对落后及受过良好教育的年轻人才大量流失的农村地区的发展。它的基础是，将一个地区视为一个整体，把各种资助措施有机地结合起来，使其达到有效促进有关地区综合发展的目的。德国各级政府在支持农业综合发展中主要对以下三种对象进行资助：1. 支持农村综合发展。要获得这类资助的前提是，相关人员在分析当地优、劣势的基础上，制定合理的农村综合发展规划。规划要明确提出当地的发展目标、确定行动范围、展示实现发展目标的方法以及优先发展项目。规划的制定者可以是团体、协会，也可以是个人。一旦规划获得审批通过，相关项目就可以得到所需费用75%、但最高不超过5万欧元的政府资助。2. 支持地方管理机构。地方管理机构担负着发起、组织和推动农村综合发展相关项目的实施，向农民进行宣传、为其提供咨询并调动其积极性，以及开发地方发展潜力等任务。地方管理机构可以是有限责任公司、公益性协会，也可以是工作小组。它要维护并平衡所有参与者的利益。在一个拥有至少5万居民的地区，地方管理机构可在5年内获得所需费用70%的资助，但每年获得资助的款额不超过7.5万欧元。3. 资助与农业活动相关的投资。这类资助包括：支持以保持和体现农村特色为目的的村落修葺，支持适合农村特点的基础设施建设，支持农业或旅游发展潜力的开发和支持旨在改善农业结构的农村资源整合等。2002—2005年间，德国政府共出资4500万欧元，在18个农村地区开展了500多个资助项目，并从中汲取有关农村发展的经验。农业部官员称，农村综合发展项目成功的关键在于村民、企业、联合会和管理部门等共同参与制定地方发展规划，为当地社会、经济和生态发展献计献策。实践证明，如果农村地区认清各自的优势和弱点，制定出对路的综合发展战略，而不是仅仅依靠自上而下确定的单一解决方式，就可以提高有限资金的使用效率，取得更好的效益。

三、加拿大

加拿大的水土保持生态建设走在世界前列，水土流失严重地区已经基本得到整治，生态修复地区效果显著，原始林区和自然景观区受到有效保护，一些大中城市的生态环境列为最适宜生活的城市。以下几点很值得我们借鉴：

（一）生态教育

加拿大在生态环境方面的宣传教育方式是多种多样的，除了与我国相近的一些形式外，较有特色的是设立生态教育基地（如蒙特利尔生物圈、温哥华的水族馆等），这些基地不仅从事城市以及各区域的生态环境监测、生态学研究、生态保护实验，而且还建立起众多的教育项目，利用相关研究成果对加拿大的公民特别是中小学生进行生态和环境保护教育。

（二）生态环境监督

加拿大对生态环境的监督分为三个层次，即政府监督、社会监督和公众监督。加拿大各级政府、社会团体及各社区均对全国的生态和环保的状况密切关注。政府每年都发布《加拿大生态环境状况》公报，向全体公民发布有关信息，同时还说明生态环境与工业发展和经济发展的关系，并针对特殊产业造成的环境影响、对居民生活的影响，都作为专题对公众进行介绍。环境上诉委员会属社会监督，在社会和公众中占有重要地位，起着十分重要的监督作用。其职责是对工业、农业、能源、交通、采矿等开发建设活动对环境影响进行监督，接受破坏和环境影响方面的诉讼（与向法院诉讼有所区别），并进行调查、取证和调解。环境上诉委员会站在公正、公平的立场，对环境进行有效监督，注重听取社会各方面意见，向公众进行咨询等，很有影响力，很多事件在环境上诉委员会就能得到解决。加拿大法律的处罚是较严厉的，法院对破坏环境而弄虚作假、欺骗政府和公众的案件从重处罚。

（三）环境恢复和原始生态的多样性

加拿大对生态的恢复和保护非常重视，具体方法有：开发建设后拆除临时设施，进行地形地貌还原，并恢复到原生态稳定性，不能影响地表径流，或者是按要求恢复到等价功能；植物物种还原，林草恢复原状和原比例，包括恢复原野生草种的比例；土壤结构还原；建立各类自然保护区；绿化和美化城市及周边地区生态环境；保持生态的原生状态，保持自然景观，严禁人为干扰；人与自然和谐相处，大力保护野生动植物。

四、日本

日本政府在解决环境问题的过程中，对于企业不采取强制措施，要求企业达到什么标准，更不直接下达治理指标，而是通过公布全社会污染控制总目标引导企业进行环保，同时通过市场行为，也就是能源价格等调控企业环保行为，减少环境污染。工业污染主要是工厂排放废气废水废渣等，解决措施主要是通过各种法律和经济措施解决，要求工厂减少排放，否则处以罚款，而对于工厂在环保科研、设备方面的投入，政府给予一定的补贴，企业根据生产情况提出环保课题，并且由企业自己组织科研人员，包括院校、社会科研单位的人员研究解决。同时，政府在市场上推出绿色环境标志制度，鼓励消费者购买环保产品，而没有绿色环境保护标志的产品，在市场上就得不到市民的认可。在日本，一家企业如果对环保无动于衷，消费者就不会满意，市场就会淘汰其产品。也就是说，环保不仅是政府的要求，也是市场的要求。通过这种"两头堵"的办法，政府与老百姓共同努力，迫使企业向环保方向努力，日本工业污染从 20 世纪 60—70 年代逐步加以解决，到 80 年代已经基本得到有效控制。今天，日本正在探寻适合环保要求的未来企业之路。他们提出：未来先进的企业要努力寻找减少使用资源、减轻环境负担、开发新能源、增进生活幸福感的新的发展道路。企业要靠近资源地，利用当地资源组织生产，增加当地就业机会，形成企业新的发展模式。也就是说，未来先进的企业要在发展经济、节约资源与降低环境负荷上达到新的平衡。这是一个重大的时代课题。

五、澳大利亚

澳大利亚有着丰富的矿产资源，矿业是其重要经济支柱之一，众所周知矿业开发不可避免产生环境破坏，但是在澳大利亚矿业并没有导致环境问题，相反无论是城市郊区或乡村，到处是繁花似锦、绿草如茵，这主要归功于澳大利亚的国土资源管理体制和矿山环境保护政策。在澳大利亚矿藏资源归政府所有，政府的资源管理体制分为联邦政府、州/领地政府和地方政府三层，各级分别拥有不同的职责和分工：联邦政府拥有离岸三海里以外的海上矿产和石油资源，制定全国性的经济政策等；州/领地政府拥有陆上资源以及离岸三海里以内海上矿产资源，负责管理分配矿产和石油资源的产权使用年限等；地方政府则负责审批与采矿项目有关的建筑计划以及地方基础设施建设等。为了防止采矿对环境带来的破坏，澳大利亚制定了有效的制度和政策：如勘察开发许可制度（主要包括开发计划环境影响评价等）和土地准入制度（政府以高出市场的价格与私人达成协议，开发商必须获得使用土地的权利）等。矿业公司在进行勘察或采矿活动时，必须严格执行环保规定，而且要随时接受地方政府环保部门和当地居民的监督，违反环保行为要受到严厉处罚。采矿活动终止矿山闭坑后，要将环境恢复到与开采前一样的水平。

第二节　不发达国家和地区经济发展与生态建设经验借鉴

当前全球经济一体化环保观念日益加强、科技迅猛发展，对于经济科技相对薄弱的发展中国家来说，如何处理经济发展与生态建设的关系显得尤为迫切。对此巴西、印度等发展中国家进行了积极大胆的探索，取得一些成功的经验。

一、巴西

由于自然条件及开发历史原因，巴西内陆地区一直比较贫困，同时由于分布着茂密的热带雨林，故该区的生态地位十分重要。经过四五十年的探索和实践，正逐步走向经济与生态的良性互动，对我国的借鉴主要有以下两点：

（一）因地制宜开发落后地区

巴西政府开发落后地区的指导思想是：巴西是一个幅员辽阔、土地资源丰富的大国，人口相对稀少，地处热带和亚热带，一年四季都适于农业生产。经济发达地区主要以工业发展为主，落后地区由于其经济落后，基础设施薄弱，很难在工业方面与发达地区齐头并进和开展竞争，因此应该发挥落后地区的相对优势进行因地制宜的开发。同时也不放弃由资源提供的发展工业的机会。据此巴西政府在不同地区采取了不同的策略：东北部地区农牧业落后的主要原因是干旱。因此，政府将投资水利、增加灌溉土地作为开发的重点；北部地区的开发则充分利用自然资源优势，除建立马瑙斯自由区外还因地制宜发展采矿业。20 世纪 60 年代，在北部地区帕拉州的卡拉雅斯发现了含铁量在 60%—65% 的储量丰富的大型富铁矿。政府指定由国有企业多西河谷公司进行投资开采。同时修建一条通往出海口的铁路，带动了该地区的经济发展；对于中西部地区的开发采用科技兴农的办法，在巴西农牧业研究公司和农牧业技术推广公司指导下，充分利用当地的土地气候等资源发展农牧业。

（二）经济与生态互动的典型范例——亚马逊绿色自由区

自 20 世纪六七十年代以来，巴西亚马逊地区的农牧业逐渐由外围向内部渗透，被誉为"地球之肺"和"生物天堂"的亚马逊热带雨林受到严重威胁。为避免出现生态危机，受马瑙斯自由区的启发，亚马逊州于2003 年制定了绿色自由区计划，其目标是实现生态健康社会公正和经济可行的林业渔业和农牧业生产，以改善居民生活质量增加就业并促进环境保护。具体措施有：（1）林业方面支持 500 公顷以下的小林业主实行轮伐制，以便既可以利用森林又不毁坏森林，做到林业的可持续发展。目前亚马逊已批准了近 300 个实行轮伐制的项目，共计 8 万多公顷。（2）渔业方面的措施也是在确保生态平衡的基础上提高经济效益。技术人员经过调查，掌握特定河段或湖泊里鱼的资源信息，帮助渔民对何时在何地打鱼以及打多大的鱼和多少数量的鱼都做到心中有数。（3）增辟保护区和开设生态走廊，保护亚马逊的生物多样性，改善居民的生活质量。利用亚马逊所蕴藏的丰富天然气资源，推广使用天然气。现在亚马逊绿色自由区已初见成效，据统计自开始实施绿色自由区计划以来，亚马逊州的林木砍伐逐年减少，2003 年和 2004 年分别减少 20% 和 39%；经过两年多的绿色捕鱼，以前过量商业捕捞所造成的危机已得到缓解，渔民的收入也相应增加。亚马逊绿色自由区与马瑙斯自由贸易区相得益彰，成为亚马逊经济社会协调发展的两大支柱。

二、印度

印度是仅次于我国的世界第二人口大国，近几年经济不断发展，贫困问题得到一定程度的缓解，其借鉴经验有以下几点：

（一）和谐发展模式

印度的发展贯彻了一条值得全人类特别是发展中国家需要加以重视的原则，这就是注重和谐发展、可持续发展。印度人致力于人与自然的和谐。在印度快速发展并未造成生态环境严重恶化，这不能不说是一个奇迹。印度人不提倡高层建筑、不大量使用塑料、不追求高耗能产业，其发展理念是：任何发展绝不能以牺牲环境为代价。虽然印度在基础设施吸引外资等方面落后于我国，但印度在金融制度私有化等方面却领先于我国。印度利用自己在数学和语言方面的优势，发展软件产业使其成为国民经济的支柱产业，此外印度的服务业也在国民经济中占据重要地位。为保持可持续发展，印度人特别注重教育的公平原则，印度学校从小学到中学到大学，基本上做到了免费或低费，穷人的孩子也一样有机会上大学。

（二）重视解决贫困问题

对于农村贫困问题，印度一方面把改善农民生活状况作为政府亟待解决的问题，用法律保障农民就业。去年印度《印度全国农村就业保障法案》正式实施。法案规定，政府每年要为农村每个家庭提供 100 天的就业机会，工作是非技术性的劳动，如修路筑桥等，申请的工作一次必须不低于连续 14 天，村民从申请之日起 15 天内就应该得到工作，工资必须在工作结束两周之内结清。另一方面通过实施第二次绿色革命，不断提高农业的综合发展能力，为最终解决"三农"问题和农业的可持续发展奠定基础。具体措施有以下几点：推广生物和转基因技术，重视农业科技和将先进农业技术转化为现实生产力，强调加强农村的基础设施，提高农产品附加值，促进农业产业化和市场化，促进农民就业和消除贫困。

三、南非

南非共和国从城市到乡村，从机关、工厂、学校、商店到私人住宅周围都没有裸地，青草、绿树、鲜花是他们的主旋律，全国形成了一个环境优美、空气清新的由绿色生物覆盖的世界。其实南非的自然条件并不算得天独厚，这里森林资源不丰富，缺水十分严重，又是矿产大国，如果管理不当，乱采滥挖会给环境造成极大破坏。但政府长期高度重视环保工作，环境立法和执法已实施多年，政府不惜投巨资于环保。城市和公路建设注意保护原有树木和植被，同时规划了足量的草坪建植面积。那些传统上破坏环境的"大户"——造纸厂、炼钢厂、金矿、钻石等矿产公司，现在都成了环保先锋，政府规定造纸厂必须先植树，只有一片山林成材后，才允许伐树用来造纸，从而形成先造后用、造用结合的良性循环；炼钢厂和矿业公司的采矿迹地，实行边开采边进行植被恢复，为了保护自然生态环境，南非在干旱、半干旱生态十分脆弱的地区，建立规模较大的各类自然保护区，限制人类的利用，草地畜牧业主要靠种植牧草和饲料作物。过去南非建立保护区主要通过强制手段，保护区管理的历史特点主要体现在保护区与居民的冲突上。保护人士认为只有将保护区与人隔离、割裂开来，保护才能成功，社区会"污染"自然环境。这样的观点无疑在保护区管理人员与周边社区群众之间掘下了一条横沟。且由于为保护区的建立致使群众丧失土地、自然资源、减少了经济收入，导致这种关系进一步恶化。"社区与保护区对立"、"围栏加罚款"这种流行南非近 1 个世纪的管理方法，随着社会的进步以及南非自然保护区持续发展的需要已为南非保护区管理人员所摒弃。特别是在南非废除种族隔离制度实现民主后，南非政府强调保护区要为人民谋福利，保护区管理人员终于认识到，当地群众必须参与保护，保护区不能与世隔绝孤立发展，必须将保护区视为所处社区的一部分，而且应该尽量争当"好公民"。这意味着保护区要正确认识自己与社区的关系，要真正认识到保护区的工作依赖当地社区的支持参与，包括制定计划，实施管理。同时保护区的工作要兼顾社区的发展，要鼓励和支持周边社区的持续发展。此乃保护工作的关键所在。

四、东南亚

东南亚诸国（地区）均系地域比较小，国土资源均很有限，但它们的经济及人均 GDP 排序却走在世界前列，远远高于我国，究其原因，主要有以下两点：一是随着时代发展变化，其经济发展方针也在不断变化。新加坡等地经济都经历了由发展进口贸易型经济，到发展工业经济接着转向发展社会服务型经济，现在又转为发展知识高科技型经济的这样一个过程。二是随着社会的发展，它们不是滞步于一种经济模式，而是不断转变发展方针，有效拉动社会经济发展，避开不利因素，发挥自己的经济优势，不断实现新的经济起飞点。只要对发展本埠经济有利，不破坏社会稳定，能提高国民收入的产业，它们都大力扶持，并作为本地的支柱产业保护其发展。例如：马来西亚把博彩业作为它们的支柱产业加以扶持，吸引全世界的游客到此观光旅游，小试身手，仅此一项即可给它们每年创税数十亿到数百亿美元，它们再用这些收入大力发展本地的社会福利事业。为了保护自然资源和生物多样性，在欧盟的支持下，东盟于 1999 年建立了生物多样性保护中心，其目的是加强生物多样性保护的区域合作。该中心承担着网络和制度建设、培训、研究与发展，数据库和信息系统的管理、技术研究等方面的任务。并在欧盟的支持下，东盟各国派出高级官员到欧盟去学习欧盟地区保护生物多样性以及解决其他环境问题的经验。为了让公众充分了解自身所处的环境状况并积极参与到环境保护当中来，东盟通过编写并发布国家环境报告、设立环境年、启动环境教育计划等渠道，让公众了解环境保护知识。

第四章　基于人口因素的生态环境脆弱变化动力学机制分析

第一节　人口增加过程与压力程度分析

　　人口作为人类这一概念在总体数量上的抽象，不仅是开发资源、改变环境的能动力量，同时也是消费的主体，过多的人口对资源、环境构成越来越大的压力，加快了部分地区生态环境脆弱性的形成。

一、人口发展与生态环境

　　（一）人类的生存、发展与资源、环境有着不可分割的必然联系

　　一方面，人类产生于自然生态系统之中，人口、资源和环境一起构成生态系统的基本要素，人口与生态系统具有统一性。另一方面，人类生存与发展面临的生态环境压力，反映了人口发展与生态环境又具有矛盾性。许多生态环境脆弱性问题的产生，都是由于人口活动直接或间接地作用于生态环境的结果。

　　人口发展过程对生态环境造成的直接破坏。一个国家或地区生态环境危机的产生和爆发都要经历一个孕育、发展的过程。公元 3 世纪以前，中国大地基本上保持原始的状态，自然资源丰富，生态环境优越。秦朝统一中国以后，由于人口的增加，为了解决粮食问题，人类对黄河流域进行大肆的开垦，森林开始遭到破坏。随着人口数量的稳步增加以及近 200 年来的快速增长，这种开垦活动一直持续进行。从当前来看，由于森林资源减少和野外动植物栖息地受到破坏，以及乱捕滥猎、乱采滥挖等违法行为屡禁不止，我国很多珍贵稀有动植物处于濒危状态。这一系列生态环境的不可逆转性破坏正直接制约着经济的健康发展。

　　科学技术进步极大地推动了社会生产力的发展，使人类逐步摆脱蒙昧和贫穷，走向文明和富裕，但同时对全球生态环境安全也产生了巨大的影响。以全球气候变化为例，由于空气中温室气体的大量增加，致使地球表面温度每 10 年上升 0.3℃。全球气候变暖的最直接后果之一就是海平面

的上升。全球气候对地球植被的影响体现在两方面：一是植被对气候的适应性，二是气候对植被的反作用。因为每一气候类型都有一套相应的植被类型和生态系统。由于生态环境的急剧改变，目前地球上的动植物的消失速度比 6500 万年来的任何时期都要快，20 世纪大概有 120 种哺乳动物灭绝，目前每天约有 100 个物种在消失①。

（二）生态环境变化对人民生活的影响

生态资源破坏，生态环境恶化，导致了各种自然灾害日趋频繁，危害日益加重，给国民经济和社会造成了巨大的损失，并已经制约了一些地区社会经济的发展，阻碍了人民生活水平的提高，影响到社会的稳定。从长远来看，生态环境破坏如果得不到有效遏制，将影响民族的生存和繁衍，危及社会安定，对经济的可持续发展产生深远的影响。

生态环境变化对经济的影响主要表现为两方面：一方面是由于人为的生态环境污染和破坏给经济发展带来各种制约；另一方面由于生态环境的脆弱引发多种灾害。我国每年仅自然灾害就造成数额巨大的直接经济损失，同时人类抵抗自然灾害付出的经济代价也日益增大。

生态环境变化对社会的影响主要表现为由于生态破坏，一些地区的生存环境更加恶劣，自然资源更趋短缺，人们为了生存和发展的需要，相互之间的资源争夺加剧，摩擦与冲突增多，甚至导致地区之间的矛盾和社会不安定。

生态环境变化加剧了自然灾害。自然灾害的发生，除了受气候、地形、地质等自然因素影响外，还与生态环境的破坏直接有关。近年来受全球气候异常的影响，加上生态环境破坏日趋严重，自然灾害频发，而且危害程度也越来越大。从部分调查资料来看，自 20 世纪 50 年代以来，自然灾害总体上呈上升趋势。其中 20 世纪 80 年代以后，水灾、地质灾害等受灾次数明显增多，影响面积显著增大。

生态环境退化制约了社会、经济的可持续发展。自然资源是人类生存的物质基础，随着经济的高速发展和人口的不断增加，耕地锐减、森林系统质量下降、生物多样性受到破坏、湿地被大量侵占、水环境污染和水资源短缺、农村和城镇生活污染的加剧、海洋赤潮濒发、酸雨的范围越来越大等是主要的生态环境问题。

---

① 王建军、丁琳：《区域经济脆弱性评价研究》，《新西部》2007 年第 2 期，第 6—10 页。

以牺牲资源和环境为代价换取的经济发展是不能持久的，可持续发展正面临着严峻挑战。目前表现突出的为：建设用地占用大量耕地加剧了人地矛盾；水资源的不足和污染已成为社会和经济发展的制约因素；生态景观结构的退化，环境的污染，直接导致人民群众生活质量下降；生物多样性降低，部分物种濒临灭绝；生物资源的过量消耗，破坏了自然生态系统的稳定，进一步削弱了工农业生产的原材料供给能力；不可再生资源的衰竭，造成了无可弥补的损失。

此外，一些贫困地区，生态环境的恶化影响了其脱贫的进程。贫困的形成与诸多的自然、社会、历史因素有关。如自然生态条件恶劣、人口增长过快、科学技术落后、交通信息闭塞等。由于人们迫于生存的需要而对森林、耕地等自然资源过度开发利用，造成自然资源破坏和生态环境恶劣，这又反过来使人们的生产、生活、甚至生存条件变得更加困难。生态环境退化加剧了贫困。生态破坏在加剧自然灾害的同时，使大量的脱贫人口返贫。生态环境恶化最终形成了"贫困人口—人口增长—生态破坏—人口贫困"的不良循环。

二、我国人口发展和生态环境的现状与特征

（一）人口发展的现状与特征

新中国成立之后，发生在 1953—1957 年和 1962—1973 年的两次生育高潮，使全国总人口从 1949 年的 5.42 亿增加到 1973 年的 8.92 亿。面对人口快速增长对经济、社会发展的制约和资源环境的压力，政府开始大力控制人口增长，切实加强计划生育工作。经过 30 多年的艰苦努力，人口增长趋势终于得到有效控制，出现 1974 年以来的生育低潮，全国总和生育率已由 1970 年的 5.8% 下降到目前的 1.8% 以下；出生率和自然增长率分别由 1970 年的 33.43‰ 和 25.8‰ 下降到 2006 年的 12.09‰ 和 5.28‰。依据联合国的资料，2000—2005 年世界总和生育率为 2.68，发达国家为 1.50，发展中国家为 2.92；出生率和自然增长率世界分别为 21.2‰ 和 12.3‰，发达国家分别为 10.4‰ 和 1.6‰，发展中国家分别为 23.70‰ 和 14.8‰。我国处于发达国家与发展中国家之间，总和生育率已于 20 世纪 90 年代中期下降到 2.1 更替水平以下，同发达国家接近，已经步入低生育水平行列，为未来人口的零增长创造了条件。2006 年年末我国总人口为 13.1448 亿人，占世界人口总量的 19.7%，而我国耕地面积占世界的

7%，人口压力非常严峻。

我国目前人口的特征可概括为：（1）人口基数大，但增长势能有所减弱。预测表明，2033 年总人口达到 14.47 亿即可实现零增长。（2）劳动年龄人口数量庞大，预计总量可增长到 2015 年前后，所占比例峰值 2010 年前即可到来。（3）人口转变速度加快，年龄结构步入老年型后，2050 年将达到峰值，居于世界较高水平。（4）人口质量提高显著，总体水平仍然不够高。（5）人口城镇化提速，流动人口大量增加，到 2020 年全面建设小康社会完成，中国城镇人口可达 60% 以上，超过世界平均水平。（6）人口地区分布失衡，基本格局难以改变[①]。

（二）资源的现状与特征

我国是一个幅员辽阔、自然资源丰富的国家。但是由于人口众多，庞大的人口对资源的巨大需求在短期内难以根本改变。尽管我国资源总量大，种类比较齐全，但人均资源占有量少，同时资源又呈现出空间分布不均衡、组合结构不匹配、开发难度大、呆滞资源（无法开采）多等特点，使得我们长期面临资源短缺和生态环境脆弱性变化的压力。

土地资源总量大，人均占有量小，是我国土地资源最重要的基本特征。我国 960 万平方公里的领土面积仅次于俄罗斯（1770×10^4 平方公里）和加拿大（997×10^4 平方公里），居世界第三位；耕地占世界耕地总面积的 9.5%，居世界第四位；牧草地占世界牧草地的 7.8%，居世界第二位；林地占世界林地面积的 5.5%，居世界第五位；我国人口 2000 年达 12.95 亿，居世界第一位。人口密度大，人均土地面积、耕地面积、林地面积和草地面积分别只占世界人均占有量的 1/3、1/3、1/5 和 1/2。与此同时，我国可供开发利用的土地潜力小。

土地数量和质量呈现下降趋势：一是耕地减少。建国 50 多年来，一方面是人口的快速增长；另一方面随着社会经济的发展，越来越多的耕地被用于城市、道路、企业建设，耕地大量损失，目前人均占有量较 1957 年减少了近 3/5。二是土地质量退化。长期过度使用，使原来肥沃的土地有机质明显下降；由于农业生态系统的严重失衡，全国每年有大量的耕地因灾害而损毁；过量放牧使草场退化严重，草原植被覆盖率不断降低，从

---

① 赵平、彭少麟、张经炜：《生态系统的脆弱性与退化生态系统》，《热带亚热带植物学报》1998 年第 3 期，第 179—186 页。

而导致水土流失的加重。三是水土流失。我国是世界上水土流失最严重的国家之一，全国现有水土流失面积 367×10^4 平方公里，约占国土面积的 38%，且以每年 100×10^4 平方公顷的面积增加。西南和西北地区又是水土流失的重灾区，占全国耕地水土流失面积的 47.24%。四是土地沙漠化。全国现有荒漠化土地 262×10^4 平方公里，占国土面积的 27.3%，且呈现不断加速之势，从 20 世纪 50—60 年代年均沙化面积 1560 平方公里，到 70—80 年代 2100 平方公里，90 年代 2460 平方公里。虽然我国不断治理沙化土地，但由于人为活动的强度过大，实际上是沙化的速度要大于治理的速度。受荒漠化的影响，我国干旱半干旱地区 40% 的耕地在不同程度地退化，生物多样性受到破坏。

我国是世界上矿产资源总量丰富、矿种比较齐全的少数几个资源大国之一。已探明的矿产资源总量约占世界的 12%，仅次于美国和俄罗斯，居世界第 3 位。但人均占有量仅为世界人均占有量的 58%，列世界第 53 位。且存在三大特点：一是大宗支柱性矿产保有储量占世界总量的比例较低，如石油、天然气、铀、铁、锰、铬、铜、铝土矿、金、银、硫、钾盐等；二是由于我国成矿的地质条件比较复杂，直接影响开发利用的总体效益，使一些关系到国计民生的用量大的支柱性重要矿床规模以中小型为主，大型、超大型矿床少；三是矿产资源分布具有明显的地域差异，并与现有生产力布局不相匹配。

由于矿产资源分布的自然条件，以及国家在勘探方面投入下降等原因，我国的矿产资源储采比一直呈下降趋势，在找矿难度加大的情况下，每万元投资的探明储量大幅度下降，致使主要矿产的后备储量增长十分缓慢，一些矿产增加的储量甚至不足以弥补开采量，出现储量的负增长。

我国是世界上贫水国家之一，水资源相对匮乏。我国陆地水资源总量为 28124 亿立方米/年，占世界水资源总量的 6.9%，但人均水资源拥有量仅为世界平均水平的 1/4。近 20 多年来，随着工业化、城市化进程的加快，工业废水和生活污水的排放量急剧增加，水体污染又进一步加剧了水资源的紧张。与此同时，受我国自然地理、气候条件的影响，水资源在时空分配上极不均匀，进一步加剧了区域性的水资源短缺。

水是工农业生产、人民生活不可或缺的重要资源。随着人口增长，社会经济发展，加之使用不合理，水资源紧缺问题在我国日趋严重。20 世纪 80 年代，我国实际用水量每年已达 5000×10^8 立方米，约占可利用水资源的46%，水资源的利用率在世界上处于前列，是世界平均水平的2.6倍，已经达到水资源开发利用的临界值，不少地方出现河流断流、地下水位下降、水的供需矛盾。我国近700个大中城市中，有300多个城市缺水，100多个严重缺水。农业每年缺水 300×10^8 立方米，受旱面积 20×10^4 平方公里，旱灾成为农业灾害中的重要问题。水资源贫乏，不仅成为经济发展的"瓶颈"，而且直接威胁着人类的生存。

生物资源包括动物资源、植物资源和微生物资源三大类，生物资源不仅供人类食用和使用，而且还维系着自然界的生态平衡。

我国2006年森林覆盖率达18.2%，森林蓄积量由20世纪80年代初的每年 0.3×10^8 立方米赤字，增加到现在的 0.39×10^8 立方米盈余，扭转了亏缺的局面。但从总体上看，我国森林面积仅占世界的4%左右，林木总蓄积量还不足世界总量的3%，人均占有林地面积0.11公顷，蓄积8.6立方米，分别只相当于世界人均水平的12.6%和14.2%；从森林的质量来看，用材林中成熟林和过熟林资源继续下降，林龄结构低龄化，单位面积蓄积量下降，森林资源的质量并没有随着数量的增加而改善；从森林构成看，用材林面积、蓄积比重分别为66.08%、74.20%；而防护林仅占12.50%和19.56%，防护林过少，不利于生态环境的保护。

我国草地面积总量约为 40000×10^4 公顷，仅次于澳大利亚，居世界第2位，但人均草地为世界人均水平的1/2。在可利用的草原中，优质草场占18%，中等草场约40%，低劣草场约36%，且86%以上的草原分布在西北干旱和半干旱地区。牧区的畜牧业基本上仍处于自然放牧的粗放经营状态，生产能力很低，平均每公顷草场生产的畜产品：牛羊肉1.5公斤左右，牛羊奶3.75公斤，荷兰分别为300公斤和7500公斤，澳大利亚分别为6公斤和15公斤。粗放经营状态和不合理利用又造成了对草地生态的破坏，导致草场的严重退化，其沙化、盐碱化、退化面积约占草场可利用面积的1/4。

尽管我国具有丰富的物种资源，但森林减少、草原退化、土地沙化、水域污染、自然灾害加剧等，致使许多动物和植物濒临灭绝，生物多样性受到严重的威胁。据近年来的初步统计，大约有398种脊椎动物濒危，占我国脊椎动物总数的7.7%；有1009种高等植物濒危，占全国高等植物种数的3.4%。

（三）环境的现状与特征

经过多年努力，我国主要污染物排放总量得到有效控制，基本遏制住了环境污染加剧的趋势，一些城市和地区环境质量有所改善，生态保护和建设得到加强，防止了环境质量的全面恶化。然而，现实是我国人口众多，发展水平相对较低，加上历史欠账、人为破坏等各种因素，当前环境污染还相当严重，生态恶化有可能继续加重，生态环境脆弱性表现得仍较为突出。

当前我国水环境面临的形势是：污染物排放量超过水环境容量，日益加重的水源氮、磷污染加速了水环境恶化；不合理的水资源开发加剧了水体污染；区域生态破坏，水源涵养功能降低，更使水环境恶化雪上加霜。据统计，2005 年全国废水排放总量 524.5×10^8 吨（其中工业废水排放量 243×10^8 吨，生活污水排放量 281×10^8 吨），废水中化学需氧量排放量 1414.2×10^4 吨。据十大水系常年平均径流量计算，我国地表水全部达到国家Ⅲ类水质标准时的化学需氧量容量为 800×10^4 吨，实际排放量超过容量71%。七大水系污染由重到轻依次为：海河、辽河、淮河、黄河、松花江、长江和珠江；浅层地下水普遍遭受污染；近岸海域超四类海水水质占 34.5%，赤潮发生次数和面积明显增加。氮、磷等营养物未得到有效控制是导致水体富营养化的主要原因，其中95%来自生活和农业污染。

总体上看，我国城市大气质量恶化的趋势有所减缓，部分城市大气质量有所改善，但整体污染状况仍较为严重。2006 年全国化学需氧量（COD）排放量 1431×10^4 吨，二氧化硫排放量 2594×10^4 吨。据专家测算，我国空气中二氧化硫浓度达到国家二级标准时的环境容量为 1200×10^4 吨/天，2006 年实际排放量超过环境容量的116%。由于我国能源以煤炭为主，占总能源的70%，同时随着大中城市机动车迅速增加，尾气污染加重，使城市的空气污染以煤烟型为主或由煤烟型向煤烟与氮氧化物复合型污染转化。在国家监测的 559 个城市中，2006 年达到国家空气质量二级标准的城市占 62.4%，超过三级标准的城市占 28.4%，有 51 个城市为三级重污染，占 9.1%。大气污染特别是大气中二氧化硫浓度的增加，必然导致酸雨的频繁发生。我国酸雨面积占国土面积的30%，是世界三大酸雨区之一。

尽管目前以水土流失、土地沙化、土壤盐渍化为主的土地退化现象局部有所控制，但整体恶化趋势未得到根本改变。每年新增水土流失面积仍达 100×10^4 公顷，土壤流失高达 50 多亿吨。50 年来，全国水土流失面积达到 356×10^4 平方公里，由此毁掉耕地达 4000 多万亩，造成退化、沙化、盐碱化草地约 100×10^4 平方公里；土地荒漠化仍呈蔓延趋势，1999 年年底全国共有荒漠化土地面积 267.4 多万平方公里，西南山区土地石漠化也不断扩展和加重；大水漫灌、不合理的农耕制度引起的土壤次生盐渍化问题仍普遍存在，部分地区的土地盐渍化面积仍在增加；加之大量农药、化肥、农膜和部分垃圾堆肥的长期使用，污水灌溉，油田开发，污染泄漏等多种原因导致土壤污染日趋严重。土壤环境的恶化给有限的土地资源和日益低下的土地生产力造成了巨大威胁。

我国是世界上生物多样性最为丰富的国家之一。全国共有高等植物3万余种，脊椎动物6347种，陆地生态系统类型近600种。但由于历史和现实的原因，自然资源的过度开发利用和环境污染，使野生物种的栖息地面积不断缩小和遭受破坏，加上一些地区的滥捕、滥猎、滥采，导致野生动植物数量不断减少，生物多样性受到严重威胁。据统计，全国共有濒危或接近濒危的高等植物4000—5000种，占到了我国高等植物总数的15%—20%；已确认有258种野生动物濒临灭绝，在《国际濒危物种贸易公约》列出的640种世界性濒危物种中，我国有156种，约为总数的1/49。另外，由于外来物种的入侵，遗传基因的流失和被盗，为了增加产量，人们扩大耕植面积、优化品种、转基因产品出现，使许多古老、土著品种受到排挤、减少乃至灭绝，对我国种质资源安全构成了严重威胁。

（四）未来我国生态环境发展趋势

无论社会进步到何种程度，人类对于生态环境的依赖和影响是永不会停止的。生态环境的支持能力左右着社会经济的发展速度，决定着实现可持续发展的难易程度，最终关系到人类的生存与发展。我国特有的自然结构和地理特征决定了我国自然生态环境的先天脆弱性；我国又是人口大国，来自人类各种活动的影响，都将扰乱自然生态的平衡，更进一步加剧环境污染、生态的破坏，增大生态环境的脆弱性。尽管我们已通过采取技术、法律、经济、行政等多种手段加大生态环境保护和治理，但从整体上看，目前治理的速度远远赶不上被破坏的速度，我国仍将是世界上生态环境最脆弱的国家之一，今后若干年的发展走势将是有以下几方面：

（1）根本遏制土地沙化、水土流失的难度大。虽然退耕还林、还草，舍饲圈养、天然林保护工程等使土地沙化面积扩展速度逐步得到遏制，但由于基数大，治理难度高，在采取更为有效的保护措施的前提下，也要到2010年才可能实现土地沙化的零增长，到2030年，也只能治理60%可治愈的沙化土地，2050年才可能使沙化土地得到基本治理，而且新的沙化土地还会不断产生并蔓延。根据《全国水土流失公告》和《全国生态环境建设规划》，每年治理水土流失面积 5 万平方公里，按此速度，到 2010 年，全国仍将有 301×10^4 平方公里的水土流失面积，占国土面积的 31.4%。在未来 10—20 年内，水土流失难以得到根本解决。土地沙化、水土流失仍将是困扰生态环境的最主要问题之一。

（2）森林植被结构简单、功能退化的状况短期内难以改变。根据《中国资源利用战略研究》报告，到 2010 年，我国森林总面积将达 15150×10^4 公顷，森林生态系统仍处于结构简单、功能低下的状况。这种状况即使到 2020 年仍难有根本性改变。

（3）江河断流与地下水超采将愈演愈烈。按现在的经济发展趋势，预计 2030 年左右我国将出现缺水高峰。持续高强度的地下水开采，江河中上游大量水利工程建设，将使地下水漏斗不断扩大，海水入侵、河流断流现象在今后相当长的时期内将更加严重。

（4）土壤污染的潜在危害逐步显现。大量农药、化肥、农膜和部分垃圾堆肥的长期使用，污水灌溉，油田开发，污染泄漏等多种原因导致我国土壤污染日趋严重，未来 10 年乃至更长一段时间，长期积累的土壤污染将逐步显露，累积的危害也会日趋严重。

（5）赤潮发生频率和强度将加大。随着陆源污染加剧，海洋开发强度加大，近海污染程度将日趋加重，这将进一步加大赤潮的发生频率和危害程度。

进入 21 世纪，随着天然林保护、退耕还林还草和还田还湖、生态功能区建设与保护等政策措施的落实，我国重点区域的生态环境恶化趋势将逐步得到遏制，部分区域的生态环境将逐步改善，但由于生态环境改善的难度大，周期长，历史欠账多，在未来 10 年乃至更长时间内，生态环境仍将面临严重挑战，前景令人担忧。

三、人口发展对生态环境的压力持续增大

位于西北内陆的陕甘宁老区是中国生态环境最脆弱的地区之一，这里山大沟深，干旱少雨，生态植被稀少。根据《中国可持续发展战略研究》[1][2]，中国生态压力最大的前四位省（区）为宁夏、甘肃、山西、陕

① 左学金、周海旺：《中国人口增长与人口分布对生态环境的影响》，《人口》2001 年第 3 期。
② 高吉喜：《中国生态环境现状评估》。

西。同时，它们也是在各个分项压力指数的前四位中经常出现的地区（详见表4－1）。由于压力指数越大的地区其生态环境越脆弱，因此，可以认为宁夏、甘肃、陕西三省（区）为我国生态环境最脆弱的地区。

有关研究表明，中国生态环境脆弱县中贫困县占51.4%，而在西部地区，贫困县占70%。这种贫困——生态脆弱往往处于长期的人口膨胀—环境恶化—贫困的恶性循环之中。

表4－1　　　　　　　　中国生态压力指数最大的前四位地区

位序	水土流失压力指数	水蚀压力指数	风蚀压力指数	土壤侵蚀压力指数	荒漠化压力指数	森林压力指数	生态压力指数
1	宁夏1.00	陕西1.00	甘肃1.00	陕西0.83	新疆1.00	青海0.99	宁夏0.84
2	陕西0.96	海南0.60	山西0.71	甘肃0.77	宁夏0.88	新疆0.98	甘肃0.70
3	山西0.87	甘肃0.54	陕西0.67	山西0.69	内蒙古0.69	宁夏0.96	山西0.63
4	四川0.62	江西0.51	宁夏0.65	宁夏0.52	甘肃0.59	上海0.94	陕西0.59

资料来源：中国可持续发展研究组：《中国可持续发展战略研究》（2000），科学出版社，第171页。

（一）我国人口增长的基本趋势

1. 人口总量进一步增加

1949年中国人口总数为5.4167亿，到2006年增长到13.1448亿（具体变动情况如图4－1所示）。虽然进入20世纪90年代以后人口增长速度减慢，但由于人口基数大，每年新增加人口总量仍然在七百万人以上，人口数量给资源、环境带来的压力仍持续增大。

我国人口总量的增加的趋势要至少保持20年以上。在我国，有关政府部门和人口机构都定期地对人口发展趋势进行预测，多数预测结果表现出三个特点：一是近期的预测结果在总人口数上往往低于前期的预测结果；二是近年的总人口预测结果往往高于国家统计局公布的结果；三是运用人口要素预测法得出的结果要明显低于运用数学模型预测的结果。陈卫利用截至2005年全国人口1%抽样调查的数据，对我国人口总量进行预测[①]，根据预测结果，我国总人口在2010年将达到13.50亿人，2020年将达到14.25亿人，预计到2029年将达到峰值，约为14.42亿，此后开

---

① 陈正：《陕西省人口与资源环境协调发展的对策研究》，《市场与人口分析》2006年第8期，第265—267页。

始缓慢下降。如果长期保持 1.8 的生育水平，则到 2050 年时，我国总人口会缓慢减少到 13.83 亿。联合国人口司在 2007 年的预测中指出，中国人口在 2033 年达到峰值为 14.6 亿。魏高峰等人也利用截至 2005 年的数据，运用人口演化模型对中国未来人口进行预测研究[①]，得出中国人口总量在 2050 年以前都将保持增长趋势，在 2029 年为 16.25 亿，2033 年为 16.77 亿，2050 年为 18.99 亿。

2. 西北地区人口增长快于我国其他地区

我国人口总量不但保持一定的增长趋势，而且地区变化差异较明显，西北地区的人口总量增加速度明显高于全国平均水平。

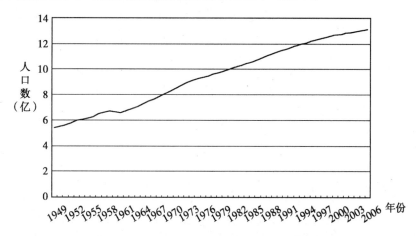

图 4-1　1949—2006 年中国人口数变动情况

根据 1990 年"四普"资料和 2000 年"五普"资料计算，1990—2000 年间全国人口平均年增长率为 1.07%，西部地区除陕西省平均年增长率为 0.89% 外，其余地区平均年增长率都高于全国平均水平，甘肃为 1.32%、青海为 1.47%、宁夏为 1.84%、新疆为 2.43%。

一个地区总人口的变动由自然增长率和迁移率决定，由于目前我国人口的净迁移率明显低于自然增长率，因此，人口总量主要由人口自然增长率决定。表 4-2 给出了近 10 年来全国和西北五省（区）人口的自然增长率，从表 4-2 中可以看出近 10 年来除陕西省以外，西北地区的其他四

---

① 杨魁孚、田雪原：《人口、资源、环境可持续发展》，浙江人民出版社 2003 年版，第 20—35 页。

省（区）人口的自然增长率都低于全国平均水平。1995—2006 年年平均
自然增长率，全国为 7.78‰，陕西为 5.7‰，甘肃为 8.51‰，青海
12.4‰，宁夏为 13.79‰，新疆为 12.45‰。人口自然增长率高说明人口
总量增长相对比较快，人口的压力也有加大的趋势。

　　从图 4 - 2 中可以看出，虽然人口自然增长率都不断下降，但是同全
国相比，除青海下降趋势与全国相近以外，其余地区的下降趋势比全国平
均水平缓慢。因此，可以推断，在今后的一段时间内，西北地区的人口自
然增长率会更高于全国平均水平，人口总量增加的趋势更加明显。

表 4 - 2　　　　　　　　　西北地区人口自然增长率　　　　　　　单位：‰

年份	全国	陕西	甘肃	青海	宁夏	新疆
1995	10.55	9.36	14.16	15.12	13.79	12.45
1996	10.42	8.48	11.79	14.69	13.78	12.85
1997	10.06	7.62	11.02	14.85	13.47	13.11
1998	9.53	7.13	10.04	14.48	13.08	12.81
1999	8.77	6.13	9.17	13.9	12.32	11.8
2000	7.587	4.842	7.849	13.063	11.921	11.362
2001	6.95	4.16	7.15	12.62	11.71	11.13
2002	6.45	4.12	6.71	11.7	11.56	10.87
2003	6.01	4.29	6.12	10.85	10.95	10.78
2004	5.87	4.26	5.91	9.87	11.18	10.91
2005	5.89	4.01	6.02	9.49	10.98	11.38
2006	5.28	4.04	6.24	8.97	10.69	10.76

　　资料来源：《中国统计年鉴》（1996—2006）。2000 年分省数据为估计值。

　　（二）陕西省人口总数预测

　　影响人口变化的因素很多，比如迁移变动、出生死亡、生育政策、经
济发展水平、城镇化水平、生育观念等很多因素，这些因素归根结底都反
映在时间上，因此，运用传统统计分析方法，利用"四普"、"五普"和
1991—2003 年陕西省统计年鉴资料进行拟合，建立回归方程。从预测结
果看，指数模型、对数模型、二次曲线模型拟合的效果都很好，尤其是二
次模型拟合效果最好，其回归方程为：$Y = 3321.9 + 43.8785X - 1.1942X^2$[1][2]。

---

　　① 沈珍瑶、杨志峰、曹瑜：《环境脆弱性研究述评》，《地质科技情报》2003 年第 9 期，第
91—94 页。

　　② 王建军、丁琳：《区域经济脆弱性评价研究》，《新西部》2007 年第 2 期，第 6—10 页。

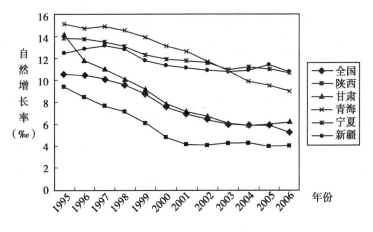

图 4-2　西北地区人口自然增长率

考虑到我国第一代独生子女在近期将进入婚育期,以及人口年龄结构的影响,陕西省年出生人口数将保持一定的增长,出生率在近 10 年将会有所提高。同时由于二次曲线对长期趋势预测时,具有人口总量趋势下降非常快的特点,因此在长期预测的分析中,在二次曲线的基础上,综合了对数曲线和指数曲线的预测结果,调整模型参数,对陕西全省的人口总数进行预测,预测结果如表 4-3 所示。从表 4-3 中可以看出,陕西省的人口总数如果按照目前的增长率水平,在 2023 年将达到最大值 3855 万人。

表 4-3　　　　　　　　　陕西省人口总数预测结果　　　　　　单位:万人

年份	人口数	年份	人口数	年份	人口数
2005	3722.087	2021	3852.799	2037	3784.554
2006	3736.588	2022	3854.119	2038	3773.992
2007	3750.178	2023	3854.739	2039	3762.7
2008	3762.88	2024	3854.596	2040	3750.678
2009	3774.711	2025	3853.695	2041	3737.928
2010	3785.686	2026	3852.038	2042	3724.452
2011	3795.818	2027	3849.626	2043	3710.25
2012	3805.119	2028	3846.464	2044	3695.325

续表

年份	人口数	年份	人口数	年份	人口数
2013	3813.559	2029	3842.553	2045	3679.677
2014	3821.266	2030	3837.896	2046	3663.308
2015	3828.128	2031	3832.494	2047	3646.218
2016	3834.192	2032	3826.349	2048	3628.41
2017	3839.463	2033	3819.464	2049	3609.883
2018	3843.949	2034	3811.841	2050	3590.64
2019	3847.652	2035	3803.48		
2020	3850.579	2036	3794.384		

资料来源：此表的数据是根据 1990—2003 年陕西省统计年鉴的数据整理而来。

第二节　人口与生态环境脆弱变化相关性评价

一、人口与生态环境脆弱性变化评价指标体系构建

研究人口发展与生态环境关系可以从人口发展角度出发，建立人口与生态环境变化评价指标体系来进行[1][2]。

（一）构建指标体系目标与要求

建立人口与生态环境脆弱性变化评价指标的目标是通过指标体系系统反映人口发展与生态环境脆弱性现状，评价人类活动对生态环境系统的影响过程和调控能力，为进一步分析人口与生态环境关系，构建和谐社会提供决策参考。

构建指标体系的基本要求有四点：一是以科学的发展观为指导思想，以实现人与自然和谐为目的，在系统研究人口发展、生态环境脆弱性的变化及研究特点的基础上，从人口因素出发，设置评价指标与指标体系。二是坚持实用性，指标体系不能简单地等同于纯粹的统计指标，也不能仅仅

---

① 王小丹、钟祥浩：《生态环境脆弱性概念的若干问题探讨》，《山地学报》2003 年第 12 期，第 21—25 页。

② 王介勇、赵庚星等：《论我国生态环境脆弱性及其评估》，《山东农业科学》2004 年第 2 期，第 9—11 页。

停留在"研究"的层面上，建立指标体系是为研究和发现全国及各地区在人口发展与生态环境方面存在的问题、困难和薄弱环节，为政府及有关部门制定政策和科学决策等提供客观依据。三是注重反映生态平衡，生态平衡是指生态系统通过发育和调节所达到的一种稳定状态，它包括结构上的稳定、功能上的稳定和物质、能量输入、输出的稳定。四是注重系统动力学机制的应用，系统动力学的基本思路为从驱动角度而不是从现象角度来分析问题，因此，在构造指标体系时应注重设置能反映人口与生态环境内部因果关系指标。

（二）构建指标体系的原则

1. 科学性

指标的设计应该科学，指标的选取应该符合地区整体发展需要，同时能反映人口发展和生态环境现状与变化。要注意每一个指标的名称、定义、解释、计算方法等的规范性。

2. 全面性

在制定指标体系时不但要考虑人口发展系统和生态环境系统的完整性，同时要充分考虑到两系统之间的联系，保持指标体系之间的完整性和全面性。

3. 可比性原则

可比性要求有两个含义：一是在不同的时间或空间范围上具有可比性；二是在地区之间比较时，除了指标的口径、范围必须一致外，一般用相对数、比例数、指数和平均数等。同时，确定人口、生态环境指标体系要便于横向与纵向的研究分析。

4. 层次性

人口与生态环境是一个复杂系统，可以分解成若干个小系统，建立分层指标体系。

5. 可操作性

由于反映人口与生态环境的许多指标在实际调查时很难得到定量数值，因此，在指标选取时要考虑到指标的量化以及数值取得的难易程度，做到评价指标易于掌握，所需数据易于统计，并尽可能利用现存的各种统计数据。

定性与定量相结合原则。任何事物都具有质的规定性和量的规定性，对于一些在目前认识水平下难以量化且意义重大的目标，可以用定性指标来描述。

（三）人口与生态环境变化评价指标体系

人口与生态环境变化评价指标体系由人口指标体系和生态环境指标体系构成，其中生态环境指标体系又包括：生态因素、灾害因素、水资源因素和环境保护四个二级子指标体系。具体由表4-4给出。

表4-4　　　　　　　　　人口与生态环境变化评价指标体系

一级指标体系	二级指标体系	指标
人口指标体系		出生率、死亡率、迁移率、总人口数、年龄结构、城镇化率、文盲率
生态环境指标体系	生态因素	人均土地面积、人均耕地面积、林草地面积比率、沙地面积比率、大于30°坡地面积比率、土壤可蚀性
	灾害因素	人均自然灾害损失、年重大灾害发生次数
	水资源因素	河流年径流量，湖泊、水库面积、地下水资源储藏量，人均水资源量，水资源供应量，水资源使用量
	环境保护	"三废"综合处理率、大气质量、生活垃圾处理率、人均环保费用支出

人口指标体系。人口发展主要可从生育、死亡、迁移的角度反映总量变动，从人口的年龄、性别等自然结构和人口的教育文化、职业、城乡分布等社会结构变化规律反映质量提高。本书主要选择出生率、死亡率、迁移率、总人口数、年龄结构、城镇化率、文盲率等指标进行评价分析。

生态环境指标体系。从研究对象看，生态环境脆弱性研究一般包括三方面：生态脆弱性研究，主要研究生态因子的脆弱性变化；水资源脆弱性研究，主要研究地表水资源系统和地下水环境；自然灾害脆弱性研究，主要研究人类社会对灾害的脆弱性。前二者侧重于自然系统的脆弱性，后者侧重于人文系统的脆弱性[1]。此外，对生态环境脆弱性研究应该考虑到人口因素的影响，应该加入环境保护研究和人口状况对生态环境压力研究。环境保护研究主要研究人类的主观能动性和客观实践对生态环境的影响。

① 田亚平、刘沛林、郑文武：《南方丘陵区的生态脆弱度评估——以衡阳盆地为例》，《地理研究》2005年第6期，第843—852页。

二、人口与生态环境脆弱性变化评价体系初探

(一) 评价基本思路

人口、经济、社会、资源、环境之间关系非常密切，本书在分析评价人口与生态环境脆弱变化关系时，将社会因素、经济因素看成常量，依据对人口与生态环境变化关系的分析和已建立的评价指标体系，从系统动力学分析的角度出发提出一个分析评价思路。

系统动力学认为，系统的基本结构是反馈回路，反馈回路是系统状态、速率与信息的耦合回路，它们对应系统的三个部分是单元、运动与信息。系统动力学在研究分析问题时是从系统内部各部分的因果关系出发，而不是从相互影响的关系出发①。本书将人口与生态环境变化简化成由人口基本因素、人口变化、生态环境和环境保护组成循环系统，并依此分析其因果关系影响程度，基本分析框架如图 4 - 3 所示。需要说明的是，系统动力学模型在建模时所考虑的因果关系和流程非常复杂，本书只是应用了其思想，并没有实际应用其建模方法和模型参数拟合方法②③④。

根据图 4 - 3 给出的分析框架，利用评价指标体系可以开展分步评价和综合评价。分步评价是逐次分析评价各子系统间因果关系及其影响程度，包括：① 人口基本因素对人口变化结果的影响；② 人口变化结果对生态环境的影响；③ 生态环境对人口基本因素的影响；④ 生态环境对环境保护的影响；⑤ 环境保护对生态环境的影响。综合评价是从总体上分析人口与生态环境的协调发展现状。

为了实现上述评价，需要两方面的资料：一方面是评价指标体系中各指标在一定时期内的观测数据（至少要有两个不同时点上的数据）；另一方面是确定在一定发展目标下，国家及所研究的地区人口与生态环境各评价指标在协调发展情况下的目标值。在具体评价过程中对各系统之间的因果关系的研究采用以定量分析评价为主，定性分析评价为辅的方法。

① 中国可持续发展研究组：《中国可持续发展战略研究》，科学出版社 2000 年版。

② 左学金、周海旺：《中国人口增长与人口分布对生态环境的影响》，《人口》2001 年第 3 期，http：//www. popinfo. gov. cn/popinfo/pop_ docrkxx. nsf/v_ by2id。

③ 高志英：《人口变动的生态经济效应分析》，《湖北大学学报（哲学社会科学版）》2007 年第 11 期，第 97—99 页。

④ 陈卫：《中国未来人口发展趋势：2005—2050 年》，《人口研究》2006 年第 4 期，第 93—95 页。

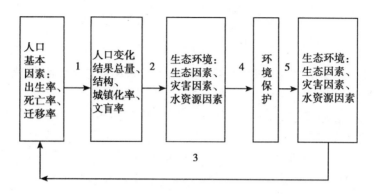

图 4 - 3　人口与生态环境评价分析体系框架图

（二）分步评价中的方法选择

由于人口与生态环境系统及其复杂性，本书只提出在每步评价中应采取的方法供研究者探讨①②③。

评价人口基本因素对人口变化结果的影响时应采用过程评价方法。通过对出生率、死亡率和迁移率等人口因素的历史回顾和预测，综合分析这些因素对人口总量、年龄结构等的影响。通过建立不同的分析模型，反映人口基本因素对人口变化的影响程度及变化规律，具体模型采用人口统计中的基本模型与方法。

评价人口变化结果对生态环境的影响时应采用目标完成测算方法。依据在分析前已确定的不同指标目标值，分别测算人口变化和生态环境变化的目标完成程度，最后计算两者的目标完成程度相关系数，由相关系数来评价人口变化结果对生态环境的影响程度。

评价生态环境对人口基本因素的影响时应采用模型行为分析法。通过对生态环境中各子系统近年来的变化过程和发展趋势研究，选用不同的模型分析各生态环境子系统对人口基本因素的影响。在具体分析中可不断改变模型参数或解释变量（生态环境变量），充分探讨生态环境对人口基本

---

① 魏高峰、龙克柔：《中国人口演化模型与中国未来人口预测研究》，《科技咨询导报》2007 年第 13 期，第 102—104 页。

② 杨魁孚、田雪原：《人口、资源、环境可持续发展》，浙江人民出版社 2003 年版。

③ 跨世纪的中国人口（陕西卷）编委会：《跨世纪的中国人口》，中国统计出版社 1994 年版，第 10 页。

因素的影响情况。需要说明的是，在分析影响程度时既可利用得出的不同模型也可通过目标完成程度相关系数来反映。

评价生态环境对环境保护的影响时应采用定性研究的方法分析两者之间的因果关系及程度。由于该部分的资料在收集时难度较大，建议以定性分析为主。

评价环境保护对生态环境的影响时应采用以定性研究为主，结合一定的定量研究的方法分析两者之间的因果关系及程度。在定量分析时，如资料允许可采用过程评价方法，即通过环境保护指标与生态环境指标的历史数据和预测趋势，反映环境保护对生态环境的影响程度。同样也可通过目标完成程度相关系数来分析。

在上述评价体系中，最主要的为前三步评价。对于后两步评价，即评价生态环境对环境保护的影响和评价环境保护对生态环境的影响由于在资料的选择上很难界定，通常评价生态环境对环境保护的影响多以定性研究为主；而评价环境保护对生态环境的影响可以采用定性研究和定量研究相结合的方式进行。

（三）综合评价中的方法选择

综合评价是从总体上分析人口与生态环境的协调发展现状，即评价指标体系中各指标在目标值条件下的现实值完成情况的综合水平。进行综合评价的前提为拥有指标体系中各指标的观测值以及相应的既定目标水平。

综合评价可采用的方法很多，通常采用的是分层综合评价方法。分层综合评价方法是依据评价指标体系中各指标的指标指数得分值进行分层加权综合得到综合评价结果，依据综合评价结果值可以分析人口与生态环境协调发展现状。在评价过程中要特别注意指标指数得分值的计算和加权系数的选取。指标指数得分值的计算是评价过程中对各指标的标准化处理，这里采用计划完成相对数指标进行得分值计算；加权系数的选取分为各二级子指标体系中各指标权数的选取、各二级指标体系中权数的选取和一级指标体系权数的选取，各权数的大小依据指标变化特点和重要性来确定。

（四）评价时应该注意的问题

评价指标目标值的确定。评价指标目标值的确定是整个评价过程成功的关键。从所研究的地区人口与生态环境现状出发，结合国家和各省区发展规划和目标确定各指标具体目标值。在确定目标值过程中应注意三点：一是从人口、资源、环境可持续发展角度和人口、经济、社会协调发展角

度综合考虑；二是从生态环境本身特点考虑；三是从促进人口健康发展和
生活质量不断提高的角度考虑。

评价分析时应注意生态平衡是相对的平衡。任何生态系统都不是孤立
的，都会与外界发生直接或间接的联系，会经常遭到外界的干扰。尤其是
人口大量增加，科学技术水平不断提高，人类对自然界的干扰程度和范围
越来越大，生态系统都在不断地受到人类的干扰和破坏。因此，生态系统
的平衡是相对的，不平衡是绝对的。

综合评价时各指标的量化和指标指数计算。由于人口与生态环境变化
评价指标体系中各指标内涵差异很大，同时其中既有简单指标又有复合指
标，因此在指标的调查和整理中要特别重视指标计量单位的选取，使得指
标之间数值具有较好的可比性。在指标指数计算中采用计划完成指数，由
于评价指标体系中有正指标、逆指标和少量适度指标，因此在具体计算指
标指数时其计算公式根据指标的特点而不同，对正指标的计算公式为观测
值比目标值，对逆指标的计算公式为目标值比观测值，对适度指标依据观
测值与目标值的大小关系采用不同的计算公式。

三、陕西省人口发展与资源环境协调发展现状分析

（一）陕西省人口发展与资源、环境现状

1. 陕西省人口发展现状与特征

陕西省人口总量增长速度较慢。2005 年陕西省人口总量为 3720 万，
占全国总人口的 2.845%，同 1978 年的 2780 万占全国总人口的 2.888%
相比有所下降。但陕西省的人口地区分布很不均衡，全省 60% 以上的人
口聚居在占全省面积 27% 的关中地区。全省人口密度为每平方公里 175
人，其中关中地区人口密度为每平方公里 401 人，陕南地区人口密度为每
平方公里 122 人，陕北地区人口密度为每平方公里 66 人。全省人口密度
呈现出了中部稠密、北部稀疏、南部适中且略有下降的特点。中国是世界
上人口密度较高的国家之一，每平方公里的平均人口密度为 134 人，同时
人口分布极不均衡。东部沿海地区人口密集，每平方公里超过 400 人；中
部地区每平方公里 200 多人；西部高原地区人口稀少，每平方公里不足
10 人。陕西省人口密度高于全国平均人口密度，其中关中地区的人口密
度与我国东部沿海地区人口接近，这说明陕西省人口密度同全国水平相
近，在西部各省区中属人口稠密地区。

　　陕西省人口发展的主要特征表现在以下几方面：① 人口总量增长速度低于全国平均水平。陕西省"五普"常住人口 3605 万人，同"四普"的 3288 万人相比，增加 317 万人，年平均增长率为 0.89%，比全国同期年平均增长率的 1.07% 低 0.18 个百分点。② 人口老龄化速度明显加快。根据"五普"资料，陕西省人口年龄中位数为 29 岁，65 岁及 65 岁以上人口比重为 6.15%，老年人口总量达 221.7 万人。与"四普"相比，人口年龄中位数提高 5 岁，年平均提高 0.49 岁。③ 出生人口性别比明显偏高。根据"五普"资料，陕西出生人口性别比为 125.15，其中城市人口 114.94，城镇人口 118.42，乡村人口 129.32。同全国相比，总出生人口性别比高出 5.23，乡村出生人口性别比高出 7.65。④ 育龄妇女生育水平持续降低。根据"五普"资料，陕西省妇女总和生育率为 1.13，低于全国 1.22 的平均水平。⑤ 城镇化水平低于全国。根据"五普"资料，陕西省居住在城镇 1163 万人，占总人口的 32.3%；居住在乡村 2442 万人，占总人口的 67.7%。与"四普"相比，全省城镇化水平提高 10.8 个百分点，但仍比全国同期 36.1% 低 3.8 个百分点。城镇化水平区域差异较大，突出表现为中间高、两边低，即出关中城镇化水平为 38.1%，陕南、陕北分别为 21.7% 和 24.8%。

　　2. 陕西省资源状况与特征

　　（1）土地资源。陕西省土地资源的特点是数量少、质量差、分布不均衡、土壤侵蚀沙化严重。在全省 20.58×10^4 平方公里的土地中，湿润地区占 39.2%、半湿润地区占 26.7%、干旱半干旱地区占 34.1%，耕地面积占 20.6%、园地面积占 3.2%、林地面积占 49.2%、草地面积占 15.4%、其他占 11.6%。2003 年年末，在全省 2795.82×10^3 公顷耕地面积中，关中地区 1535.63×10^3 公顷，其中水田水地 799.44×10^3 公顷；陕北地区 737.22×10^3 公顷，其中水田水地 103.3×10^3 公顷；陕南地区 522.79×10^3 公顷，其中水田水地 167.69×10^3 公顷。从每一乡村人口占有情况看，在全省为 0.1 公顷，关中地区 0.1 公顷，其中水田水地 0.035 公顷；陕北地区 0.165 公顷，其中水田水地 0.035 公顷；陕南地区 0.07 公顷，其中水田水地 0.02 公顷。虽然陕北地区人均占有量最大，但水田水地面积所占比例并不大，加之处于干旱半干旱地区，人地矛盾仍很突出；关中地区人均占有量居中，但多为平原地区；陕南地区人均占有量最少，但水田水地比例最大。在陕西的土地中，土壤侵蚀沙化、水土流失比较严重。全省 107 个县（区）中有 104 个县（区）存在不同程度的水土流失，流失面积 1074. 96 × 10⁴ 公顷，占全省土地面积的 52%，大多集中在陕北地区。

（2）森林资源。陕西省森林面积为 636. 81 × 10⁴ 公顷，森林覆盖率为 30. 9%；森林蓄积量 3. 34 × 10⁸ 立方米，人均 9. 3 立方米。林地面积 9692980. 55 公顷，占全省土地总面积的 47. 1%。森林资源在全省各地区分布不均匀，南多北少。关中、陕北占全省土地总面积的 65. 9%，而林地面积仅占全省林地总面积的 17. 6%，陕南占全省土地总面积的 34. 1%，但林地面积占全省林地总面积的 73. 4%。汉中市林地面积最大，为 1961652. 07 公顷，占全省林地总面积的 20. 24%。面积较大的还有延安市 1658384. 93 公顷，安康市 1639176. 95 公顷，商洛市 1404023. 73 公顷。上述四市林地合计面积占全省林地总面积的 68. 74%。林地划分为有林地、灌木林、疏林地、未成林造林地、迹地和苗圃六大类。陕西省林地面积比重最大，达 68. 36%，且集中分布于秦岭、巴山、黄龙山、桥山、关山"五大林区"。全省林地主要分布于陕西南部地区。有林地和天然林地，陕南分别占 53. 27% 和 57. 16%，陕北分别占 22. 5% 和 25. 11%，关中分别占 23. 77% 和 17. 73%。

（3）矿产和能源资源。陕西省已查明有资源储量的矿产 92 种，其中能源矿产 5 种，金属矿产 27 种，非金属矿产 57 种，水气矿产 3 种。全省已查明矿产资源储量潜在总价值 42 万亿元，约占全国的 1/3，居全国之首。全省矿产资源的主要特点是：资源分布广泛，但相对集中，矿产种类较齐全，但结构不尽理想；资源丰富，但总体勘察程度低，可经济开采的储量少，难以开发利用的资源量多；能源矿产具有突出优势，但一些支柱性矿产短缺。陕西省矿产资源分布区域特色明显。陕北和渭北以优质煤、石油、天然气、水泥灰岩、黏土类及盐类矿产为主；关中以金、钼、建材矿产和地下热水、矿泉水为主；陕南秦岭、巴山地区以黑色金属、有色金属、贵金属及各类非金属矿产为主。

（4）水资源。陕西省水力理论蕴藏量约 1275 × 10⁴ 千瓦，平均每平方公里 62 千瓦。其中理论蕴藏量在 1 × 10⁴ 千瓦以上的河流有 190 条，理论蕴藏量约 1226 × 10⁴ 千瓦。按流域，黄河片水力蕴藏量达 550 × 10⁴ 千瓦（含黄河北干流 258 × 10⁴ 千瓦），占全省 43%；长江片水力蕴藏量达 725 × 10⁴ 千瓦，占全省 57%。安康全区水能蕴藏量达 487 × 10⁴ 千瓦，占全省 36.8%，可开发量 263×10^4 千瓦，现已开发 103.42×10^4 千瓦，年发电总量超过 30 亿千瓦时。汉中水能资源丰富，全市水能资源理论蕴藏量 260×10^4 千瓦，可开发量 109.8×10^4 千瓦，均居全省第二位，小水电装机容量居全省首位。

3. 陕西省环境状况与特征

环境是指与人类密切相关的、影响人类生活和生产活动的各种自然力量和作用的总和。构成环境的光、热、土、气、水、矿藏、动植物等各种要素及人类与自然要素长期共存所形成的各种生态关系，是人类生活与生产的物质基础，是人类生存与发展的终极物质来源。从人口分析的角度来看，环境是决定人口分布的最主要因素，人类在生存与发展过程中也在不断地利用与改变自然环境。

近年来陕西省经济得到了前所未有的大发展，同时，在环境保护方面也做了大量卓有成效的工作，环境质量基本避免了急剧恶化的局面。但是，陕西省环境保护还面临着十分严峻的形势，以城市为中心的环境污染正在加剧，并逐步向农村蔓延，生态环境破坏的范围仍在扩大，资源破坏与浪费现象有增无减，在一些地区已经阻碍了经济发展，甚至影响了人民群众的生活和健康。各种环境状况在陕西省不同区域表现的情况有所差异。

（1）水资源供需缺口增大，水体污染加剧。陕西省是一个水资源缺乏的省份。随着经济的发展和城市人口的不断增加，水资源供需矛盾将会日益突出，水荒危机将长期困扰城市的发展。与此同时，水体污染加剧、工业和生活污水大量排放，使江河水质急剧下降。从地表水环境质量看：渭河、延河、无定河、汉江、丹江、嘉陵江 6 大水系污染程度加重，黄河水系污染重于长江水系，渭河污染最严重；汉江、丹江、嘉陵江水质总体良好。渭河 76.9% 断面水质不符合水域功能区划标准，延河 40% 的断面达到了五类水质标准。

（2）城市大气质量下降，污染源呈扩大趋势。陕西省大气主要污染物为总悬浮微粒和自然降尘。污染指数连年攀升，10 个地市所在城市大气中的总悬浮微粒全部超过了国家空气环境质量二级标准，平均超标 0.84 倍。铜川、西安、延安大气中悬浮微粒年日均值都超过国家二级标准 1 倍以上。从城市可吸入颗粒物和总悬浮颗粒物、二氧化硫、二氧化氮浓度等方面看，陕西南部最好，其次为陕西北部，关中地区最严重，陕西北部污染显著上升。

（3）固体废弃物已成为城市的一大公害。陕西省每年产生工业固体废弃物 2000×10^4 吨，其中直接排入江河的达 71.35×10^4 吨，工业固体废弃物累计堆存量 13538×10^4 吨，占地 505 公顷。这些固体废弃物基本上未经安全处理就直接堆放或填埋，对环境造成了潜在威胁。除西安市建立了现代化无害垃圾填埋场所外，其他城市都无统一的垃圾无害处理场所，造成垃圾围城，垃圾泛滥。有的垃圾长期堆放在居民区，臭不可闻，滋生蚊蝇、传播疾病。

（4）城市噪声污染扰民问题日益突出。随着城市现代文明程度的提高，机动车辆、娱乐场所等越来越多，城市建设更为迅猛，到处"开胸破肚"，开挖沟壕，建筑高楼。城市发展又带来机动车辆、娱乐场所、昼夜施工的建筑工地的噪声。据统计，陕西省地市所在的 10 个城市中，除工业集中区超标较少外，其余各功能区超标 50% 以上，有 80% 的城市居民文教区超标，90% 的城市交通干线道路两侧噪声超标。

（5）生态环境恶化日趋加剧。水土流失严重、沙漠化治理有所改善。陕西北部位于中国黄土高原中心地带，是世界上土壤侵蚀强度最大、水土流失最严重地区，水土流失量约占黄河泥沙的一半，其中无定河流域最严重。近年来，由于资源开发，修筑公路、铁路、开荒等多种因素，水土流失面积进一步扩大。陕西省荒漠化和沙化土地集中分布在延安以北的榆林地区和北部长城沿线附近，关中平原东部黄、渭、洛河三河交汇地带有少量的冲积沙地分布。第三次荒漠化和沙化监测结果表明：从 1999 年到 2004 年五年间，陕西省荒漠化土地和沙化土地面积分别减少 188.6 亩和 31.2×10^4 亩；极重度、重度荒漠化土地分别减少 636.8×10^4 亩和 1324.8×10^4 亩。

（6）资源破坏浪费惊人。陕西省是一个资源型经济省份，陕北的煤、石油和天然气资源相对富集，但生态环境脆弱，承载能力有限，资源的不合理开发加剧了生态环境破坏。几年来，由于利益驱动，加之管理工作没有跟上，在矿产资源开发中出现了集体、个人蜂拥而上，你争我抢，乱采滥挖现象普遍，资源和生态环境遭到严重破坏。

（二）陕西省人口发展与资源环境协调发展水平评价

1. 评价指标体系

对陕西省人口发展与资源环境协调发展水平评价是从静态角度评价全省 10 个市人口发展与资源环境协调发展水平，即从某一时点上分析评价陕西省各地区协调发展水平的差异。人口发展与资源环境协调发展评价越好，可以认为人口发展对生态环境脆弱性影响越小；反之，影响越大。

对陕西省人口发展与资源环境协调发展进行评价采用评价指标体系来进行。评价指标体系由资源环境发展指标和人口发展指标组成，资源环境发展指标包括人均耕地面积、森林（林草）覆盖率、工业固体废物利用率、每万人拥有环保人员数、人均火灾损失折款、人均工业固体废物产量、人均工业废水排放量、人均工业废气排放量等二级指标；人口发展指标包括人口自然增长率、平均预期寿命、婴儿死亡率、出生人口性别比等二级指标。具体如表4－5所示。利用陕西省统计年鉴和2005年陕西省各市社会经济发展公报，我们收集到2004年上述指标体系的具体数值，如表4－6所示。利用评价指标体系，可以对2004年陕西省各市人口发展与资源、环境协调发展进行具体评价。

表4－5　　　　　　人口发展与资源环境协调发展评价指标体系

一级指标	二级指标
资源环境发展指标	人均耕地面积、森林（林草）覆盖率、工业固体废物利用率、每万人拥有环保人员数、人均火灾损失折款、人均工业固体废物产量、人均工业废水排放量、人均工业废气排放量
人口发展指标	人口自然增长率、平均预期寿命、婴儿死亡率、出生人口性别比

表4－6　　　　　　陕西省2004年人口与资源环境发展现状

地区	人口自然增长率（‰）	平均预期寿命（年）	婴儿死亡率（‰）	出生人口性别比	工业固体废物利用率（%）	森林（林草）覆盖率（%）	人均耕地面积（亩/人）	每万人环保人员数（人）	人均火灾损失折款（元/人）	人均工业固体废物产量（吨/人）	人均工业废水排放量（吨/人）	人均工业废气排放量（m³/人）
西安	4.50	75.07	12.00	108	0.82	38.0	0.59	3.50	0.76	0.18	16.55	5636
铜川	4.36	74.00	22.00	111	0.31	38.9	1.13	2.34	0.44	0.99	4.09	51478
宝鸡	3.26	71.70	20.82	118	0.37	48.6	1.22	3.00	0.45	0.74	19.06	21762
咸阳	3.57	70.30	29.20	115	0.67	19.82	1.18	3.10	0.58	0.33	14.79	9548
渭南	4.85	72.00	23.00	108	0.15	22.4	1.17	2.60	0.82	3.99	8.43	23398
延安	3.53	70.67	30.70	111	0.59	42.90	1.80	3.40	0.83	0.058	2.49	2559
汉中	2.20	73.00	25.53	113	0.22	52.0	0.94	2.67	0.93	0.997	5.39	8834
榆林	5.02	71.00	26.00	118	0.09	5.0	2.20	3.40	0.93	1.23	3.21	14683
安康	0.26	66.92	22.58	107	0.33	50.2	0.96	1.37	0.4	0.21	1.91	1430
商洛	1.60	66.50	23.00	115	0.03	51.40	0.70	0.90	0.42	0.56	3.15	1779

2. 评价模型

　　根据本课题提出的评价指标体系，这里进行一定的符号假设。第一级指标包括：人口发展指标和资源环境指标两个子指标体系，记为 (A_1, A_2)；第二级包括上述两个子系统中的若干二级指标，假设每个子指标体系中都包含 n 个二级指标，对 A_i 将其二级指标统一记为 $(X_1, \cdots, X_x)$。

　　指标权重的确定。确定了指标以后，在综合评价时还存在一个对各个指标如何赋权的问题，也就是确定各项指标对全面协调发展的重要程度。目前可供选择建构权重的方法很多，基本上可分为两大类：一是主观构权法；二是客观构权法。主观构权法是根据研究者或专家的主观经验判断来赋予指标不同的权重。例如专家打分法（即特尔菲法）和层次分析法。客观构权法是根据客观性的原始资料和对数据经数理统计的方法处理后来计算权重的方法。主要包括相关系数构权法、多元线性回归法、因素分析法和主成分分析法等。

　　记第一级指标的权重为 $\{\alpha_1\}$，每个一级指标下的第二级各子指标权重统一记为 $\{\beta_1, \cdots, \beta_i, \cdots, \beta_n\}$，其中 α_k、β_i 满足：$\sum \alpha_k = 1$，$\sum \beta_i = 1$。

　　指标指数的确定。为了综合反映协调发展的总水平，必须对各指标 X_i（无论有无量纲）数据进行统一标准化的无量纲处理、其值称为指标指数，记为 $X_i{}'$。

　　若 X_i 是正指标，则有：$X_i{}' = \dfrac{X_i - X_{\min}}{X_{\max} - X_{\min}} \times 100$

　　若 X_i 是逆指标，则有 $X_i{}' = \dfrac{X_i - X_{\max}}{X_{\min} - X_{\max}} \times 100$

　　若 X_i 是适度指标，则有 $X_i{}' = \left(1 - \dfrac{|X_i - X_t|}{X_{\text{man}} - X_{\min}}\right) \times 100$

　　其中 $X_{\max}$、$X_{\min}$ 分别是该指标数值在陕西省各市范围内的最大、最小值，X_t 为该适度指标数值的临界值。

　　协调发展水平评价总分的确定。对陕西省每个市人口与资源环境协调发展评价总分，即综合评价得分（记为 I）是各个一级指标指数得分（记为 I_k）的加权之和；而各个一级指标指数评价得分值等于相应二级指标指数加权之和。即：

$$I_k = \sum \beta_i X_i', \quad (k=1, 2; \ i=1, \cdots, 10)$$

$$I = \sum^{2} \alpha_k I_k$$

一个地区评价总分越高，说明该地区人口发展与资源环境协调发展现状越好。对每个一级指标指数的评价得分值 I_k 的分析也是同样的。

3. 陕西省人口发展与资源环境协调发展现状评价

各二级指标指数的计算。在计算各二级指标指数之前应该根据指标属性将考核指标体系中的所有指标按正指标、逆指标和适度指标进行分类。所谓正指标，是指数值越大，所代表的社会经济现状越好，反之，就越不好的指标，例如平均期望寿命等。所谓逆指标，是指数值越小，所代表的社会经济现状越好，反之，就越不好的指标，例如婴儿死亡率等。所谓适度指标，是指数值越接近某一临界值，所代表的社会经济现状越好，反之，就越不好的指标，例如出生人口性别比，根据社会人口学理论，其临界值应该为105，高于或低于105都可能影响总人口的性别构成，进而对社会经济发展产生消极影响。需要说明的是，在整个考核指标体系中有相当一部分指标都应为适度指标，但是由于近期指标现状，表现为长期偏大或偏小，因此我们将其视为正指标或逆指标来分析评价。最终，将以下指标体系列为正指标：平均预期寿命、工业固体废物利用率、森林覆盖率、人均耕地面积、每万人拥有环保人员数；逆指标：人口自然增长率、婴儿死亡率、出生人口性别比、人均火灾损失折款、人均工业固体废物产量、人均工业废水排放量、人均工业废气排放量。

对正指标，例如平均期望寿命，10 市中最大值为 75.07 岁，最小值为 66.50 岁。依据 $X_i' = \dfrac{X_i - X_{min}}{X_{max} - X_{min}} \times 100$ 计算出西安市平均期望寿命指数为 $X_1' = （75.07 - 66.50）／（75.07 - 66.50）\times 100 = 100$，铜川市平均期望寿命指数为 $X_2' = （74.0 - 66.50）／（75.07 - 66.50）\times 100 = 87.51$，其余类同。

对逆指标，例如婴儿死亡率，10 市中最大值为 30.7‰，最小值为 12.0‰。依据 $X_i' = \dfrac{X_i - X_{min}}{X_{max} - X_{min}} \times 100$，西安市婴儿死亡率指数为 $X_1' = （12.0‰ - 30.7‰）／（12.0‰ - 30.7‰）\times 100 = 100$，铜川市婴儿死亡率指数为 $X_2' = （22.0‰ - 30.7‰）／（12.0‰ - 30.7‰）\times 100 = 46.52$，

其余类同。

　　各一级指标协调发展水平评价得分确定。对每个一级指标，例如人口发展指标，其包含 4 个指标，我们取权重为等权重，即（β_1，β_2，β_3，β_4）＝（0.25，0.25，0.25，0.25）。则对西安市一级指标协调发展水平综合得分的计算为：$I = \sum \beta_i X_i' = 75.46$，其余类同。资源环境指标计算方法相同，需要说明的是指标不再使用等权重，对人均火灾损失折款、人均工业固体废物产量、人均工业废水排放量、人均工业废气排放量四指标权重都定为 0.05，其余四指标权重都取 0.2。

　　从 2004 年发展水平评价结果看，在人口方面，西安市的协调发展现状最好，综合评价得分为 75.46，其次为安康市，综合评价得分为 62.08。在资源环境方面，延安市排在首位，综合评价得分为 80.71，其次为西安市，综合评价得分为 67.55。

　　协调发展水平评价总分计算。在计算协调发展水平评价总分时，仍然采用等权重，即 $\alpha_i = 0.5$。例如，对西安市，综合评价总得分为：$I = \sum_{}^{2} \alpha_k I_k = 70.63$。其余类同，结果由表 4 - 7 给出。

表 4 - 7　　　　　陕西省 2004 年人口与资源环境发展评价结果表

地区	人口评价		资源环境评价		综合评价	
	得分	排名	得分	排名	得分	排名
西安	75.46	1	65.80	2	70.63	1
铜川	52.89	3	52.10	8	52.49	5
宝鸡	37.62	6	62.77	3	50.50	6
咸阳	27.52	9	60.15	4	43.84	7
渭南	49.96	5	37.67	10	43.81	8
延安	35.90	7	80.23	1	58.06	3
汉中	52.05	4	57.56	5	54.80	4
榆林	19.41	10	52.56	7	35.98	10
安康	62.08	2	54.85	6	58.46	2
商洛	35.07	8	39.89	9	37.48	9

　　一个地区综合评价得分越高，反映该地区人口发展与资源环境协调发展越好，人口发展对生态环境脆弱性影响越小。从评价结果看，西安市的

综合评价得分 70.63，居全省首位，说明人口发展对生态环境脆弱性影响最小；其次为安康市，得分 58.46。榆林市得分 35.98，人口发展与资源环境协调发展最差，人口发展对生态环境脆弱性影响最大；其次为商洛市，为 37.48 分。

第三节　生态环境脆弱变化动力学机制分析

一、生态环境脆弱性研究的一般问题

（一）生态环境脆弱性

人口、资源和环境问题日益成为人类生存所面临的严峻问题，人口的急剧增加和对资源的过度利用，使生态系统自身的协调能力不断下降，人类生存的环境呈现出越来越脆弱的趋势。

生态学家和地理学家对生态环境脆弱性的理解既有联系也各有侧重。生态学家多从生态系统的角度进行研究，强调系统内部演替和外部干扰所引起的脆弱性，物种变化是主要的研究尺度。地理学家除了考虑生态系统外，更多地关注全球变化和人地关系对生态环境脆弱性的影响，根据地貌、气候等自然要素的差异，研究手段也是多尺度变换的（如时空尺度、景观尺度等）。由于生态环境自身的复杂性，脆弱性研究应该是多学科、多尺度相结合，除了以生态学和地理学为主，还应充分运用社会学、经济学、灾害学和气象学等的基本原理与方法。

生态环境脆弱性的定义多种多样，难以形成较一致的定义。通常有生态系统观点、地学及人文观点和广义的人文观点三种理解[1][2][3]：

生态系统观点。生态系统观点认为生态系统脆弱性包括两方面的内容：一是所谓的自然脆弱性。由于自然的、系统内部演替所引起的脆弱性；二是由于外部的尤其是人类活动所引起的脆弱性。赵平等研究退化生态系统时，对脆弱性的描述有一定的代表性，认为脆弱性概念过于复杂，

① 王丹：《城市新区规划战略环境评价指标体系研究》，北京大学校长基金论文集，2003年。

② 沈珍瑶、杨志峰：《灰关联分析方法用于指标体系的筛选》，《数学的实践与认识》2002年第 6 期，第 728—732 页。

③ 王建华、顾元勋、孙林岩：《人地关系的系统动力学模型研究》，《系统工程理论与实践》2003 年第 1 期，第 128—131 页。

难以下一个恰当、简洁同时又有意义的定义。生态系统脆弱性具有如下特点：脆弱性是生态系统固有的特性，其存在不取决于生态系统是否暴露于干扰之下；脆弱性是多个方面的综合体现，而且只有在人为或自然干扰的情况下才显露出来，若把生态系统的脆弱性与相关的干扰相联系，会为环境效应提供有意义的评估手段。

地学及人文观点。地学观点是以自然属性或生态方面的变化类型和程度来定义的。干扰的作用已经改变了或濒及改变自然系统，因而就出现了一个变化了的系统，生态学上称之为"多样性减少"的系统或简单化的系统。纯粹的地学观点可能会把任何一个自然综合体定义为濒危或脆弱环境地带，因为在这里有价值的环境成分如土壤、植被、空气质量等已经改变。

人文的观点是用人文后果作为度量脆弱性的标准。认为生态环境发生了变化，以至于影响到当前或近期人类的生存或自然资源利用。不难看出，这种理解把人地关系系统视为一个静态的、封闭的系统，从中去探求系统内部的自然因素和人文条件的变化及其后果，它忽略了来自地区以外的可能投入、技术上的变化、经济活动的替代性以及环境退化时区域以外的影响。

生态环境退化是个复杂的过程，不但与自然条件密切相关，还受资源利用和社会经济发展等多因素影响。纯粹的地学观点往往过多地强调自然环境因子在生态环境演变中的重要作用，而忽略了人类社会经济发展对生态环境的直接或间接的影响，这种影响包括正向和负向两个方面。相应的，狭隘的人文观点也忽视了生态环境可维持能力。这两种观点对于指导分析生态环境脆弱性都是不适合的。

广义的人文观点。广义的人文观点认为脆弱性指环境的退化超过了现有的社会经济、技术水平所能长期维持目前的人类利用和发展的能力。这种定义暗含了在保持甚至增大人类利用环境的可允许程度和规模的条件下，面对环境退化和资源的耗竭，进行经济和技术的改革和调适的可行性，及区域社会经济靠外来资源和对外的环境输出来支撑自身发展的能力。美国克拉克大学有关学者划分了两组脆弱性概念。一组重点在受影响的生态系统和人类系统本身，另一组则侧重于系统内的变化属性（如类型、速率、尺度等）。这两组概念包括三个方面：① 所观察到的代表固有的不可弥补的损失的环境变化；② 对于人类活动的变化特别脆弱的系统和区域；③ 有预兆发生突变的变化如生态系统不稳定性，对人类健康的不良影响或经济生产力的萎缩。这一定义将生态环境脆弱性与社会经济相结合，考虑到了人类干扰所造成的环境不可逆变化，以及由此产生的广泛不良连锁反应。他们还提出了计算地区的可持续发展和经济增长在生态环境质量方面付出的代价的方法，这比纯地学和人文的观点有了很大的进步。但是，它忽略了自然力对生态环境的影响作用，脆弱性评价也局限于经济学方法，是一种静态的评价。而生态环境脆弱性在外力干扰作用下，往往表现为动态的敏感性。

　　综合前面的分析，我们认为生态环境脆弱性是一个涉及多学科的综合性概念，指生态环境受到外界干扰作用超出自身的调节范围，而表现出对干扰的敏感程度。它包含两个方面的含义：① 脆弱性是特定区域条件下，生态环境自身所具有的属性，这种性质的存在具有区域性和客观性；② 脆弱性只有在"外力干扰"的驱动下才表现出来，"外力干扰"主要包括人类活动的影响和自然力的作用。

　　（二）生态环境脆弱性评价研究

　　对生态环境脆弱性的研究，最初以气候变化下的脆弱性与适应性评价为重点内容。国外特别重视全球气候变化对脆弱生态环境的影响，认为全球气候变化有可能会通过改变农业生产条件而导致农业生产的不稳定性增加，带来农业生产布局和结构变动，造成粮食产量的波动，使本来就脆弱的生态环境更加脆弱。国内对生态环境脆弱性评价的研究主要集中在气候变化下的脆弱性评价，水资源变化下的脆弱性评价，脆弱生态带与土地荒漠化，脆弱生态环境与工业化、农业化及与贫困之间的关系等。

　　1. 生态环境脆弱性评价的方法

　　生态环境的脆弱性评价是对生态环境各因子时空配置的不均衡引起的生态系统不稳定性，以及人类活动和外界环境胁迫对生态环境的可能影响及其响应的评价与估测。生态环境脆弱性评价根据评价对象的特点可分为单一生态环境要素的脆弱性评价和区域生态环境各要素综合脆弱性的评价。生态环境脆弱性评价的关键是构建合理的评价指标体系和选择适宜的评价方法[1][2]。

　　评价的指标体系。指标体系的构建是评价工作的核心，每一个指标是

---

　　① 王丽明、杨胜天：《系统动力学方法在喀斯特地区人口环境容量研究中的应用——以贵州省紫云县为例》，《中国岩溶》1996 年第 2 期，第 183—189 页。

　　② 王其藩：《系统动力学》，清华大学出版社 1988 年版，第 30—50 页。

进行评价的基本要素，构建脆弱性评价指标体系是脆弱度计算的根本条件和理论基础，指标体系构建的成功与否决定着评价结果的真实性和可行性。当前我国环境脆弱性评价指标体系，主要分单一类型区域的指标体系和综合性指标体系两大类。

单一类型区域的指标体系基于特定地理背景具有区域性特点，结构简单，针对性强，能够准确表征区域环境脆弱的关键因子。例如，罗新正、朱坦等以河北省迁西县山区为例，建立了适合于山区生态环境脆弱性评价指标体系并对该地区进行了评价和分区；王经民、汪有科提出了评价黄土高原生态环境脆弱性的数学方法，对黄土高原 105 个水土流失重点县进行了脆弱度计算等，都属于单一类型区域的指标体系。

综合性指标体系选取的指标涉及的内容比较全面，能够反映生态环境脆弱性的自然状况、社会发展状况、经济发展状况等各个方面。既考虑环境系统内在功能与结构的特点，又考虑环境系统与外界之间的联系。现有综合性评价指标体系可概括以下三种类型：

成因及结果表现指标体系。生态环境脆弱性的演变是自然和人为因素共同作用的结果，已脆弱的生态环境有其较明显的表现特征，因此选取脆弱生态环境的水资源（降水量、降水变率）、热量资源（用≥10℃的连续积温表示）、干燥度、人均耕地面积、地表植被覆盖度、资源利用率等主要成因指标，结合其退化程度、治理状况、社会经济发展状况等结果表现指标对其进行综合评价，这样不仅能够很好地体现环境脆弱性的主要因素，而且结果表现指标可以修正成因指标之间的地区性差异，使评价结果更具有地区间的可比性。

基于"压力—状态—响应"（PRS）的生态脆弱区可持续发展指标体系。脆弱生态环境阻碍了可持续发展，因此可以用可持续发展的观点评价生态环境的脆弱性，选择限制可持续发展的因子建立生态脆弱区可持续发展指标体系。压力与状态指标描述了影响环境变化的人类活动对生态环境造成的压力和在这种压力下资源与环境的质量的状况以及社会经济状况。系统响应指标描述社会各个层次对造成环境脆弱压力的响应，资源的利用率、生态整治的程度、社会进步和经济的发展等是重要指标。

多系统评价指标体系。运用系统论的观点，分析环境系统及其子系统的特点，综合水资源、土地资源、生物资源、气候资源、社会经济等子系统脆弱因子，筛选指标，确定指标体系。多系统综合评价指标体系能够系统全面地反映出区域生态环境的脆弱性，但由于各子系统之间的相互作用和相互影响，指标之间具有一定的关联性，指标之间相互重叠，在评价时应当选择能够反映各子系统脆弱性本质特征的指标，且进行关联性分析。

单一类型区域和综合性两种指标体系各有其特点，单一类型区域指标体系是基于特定地理背景条件建立的，具有明显的区域性特征，针对性强，但由于研究对象比较单一，研究内容局限，指标体系适用的范围窄，指标只是适用于特定区域（如湿地、内河流域、山地、水土流失地区等），不同类型区域的评价结果之间缺少可比性。综合性评价指标体系包含的指标繁多，但是由于数据可得性的限制，可操作性较差，指标之间的关联性较高。

评价方法。在评价过程中，评价方法的选择十分关键，应根据指标的不同特征和数据的特点来选择能够表现系统特征的评价方法。回归分析法、模糊综合评判法、主成分分析法、层次分析法等是常用的方法，这些方法也是其他评价过程中常用的方法。此外，指标指数分析法是生态环境脆弱性评价过程中非常实用的方法，许多学者构建了一些具有代表性和说服力的指标指数。

2. 脆弱性研究评价还存在许多不足

偏重于生态环境系统的研究，对人文环境研究不够。进入人类社会以来，人类的生产活动对生态环境的影响快速增大，人口、资源环境的协调发展已成为经济社会发展的必然要求。虽然已有的研究将人口承载力作为评价生态环境脆弱性的主要指标，但人口承载力是一个相对的概念，既包含有生态环境下的人口承载力，也包含有经济发展下的承载力。从人口的发展角度看，人口对生态环境脆弱性的影响既有人口总量增加的直接影响，也有伴随着人口生产技术和生活水平提高的间接影响。其中后者的影响更为复杂。

侧重于生态环境脆弱性的静态评价。在评价对象上主要着眼于对自然系统，主要是生态环境与人对资源的开发利用的协调性进行评价。没有充分体现在人口发展的基础上，综合分析和评价人口与资源、环境的协调发展问题。此外，目前关于脆弱性的研究多是针对退化或有退化倾向的一些脆弱地带的实例研究，虽有一定的实用性，但缺乏系统性。所建立的指标体系重点侧重于自然环境和环境保护，对人口发展本身关注程度不够。

脆弱性评价的指标体系应进一步完善。应该从两方面完善评价指标体系。一是基于过程评价的指标体系。生态环境脆弱性评价的目的在于研究环境的脆弱性特征，包括脆弱性的来源、现状、动力学特征、演替过程，根据其评价结果及动态分析为环境整治、污染治理、生态保护、环境规划等提供合理依据。二是基于人口、资源、环境协调发展的综合评价指标体系。脆弱性评价的目的是促进生态环境的保护和改善，而这些工作必须同人口与社会发展紧密相连。

评价方法和技术有待发展。由于生态环境脆弱性本身是一个非常复杂的现象，因此通常需要多种评价方法和技术综合运用。在评价方法上除了大量运用统计分析方法外，根据生态系统的变化特点构建一定的模型是非常重要的。模型化是当前各种评价方法中最具说服力与科学性的方法。遥感与地理信息系统（GIS）技术是生态环境分析与评价中不可或缺的技术，利用遥感获取自然环境的信息作为 GIS 的主要信息源并对 GIS 进行数据的分析处理，对生态环境的脆弱性进行定量描述，可以获得脆弱生态环境的具体分布区域和分布面积，分析环境脆弱性的演变过程和时空特点，进而探讨脆弱性的动力机制及发展趋势。

可操作性有待提高。许多评价生态环境脆弱性的指标体系过于偏重学术性，不易为广大公众所理解和接受。在评价方法中，通常数学模型差异很大，有些计算过于复杂。其次，很多指标所采用的计算方法是否合理，也有待进一步研究。最后，在进行脆弱性研究时没有注意与现行的经济社会发展指标和统计方法很好地衔接，数据来源严重短缺，可操作性不强，难以实际应用。

二、基于人口因素的人口发展与生态环境脆弱性变化研究

基于人口因素的人口发展与生态环境脆弱性变化研究是以人口发展为主线，以人口与资源环境协调发展为基础，运用脆弱性理论、评价指标体系和评价标准对一个地区人口与生态环境脆弱性变化进行综合研究。该研究应该包括四方面的内容，即人口发展现状及趋势、生态环境现状及特点、人口发展对生态环境脆弱性变化的影响和实现人口与资源、环境协调发展的对策。

人口是不断变化的流，人口的发展是沿着时间顺序不断向前流动着，在流动过程中其总量、结构和其他特征在不断变化。人口发展的三种属性与生态环境发生联系。第一，人的自然属性，生命过程本身即为自然过程，人口从出生、发育、成长、衰老、死亡到腐烂都同其他生物一样遵循生态规律；人类必须适应外界自然环境的客观性；第二，人的社会属性，人类在发展过程中自然形成的生产、生活方式，这些方式产生于自然界但又不同于自然界，与生态环境发生相互影响；第三，人的经济属性，在人口发展过程中人类的经济活动为人口发展提供基础保证，人口的经济活动消耗（破坏）自然资源与环境，人口的经济活动使社会经济进一步发展、人口生活质量进一步提高，对资源与环境提出更高的需求，生态环境压力进一步增加。

人口变动主要是指人口的总量、年龄结构、性别结构和地区分布等的变化。20 世纪中叶以来，随着社会经济的发展，世界人口数量迅速增长，人口的年龄结构和地区分布等也有了明显的变化。快速增长的人口总量以及人口结构的变化给生态环境脆弱性变化带来了非常巨大的压力。以人口总量为例，自从人类在地球上出现以来，人口数量一直呈增长趋势。据联合国人口基金提供的资料，公元 1000 年时地球仅有 3.6 亿人，到 1804 年时世界人口才达到 10 亿左右。真正的人口高增长率是在欧洲工业革命以后，社会和生产力水平的大幅度提高，人类的生存条件大为改善，人类的疾病得到有效控制，而生产的发展，客观上又需要大量人口，使人口进一步加快，从 1804 年至 2006 年的 200 余年间，全世界人口增长了 6.4 倍，达到了 64.647 亿。从人口地区构成看（详见表 4 - 8），根据联合国统计，1900 年以来世界发达国家的人口所占比例一直保持下降趋势，而生态环境相对脆弱的发展中国家的人口所占比例则一直保持上升趋势。

表 4 - 8　　　　　　　　　　世界人口分布　　　　　　　　　　单位：%

地区＼年份	1850	1900	1950	1960	1970	1980	1990	2000	2010
发达国家	27	35	31	28	26	24	23	20	15
发展中国家	73	65	69	72	74	76	77	80	85

说明：2010 年数据为预测值。

人口发展是人类社会发展的主题，在研究人口、资源、环境可持续发展，以及在研究社会、经济协调发展问题时，首先要考虑的是人的发展。人口发展最终是通过社会系统和经济系统与生态环境系统发生相互关系[①]。

　　社会是指聚居在一定地域中的人口及其相互关系的总称。人口是社会区域中最重要、最主动的要素。区域系统演变方向与转化速度与人类开发利用资源与环境的强度有关，而人口数量的增长，则是这一强度的驱动力。人口的迅猛增长，对自然资源和自然环境索取不断增加，有些区域已经远远超过资源、环境的承载能力，导致环境的破坏、资源枯竭，社会动荡，最终威胁到人类自身的生存。社会系统的发展方向是控制人口的数量；依资源承载能力和产业格局调整人口结构；加强科学文化教育、提高人口素质；大力发展科学技术，提高资源利用效率和污染治理能力。

　　经济是指人类社会进行选择、使用具有多种用途的资源来生产各种商品，并在现在或将来把商品分配给社会各个成员或集团消费的活动。经济的发展将促进社会发展，促进文化、教育、卫生、福利事业的改善和人文环境的进步。经济发展初期，传统的"高投入、低产出"的经济增长方式造成巨大的资源浪费和严重的环境污染，使经济增长缺乏后劲，社会发展也受到阻碍。当经济发展到较高阶段，造成早期环境不断恶化的那些压力会逐渐减弱，从而为环境的改善创造条件。但是经济的增长与生态环境良性变动的趋势并不是一个自动演化的过程，如果在生态环境保护上采取放任自流的态度，经济增长就会被破坏，甚至停止。经济系统的发展方向是充分利用现有的资源，最大限度地提供物资产品，满足人类发展的需求。

　　生态是指生物有机体周围生存空间的生态条件（因子），多种多样的生态因子综合组成了生态环境系统，它们对生物有机体形成复杂的综合作用。生态因子可分为气候因子、土壤因子、地形因子、生物因子和人为因子五类[②]，生态因子也可简单分为生物因子与非生物因子。生物因子包括动植物、微生物；非生物因子包括光、温度、水、空气、土壤无机盐等。生态环境系统对人类经济活动产生的废物和废能量进行消纳和同化（即

---

　　① 王介勇、赵庚星等：《论我国生态环境脆弱性及其评估》，《山东农业科学》2004 年第 2 期，第 9—11 页。

　　② 韩蕊莲、侯庆春：《黄土高原人工林小老树成因分析》，《干旱地区农业研究》1996，14（4），第 104—108 页。

环境自净能力或环境容量），同时提供舒适性环境的精神享受。随着经济增长和社会进步，人们的消费水平和对于环境舒适性的要求也越来越高，环境保护的意识也逐渐加强。生态环境系统的发展方向是充分利用生态环境的自净能力，建设舒适优美的环境，并促进社会、经济协调发展。

　　综上所述，我们认为，人口发展与生态环境的相互关系可以通过人口发展对生态环境的影响和生态环境对人口发展的影响来分别分析。人口发展对生态环境压力增强的影响是通过社会系统和经济系统来实现的。社会发展，人口素质提高，环境保护意识越强，对环境质量要求也越高。如果人口发展所排放废物、废能超过生态环境的自净能力，环境质量将下降；如果人类对生态的破坏加之自然灾害的影响超出了生态环境的自我更新水平，环境质量也将下降。提高环保技术、控制污染排放，可使环境质量逐步提高和恢复。生态环境对人口发展的影响表现为生态环境为人类提供生存与发展空间。良好的生态环境促进社会经济发展和人与自然的和谐，反之将影响社会经济发展进程和人民生活质量的提高。

　　我国是世界人口大国，人口发展面临四大压力，即就业人口对经济承载的压力，贫富差距对社会承载的压力，生产生活方式对资源承载的压力，人口总量对生态环境承载的压力。四大压力常常相互作用，对社会经济发展和国家安全形成巨大的危机。就陕甘宁老区而言，这些压力表现得更为突出，特别是人口总量对生态环境的压力尤为突出。据统计，2002年该地区每平方公里有 74 人，远远超出联合国半干旱区每平方公里 20 人的允许界限。因此，研究人口与生态环境脆弱性变化关系，评价人类活动对生态环境系统的影响过程和调控能力对该地区的生态建设和社会经济发展具有极其重要的意义。

三、榆林市人口增加过程对生态环境脆弱性变化的压力分析

　　榆林市位于陕西省最北部，地处陕甘宁蒙晋五省（区）交界接壤地带。全市辖榆阳、神木、府谷、定边、靖边、横山、佳县、米脂、吴堡、绥德、清涧、子洲共 1 区 11 县，总面积 43578 平方公里；地貌大体以长城为界，北部为风沙草滩区，占总面积的 42%，南部为黄土丘陵沟壑区，占总面积的 58%。气候属暖温带和温带半干旱大陆性季风气候，四季分明，日差较大，无霜期短，年平均气温 10℃，平均降水 400 毫米左右，无霜期 150 天左右。

榆林市地处毛乌素沙漠和黄土高原过渡地带，风蚀沙化和水土流失严重，东南部丘陵沟壑区，是黄河中游水土流失最严重的地区。同时，气象灾害较多，几乎每年都有不同程度的干旱、霜冻、暴雨、大风、冰雹等灾害发生，尤以干旱、冰雹和霜冻危害严重。

新中国成立初期榆林市人口为 117.4 万，人口密度为 27 人/平方公里；经过 40 年的快速增长，到 1996 年人口总数为 320.73 万，人口密度为 74 人/平方公里；1996 年以后人口增长率保持在 10% 以下，到 2005 年人口为 351.63 万，人口密度 81 人/平方公里。为进一步分析人口变动对生态环境的压力。本课题对榆林市人口进行预测分析，分析方法采用要素预测法。

从人口出生率看，榆林市人口出生率经过 20 世纪 60 年代的 40‰ 高出生率后，一直处于下降趋势，进入 21 世纪以来稳定在 10‰ 左右。利用表 4 - 1 的数据进行出生率变动拟合分析，通过 SPSS 软件提供的各种曲线拟合①进行分析，二次多项式拟合效果最好，但预测值过高；生长模型不但拟合效果显著，而且趋势预测也较为理想（见图 4 - 4）。实际拟合模型为：$y_t = e^{1.42442 - 0.07t}$，其中 y_t 表示出生率，t 为年份。本课题利用 2005 年的预测值和实际值的差异，对该模型进行修正，得到：$y_t = 3.296 + e^{1.42442 - 0.07t}$。用此模型对出生率进行预测，其中 2010 年、2020 年人口出生率分别为 8.92‰ 和 6.07‰。

从人口死亡率看，榆林市人口在 20 世纪 60 年代保持 15‰ 左右高死亡率水平后，一直稳定在 5‰ 左右。根据表 4 - 8 的数据进行死亡率变动拟合分析，由于死亡率数据在十几年间处于波动状态，直接进行拟合的效果都不理想，为此，本课题根据死亡模式相对稳定的特点，对死亡数据进行 3 年移动平均修正，用移动平均后的数据进行曲线拟合分析，分析效果有所提高。在各种拟合中对数模型和线性模型的效果都很好。由于线性模型在趋势预测时数值过低，对数模型预测值较为合理（见图 4 - 5），实际采用对数模型，具体拟合模型为：$y_t = 1342.62 - 176.03\ln(t)$，其中 y_t 表示死亡率，t 为时间。利用 2005 年的预测值和实际值的差异，对上述模型进行修正，得到：$y_t = 1344.184 - 176.03\ln(t)$。用此模型进行死亡率

---

① 中国社会科学院农村发展研究所、国家统计局农村社会经济调查司著：《2005—2006 年：中国农村经济形势分析与预测》，社会科学文献出版社 2006 年版，第 1—4 页。

预测，其中2010年、2020年人口死亡率分别为5.32‰和4.45‰。

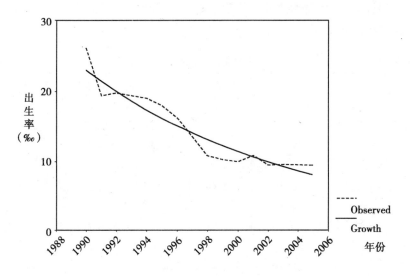

图4-4　榆林市人口出生率拟合分析

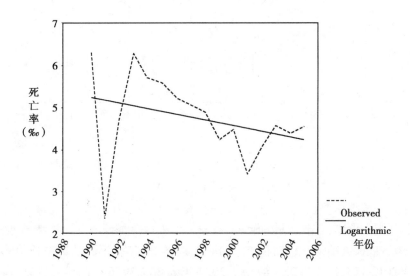

图4-5　榆林市人口死亡率拟合分析

　　由于没有人口迁移率的数据，且各地区对2000年人口普查数据都进行过调整，2000年净迁移率数据估计值无法直接使用。本课题利用人口自然增长率和实际人口数据对净迁移率进行估计，结果见表4-9。从迁移率看，榆林市人口迁移基本上属于净迁出状态，但由于净迁移率本身为估计数值，我们在此不做过多的趋势分析，用平均数值 - 1.07887‰表示未来的净迁移率。

表4 - 9　　　　　　　　　　榆林市人口变动表　　　　　　　单位：万、‰

年份	总人口	农业人口	出生率	死亡率	自增率	净迁移率
1991	301.48	272.12	19.17	2.32	16.85	-2.96
1992	305.54	274.46	19.67	4.68	14.99	-3.34
1993	309.66	276.53	19.19	6.29	12.9	-1.49
1994	313.94	279.44	18.95	5.69	13.26	0.91
1995	317.79	281.25	17.84	5.59	12.25	-0.98
1996	320.73	282.84	16.1	5.22	10.88	-2.97
1997	323.91	284.42	13.5	5.06	8.44	-0.96
1998	325.86	285.44	10.66	4.89	5.77	-2.41
1999	329.82	286.79	10.2	4.22	5.98	6.31
2000	342.57	295.29	9.95	4.49	5.46	31.46
2001	344.67	295.38	10.82	3.37	7.45	0.67
2002	346.49	295.55	9.34	4.08	5.26	-2.16
2003	348.21	293.09	9.54	4.56	4.98	-0.29
2004	349.96	292.58	9.38	4.36	5.02	0.05
2005	351.63	296	9.41	4.54	4.87	-0.25

资料来源：《榆林市统计年鉴》（1994—2004）、《榆林市2005年国民经济和社会发展统计公报》。

利用对出生率、死亡率和迁移率的预测数据，可以预测榆林市人口的变动趋势，基本预测模型为：$P_{t+1} = P_t \times (1 + B_t - D_t + M_t)$，其中 B_t 为 t 时期出生率预测数，D_t 为 t 时期死亡率预测数，M_t 为 t 时期净迁移率预测数。利用本课题得出的具体模型，对榆林市人口总量预测，计算结果见表4 - 10。从预测结果看，榆林市人口在今后的20年里仍然处于增长趋势，其中2010年人口数为355.87万，2020年为360.39万，此后人口总量将缓慢增长。如果人口数量稳定在361万，则人口密度为83人/平方公里。此数值比联合国确定的半干旱地区每平方公里20人界限高出3倍。人口对生态环境的压力无法减少。

表 4 – 10		榆林市人口总量预测	单位：万
年份	总人口数	年份	总人口数
2006	351. 63	2016	359. 33
2007	352. 87	2017	359. 67
2008	353. 99	2018	359. 96
2009	354. 98	2019	360. 20
2010	355. 87	2020	360. 39
2011	356. 65	2021	360. 56
2012	357. 35	2022	360. 69
2013	357. 95	2023	360. 79
2014	358. 48	2024	360. 87
2015	358. 94	2025	360. 93

随着人口数量的增长，人口结构也在不断改变。榆林市城镇化水平相对比较落后。从非农业人口占总人口的比重看，在 1991 年以前一直低于 10%，从 1992 年开始，非农业人口比例开始逐年上升，到 2005 年已达到 16. 40%。利用 SPSS 软件进行拟合，结果如图 4 – 6 所示，具体模型为：

$$y_t = \frac{1}{9.7 \times 10^7 \times 0.967^t}$$

其中 y_t 表示非农业人口比例，t 为时间。利用此模型可以估计出，2010 年、2020 年榆林市非农业人口比例分别为 20. 2% 和 28. 3%。榆林市人口年龄结构虽然比较年轻，但人口年龄结构变化很快。少儿人口的比例迅速由 1990 年的 35. 11% 下降到 2000 年的 29. 15%，成年人口比例稳步上升，由 1990 年的 59. 91% 上升到 2000 年的 65. 27%，具体结果由表 4 – 11 给出。

城镇化率水平的提高和劳动力年龄人口比例的增加，加大了人口对自然环境的需求和影响，使人口对生态环境脆弱性变化压力进一步增大。

表 4 – 11	榆林市人口构成		
年份	0—14 岁	15—64 岁	65 岁以上
1990	35. 11	59. 91	4. 98
2000	29. 15	65. 27	5. 58

资料来源：陕西省人口普查资料 1990，2000。

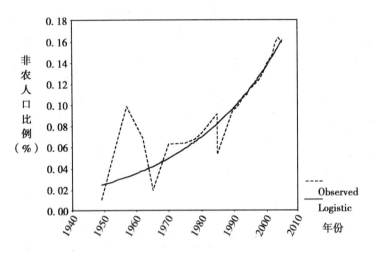

图4-6　榆林市非农业人口比重增长分析

四、人口变动对生态环境脆弱性变化的影响分析

榆林市人民北治沙，南治土，植树造林，兴修水利，综合开发，为改善生态环境进行了几十年坚持不懈的努力，生态环境得到了明显改善。全市林木覆盖率由新中国成立前的1.8%上升至25%，全市林木保存面积达到1629万亩。通过生态环境建设，北部风沙区的风沙危害大大减轻，860万亩流沙600多万亩得到了固定、半固定，实现了地区性的荒漠化逆转，出现了沙退人进的可喜局面。据2005年国家第三次荒漠化和沙化监测结果数据显示，与1999年第二次荒漠化监测对比，榆林市流动沙地和半固定沙地面积大幅度减少，固定沙地面积增加；流动沙地减少127.3万亩，减少幅度51.1%；半固定沙地共减少286.3万亩，减少幅度56.7%；固定、半固定沙地面积已占到沙地总面积的91.3%，实现了区域性的荒漠化逆转。

但是人口变动对生态环境脆弱性变化的影响依然是巨大的。由于数据资料的限制，本课题主要就人口总量对气候变动的影响和人口增加对环境破坏两方面进行深入分析。

（一）人口变动对气候变动的影响分析

榆林市属干旱、半干旱大陆性季风气候，多年平均降水量405毫米，降水由西北向东南递增，主要集中在七、八、九3个月，约占全年降水量的60%—70%。降水地域分布不均，风沙区一般在325—425毫米之间，丘陵区在400—500毫米之间。1951—1998年，全市降水量的变化总体上呈减少趋势，20世纪90年代是降水量减少幅度最大的一个时期。1991—1998年平均降水量比1961—1990年平均值减少了10%—20%，减少幅度之大是近50年来所少有的。全市各地20世纪70年代和90年代分别处于明显的少雨时期，60年代和80年代为相对的多雨时期。市内蒸发强烈，多年平均水面蒸发量在1200—2000毫米之间，干旱指数为3.08。全市水源特别匮乏。由于气候变化的影响，榆林市水资源的年际变化很大，农业干旱频繁发生，水资源供需矛盾十分突出。从地表水、地下水的补给情况看，主要为雨水补给，气候变化特别是降水变化对水资源的变化起着决定性的作用。

榆林市从1951—1990年的40年中，各年代的年平均气温仅有较小的波动，其距平均在±0.2℃之间。但是，进入20世纪90年代之后，气温急剧上升，升幅达0.5—0.8℃，年平均气温变化的趋势基本与全球变化一致。

通常，生态环境的变化是影响气候变化的一个重要因素，气候变化对水资源等产生影响，进而进一步改变了生态环境。森林植被的变化，对气候的变化有明显的影响。据数值模拟试验，如果所有热带森林被去掉，全球大约升温0.3℃，反之，若地球陆地表面增加10%的森林覆盖，全球可能变冷0.2℃—0.4℃。在降水年际变化的影响下，径流量也有明显的年际变化。如渭河流域的径流量与其平均降水量的相关系数为0.92。历年径流量的变化与历年降水量的变化具有明显的一致性。在大多数年份中，渭河流域的平均降水量每增加10%，其径流量即增加18%—30%，反之，平均降水量每减少10%，径流量即减少16%—27%，汉江流域平均降水量每增加10%，其径流量即增加17%—30%，反之，平均降水量每减少10%，径流量即减少20%—30%[①]。

人类活动虽然不能改变气候变化，但会对局部气候变化产生一定的影响，这种影响经常是负面的，其影响程度也是人口对生态环境影响的反

---

① 孙玉峰、闫慧敏、侯运炳：《我国矿区人口系统动态仿真模型的建立》，《煤炭经济研究》2005年第11期，第52—54页。

映。上文讨论的降水量的减少，气温的升高等都与人口总量近 50 年来的增长有关，本课题利用榆林市 1991—2004 年的年最大风速、年平均气温、年降水量等指标数据，从量化分析角度就人口数量对气候的影响进行量化分析。

从年最大风速看，榆林市各区县年最大风速在波动中略有上升，虽然年最大风速的增大并不能直观表现气候条件的变化情况，但是榆林市各区县最大风速的标准差的增大趋势可以从一个侧面反映出局部气候的不良变化。为了各年的可比性，计算标准差系数，标准差系数越大，说明在区域内风速异常变化程度越大，反之越小，具体结果如表 4-12 所示。

从年平均气温看，榆林市各区县年平均气温在波动中逐步上升，同全球气温升高趋势一致，但是从榆林市各区县平均气温的标准差的变化趋势可以反映出局部气候的变化情况。为了各年的可比性，计算标准差系数，标准差系数越大，说明在区域内气温异常变化程度越大，反之越小，具体结果如表 4-12 所示。

从年平均降水量看，榆林市各区县年平均降水量逐渐在波动中下降，同时榆林市各区县平均降水量的标准差的变化趋势可以较好地反映出局部气候的变化情况。为了各年的可比性，计算标准差系数，标准差系数越大，说明在区域内降水量变化程度越大，反之越小，具体数据如表 4-12 所示。

表 4-12　　　　　　　　　　榆林市各区县气候变化情况

年份	全市人口（万）	年最大风速		年平均气温		年平均降水量	
		各区县均值（米/秒）	标准差变异系数	各区县均值（度）	标准差变异系数	各区县均值（毫米）	标准差变异系数
1991	301.48	15.51	0.25451	9.55	0.089689	420.91	0.14928
1992	305.54	15.08	0.203931	9.02	0.096782	423.17	0.178064
1993	309.66	16.06	0.199759	8.58	0.099343	339.28	0.140382
1994	313.94	14.66	0.203791	9.84	0.087885	482.48	0.151412
1995	317.79	14.78	0.192802	9.43	0.092289	436.91	0.305275
1996	320.73	14.76	0.114825	8.84	0.085384	449.16	0.205101
1997	323.91	13.8	0.14783	10.26	0.095101	326.48	0.133652
1998	325.86	15.63	0.14835	10.73	0.07614	412.35	0.168317

续表

年份	全市人口（万）	年最大风速		年平均气温		年平均降水量	
		各区县均值（米/秒）	标准差变异系数	各区县均值（度）	标准差变异系数	各区县均值（毫米）	标准差变异系数
1999	329.82	15.45	0.281663	10.81	0.080316	265.05	0.126583
2000	342.57	15.78	0.198504	9.89	0.077767	293.88	0.212614
2001	344.67	15.13	0.23631	10.33	0.057094	467.03	0.136407
2002	346.49	13.86	0.214289	10.33	0.068749	422.99	0.161142
2003	348.21	15.08	0.247785	9.89	0.067292	469.93	0.222389
2004	349.96	18.18	0.342755	9.96	0.063287	344.58	0.159058

说明：依据《榆林市统计年鉴》（1994—2004）的资料计算。

　　通过相关分析，人口数与年最大风速均值、年平均气温均值和年平均降水量均值之间的简单相关系数为：0.194、0.515 和 -0.110，同时这三个相关系数检验结果都不显著。由于相关系数都非常小（可以视为微弱相关）且不显著，因此无法进行进一步分析。但由于人口总数处于严格增加状态，因此，我们还是能从结果中能初步看到随着人口总数的增加，最大风速和平均气温有增加的趋势，降水量有减少的趋势，人口对气候的不良变化实际上起到了促进作用。

　　分别计算人口数与年最大风速变异系数、年平均气温变异系数和年平均降水量变异系数之间的关系简单相关系数，计算结果为：0.37、-0.879 和 0.037，此时显著性水平比上面用均值计算的有所提高，其中人口数与年平均气温变异系数的简单相关系数是显著的（1% 置信水平）。从结果可以看出，随着人口总数的增加，榆林市内各区县之间风速变化加大，年平均气温差异性减少，年降水量差异性增大。很明显，在局部区域内风速、降水量的差异加大反映了生态环境有不良变化的趋势。此外，年平均气温的升高和趋于一致，也反映出了人口对气温变化的不良影响。

　　（二）人口增加对环境影响的分析

　　榆林市煤、石油、天然气等储藏量丰富，近年来能源化工产业发展非常迅速，全市经济增长速度长期居陕西省第一位，高出陕西省和全国平均速度。因此，榆林市人口增加对环境的影响表现得更为突出。虽然全市环境保护工作取得了一定的成效，努力实现节能、降耗、减污、增效，加强环境污染治理整顿工作。但是，由于人口和经济的发展对环境的压力仍然是巨大的。由于数据资料的限制和大多数资源在短期内没有明显变化，本课题选择榆林市 1991—2004 年工业废水排放量、废气排放量、固体废物产生量和交通与火灾折款四项指标进行进一步定量分析。

工业废水排放量 1991 年为 638×10^4 吨，到 2004 年为 1083.71×10^4 吨，14 年期间处于在波动中增加趋势。工业废气排放量 1991 年为 423700 万标立方米，到 2004 年上升至 4958492 万标立方米，14 年期间除 1992 年比 1991 年略有下降外，其余年份都处于增加状态。工业固体废物产生量 1991 年为 20.17×10^4 吨，到 2004 年为 416.75×10^4 吨，在 1991—1995 年间处于徘徊状态，1995 年工业固体废物产生量急剧上升。交通事故与火灾损失折款额之和 1991 年为 76.91×10^4 元，2004 年上升到 3366×10^4 元，14 年间处于快速上升状态，其中 2004 年上升最快。详细结果由表 4 - 13 给出。

用总人口数分别同人均工业废水排放量、人均废气排放量、人均固体废物产生量、人均交通与火灾折款进行相关分析。除人均废水排放量外，其他 3 个指标的相关分析结果都显著，具体相关系数分别为 0.071、0.886、0.924 和 0.587。由于 2004 年人均交通与火灾折款变化特别大，本课题利用去掉 2004 年数据后进行相关分析，其结果显著，相关系数为 0.981。由于相关系数均为正值，这说明人口增加促进了上述指标的加大，影响了生态环境。从相关分析结果可以看出，人口发展对灾害带来的损失影响最大，其次为工业废气排放和固体废物产生，对工业废水排放量影响较小。

以人口数为自变量（用 X 表示），以人均工业废水排放量（用 y_1 表示）、人均废气排放量（用 y_2 表示）、人均固体废物产生量（用 y_3 表示）和人均交通与火灾折款（用 y_4 表示）分别为因变量进行回归分析。分析结果如下（其中括号内数字表示回归系数 t 检验的显著性）：

$$y_1 = 1.7525 + 0.02X$$
$$(0.569) \quad (0.809)$$

$$y_2 = -59729.2 + 197.542X$$
$$(0.00) \quad (0.00)$$

$$y_3 = -6.994 + 0.023X$$
$$(0.00) \quad (0.00)$$

$$y_4 = -25.571 + 0.083X$$
$$(0.036)\ (0.027)$$

从回归效果看，除了人口与人均工业废水排放量（y_1）分析结果不显著外，其余三个回归结果都是显著的，此结果与相关分析的结论相同。从回归系数看，人口增长对于上述四变量的影响都是正面的，即人口增加促进了上述指标的加大，影响了生态环境的改善。其中人口对人均废气排放量（y_2）的影响程度最大，对人均交通与火灾折款（y_4）影响程度居第2位，对人均固体废物产生量（y_3）影响较弱，对人口与人均工业废水排放量（y_1）影响最小。

表 4 – 13　　　　　　　　　　榆林市部分环境指标

年份	废水排放量 （万吨）	废气排放量 （万标立方米）	固体废物产生量 （万吨）	交通、火灾折款 之和 （万元）
1991	638	423700	20.17	76.91
1992	704	405900	15.77	84.23
1993	552	430600	16.7	86.47
1994	695	561200	21.86	168.2
1995	1198	813900	20.12	225.32
1996	774.92	878600	22.27	308
1997	829	1010800	54.66	312.99
1998	999.22	1792263	203.8	324
1999	727.81	1653616	214.8	445.19
2000	741.94	1800554	295.3	500.6
2001	791.55	2328222	294.15	546.52
2002	729.12	2972544	256.02	564.7
2003	761.83	3152438	308.86	657.9
2004	1083.71	4958492	416.75	3366

资料来源:《榆林市统计年鉴》（1994—2004）。

五、人口与生态环境脆弱性变化的综合评价

我们已经完成了人口增加对生态环境脆弱性变化的压力分析，即人口变动对气候变动的影响、人口增加对环境的影响等方面分析及人口变动对

生态环境脆弱性的影响程度等，还需要进行人口与生态环境脆弱性变化的综合评价。

对人口与生态环境脆弱性变化的综合评价，主要是从人口及其对资源环境的影响后果角度评价榆林市人口与生态环境变化情况。

（一）评价指标体系的建立

美国环境学家保罗·埃利希（Paul Enrich）和约翰·霍德伦（John Holdren）曾用一个简单公式描述了人口与环境的关系，即 $I = PAT$，其中 I 为环境影响程度（Impact），P 为人口数量（Population），A 为富裕程度（Affluence，可以用人均消费水平或生活水平描述），T 为技术水平（Technology）。我国学者童玉芬在研究人口变动对环境影响时对人口与环境关系公式进行了进一步说明[①]。

人口数量变动对环境的影响，首先表现在对人类通过生产方式和生活方式引起的环境后果的倍乘效应。这个倍乘效应可以表述为：在假定人这种抽象的社会动物对环境的影响后果为某个量时，人口数量的作用表现为对这种抽象的人的作用的倍增（当人口数量增大时）或者倍减（当人口数量减少时）。这个作用可以借用著名的人口环境关系公式加以很好地说明：$I = PAT$。其中，I 是环境的影响后果，P 是人口规模，A 是人均产出或者人均消费水平，T 是单位产出或者消费产生的环境破坏，相当于技术水平。我们看到，A 和 T 实际上代表了人们的行为方式，而 P 就是人口规模。这个公式可以说明，在同样的消费水平和行为方式下，例如 A 和 T 不变，人口数量 P 越多，对环境的总的作用强度越大，因此，人口规模增加对资源环境所起的作用，就如一个放大器，随着人口规模增加，将环境影响后果成倍地扩大了。其次，人口数量通过刺激人类活动方式来间接地影响环境。即人口数量的变化，可以刺激和影响人均产出水平 A 和技术 T，然后综合地作用于环境。可见，人口变动对环境的影响后果，通过两个途径起作用，一个是人口的倍乘作用，另一个是称为人口行为影响的激发作用。

本课题对人口与生态环境脆弱性变化的综合评价是依据人口与环境关系公式进行的。通过对上述人口与生态环境关系的分析，本课题选取：人

---

① 樊军、胡波：《黄土高原果业发展对区域环境的影响与对策》，《中国农学通报》2005，21（11），第355—359页。

口总数、人均 GDP、人均最终消费、单位产值废水排放量、单位产值废气排放量和单位产值固体废物产生量 6 大指标为评价指标体系。对 P（人口规模）用人口总数指标描述，对 A（人均产出或消费）用人均 GDP 和人均最终消费两个指标描述；人均 GDP 表示人均产出量水平，人均最终消费表示人均消费水平，本课题用包含居民消费和政府消费的最终消费表示的人均情况来表示。对 T（单位产出对环境的压力）用单位产值废水排放量、单位产值废气排放量和单位产值固体废物产生量三个指标来描述，这里产值指标用工业总产值和农业总产值之和来表示，每单位产值的废水排放量、废气排放量和固体废物产生量越多，表示产出对环境的破坏越大①。

（二）综合评价方法的选择

综合评价人口变动对生态环境脆弱性的影响主要是评价人口的倍乘作用和人口行为影响的激发作用随时间的变化而发生的变动。这种评价方法主要是用于对一个地区的纵向比较分析，对多个地区的横向比较可以通过其趋势进行分析②。

依据评价指标体系采取分层加权评价法进行综合评价。主要步骤包括：对各指标进行标准化处理，即计算各指标发展指数；依据评价指标体系确定不同指标的权重，分别计算各类综合评价指数；最后计算最终综合评价指数。该评价方法的关键是对各指标数据进行统一标准化的无量纲处理（其值称为指标指数）。通常采用两种方法求指数，第一种方法，固定发展指数，其方法为以最初时期的指标值为基期，以相应各期为报告期计算发展指数；第二种方法，环比发展指数，其方法为以前期为基期，后期为报告期计算环比指数。各指标指数的加权平均值即为人口与生态环境脆弱性变化综合评价总指数，该指数越大说明人口对生态环境脆弱性变化的影响越大。

（三）人口与生态环境脆弱性变化综合评价

根据榆林市统计年鉴，本课题整理了榆林市 1991—2004 年数据，详见表 4-14。从各评价指标看，总人口数、人均 GDP、人均最终消费逐年

---

① 苏金明等：《统计软件 SPSS for Windows 实用指南》，电子工业出版社 2000 年版，第 418—454 页。

② 榆林市商务局：《榆林市近 50 年的气候变化对水资源影响的调查》。

增加，它们对生态环境的压力是逐步增加的；单位产值废水排放量指标处于减少趋势，这是由于工农业总产值增长速度远远超过工业废水排放总量的增长速度的原因；单位产值废气排放量和单位产值固体废物产生量指标处于波动状态，这是由于工农业总产值增长速度与工业废气排放总量的增长速度和工业固体废物产生速度比较接近的原因。

表4-14　　　　　　　　榆林市人口与生态环境变化评价指标

年份	总人口数（万）	人均GDP（元）	人均最终消费（元）	单产废水排放（吨/万元）	单产废气排放（标立方米/万元）	单产固废产生（吨/万元）
1991	301.48	648	493	32.033	21273	1.013
1992	305.54	737	520	30.451	17557	0.682
1993	309.66	874	556	18.749	14625	0.567
1994	313.94	1248	729	15.012	12122	0.472
1995	317.79	1335	899	24.443	16606	0.411
1996	320.73	1907	1085	11.837	13421	0.34
1997	323.91	1740	1189	14.075	17161	0.928
1998	325.86	2013	1254	15.504	27809	3.162
1999	329.82	1966	1335	11.13	25288	3.285
2000	342.57	2452	1279	7.349	17834	2.925
2001	344.67	2833	1281	6.611	19446	2.457
2002	346.49	3328	1891	5.048	20581	1.773
2003	348.21	3987	1945	3.952	16353	1.602
2004	349.96	5528	2009	3.878	17744	1.491

资料来源：《榆林市统计年鉴》（1994—2004）。

1. 以固定发展指数为依据的综合评价

在表4-14中以1991年的数值为固定基期，计算各年不同指标的固定发展指数。其中总人口数指数即为人口规模指数；对人均GDP指数和人均最终消费指数进行等权重加权平均，得到人均产出消费综合指数；对单位产值工业废水排放总量指数、单位产值废气排放量指数和单位产值固体废物产生量指数进行等权重加权算术平均，得到单位产出对环境的破坏指数，计算结果见表4-15。从结果可以看出，如果以1991年为参考年，人口变动对生态环境的直接影响相对较小，且比较稳定；人口变动对生态环境的间接影响（人均产出或消费）很大，1992年指数为1.013到2004年增加到6.303；人口对环境的直接破坏的影响最小，1992年指数为

0.816 到 2004 年指数变为 0.809，略有减少。从总评价结果看，自 1991 年以来的 14 年间，生态环境的压力增加了 175.8%，其中最主要为人口变动对生态环境的间接影响增加。

2. 以环比发展指数为依据的综合评价

以前期为基期，后期为报告期，用表 4 – 14 的数据计算各年不同指标的环比发展指数。其中总人口数指数即为人口规模指数；人均产出消费综合指数由人均 GDP 指数和人均最终消费指数进行等权重加权平均得到；单位产出对环境的破坏指数由单位产值工业废水排放总量指数、单位产值废气排放量指数和单位产值固体废物产生量指数进行等权重加权算术平均得到，计算结果见表 4 – 12。从年发展看，根据评价结果，人口变动对生态环境的间接影响（人均产出或消费）最大，1992—2004 年年平均指数为 1.156，且每年变化不大；人口变动对生态环境的直接影响最小，1992—2004 年年平均指数为 1.012，同时指标最稳定；人口对环境的直接破坏变化影响居中，1992—2004 年年平均指数为 1.033，同时指数极不稳定，1998 年变化较为异常。从总结果看，自 1991 年以来的 14 年间，生态环境的压力平均每年增加了 1.067%。

表 4 – 15　　　　　　榆林市人口与生态环境变化综合评价指数

年份	以固定发展指数为依据				以环比发展指数为依据			
	人口规模	产出消费	环境破坏	综合指数	人口规模	产出消费	环境破坏	综合指数
1991								
1992	1.013	1.096	0.816	0.975	1.013	1.096	0.816	0.975
1993	1.027	1.238	0.611	0.959	1.014	1.128	0.760	0.967
1994	1.041	1.702	0.501	1.081	1.014	1.37	0.82	1.068
1995	1.054	1.942	0.645	1.215	1.012	1.151	1.29	1.151
1996	1.064	2.571	0.445	1.360	1.009	1.318	0.707	1.011
1997	1.074	2.548	0.721	1.448	1.01	1.004	1.732	1.249
1998	1.081	2.825	1.638	1.848	1.006	1.106	2.043	1.385
1999	1.094	2.871	1.593	1.853	1.012	1.021	0.889	0.974
2000	1.136	3.189	1.318	1.881	1.039	1.103	0.752	0.964
2001	1.143	3.485	1.182	1.937	1.006	1.078	0.943	1.009
2002	1.149	4.486	0.958	2.198	1.005	1.325	0.848	1.06
2003	1.155	5.049	0.825	2.343	1.005	1.113	0.827	0.982
2004	1.161	6.303	0.809	2.758	1.005	1.21	0.999	1.071
年均					1.012	1.156	1.033	1.067

第四节 农村人口空壳现象的
生态与经济效应分析

陕北黄土丘陵沟壑区是我国生态脆弱区，长期以来生态环境恶劣、经济发展落后，生态建设与区域经济发展难以协调，严重影响着区域的可持续发展。我们以陕西省子洲县三川口镇为例，对农村人口空壳现象进行研究，判断人口因素与生态经济的关系。

子洲县三川口镇位于陕北黄土高原丘陵沟壑区，是国家重点保护的生态脆弱区。居住于此地的农村人口为了改善自己的生存环境和生活水平，开始大量向周围城镇迁移，进而导致了农村人口空壳现象的出现。虽然在20世纪末，国家在该区启动了退耕还林（草）工程，取得了一定的生态效益，但是当地农民的经济收入及生活水平仍没有多大的改善。近年来不少专家和学者对于生态与经济协调发展研究已经做了不少工作，但是这些研究忽略了农村人口迁移以及农村人口空壳现象对生态与经济建设的影响。我们针对子洲县三川口镇楼坪村的实际调查情况，从农村人口空壳现象的角度出发，分析陕北黄土丘陵沟壑区的农村生态与经济互动发展模式，这对于实现陕北黄土丘陵沟壑区的农村生态与经济的协调发展有一定的意义。

一、农村人口空壳现象

（一）农村人口空壳的定义

农村人口空壳就是指在农村地区，大量的农村人口实际户籍登记在出生地——农村，但是家庭主要劳动力甚至整个家庭成员都迁移至周围城镇或更远的地区并且生活居住一年以上，对户籍所在地的生产活动及经济再生产产生严重影响的现象。这些家庭在农村依旧有承包土地及一定的不动产——如房屋等，在未来很有可能会返回户籍所在地——农村，继续进行传统农业生产活动，在农村度完余生。本书中所涉及的人口空壳现象均指农村人口空壳现象。

（二）农村人口空壳的标准

人口迁移流动会造成人口空壳现象，但并不是说只要有人口迁移流动就会出现人口空壳现象，只有当人口迁移流动量达到一定程度、对农村的生态环境、生产活动及经济再生产产生严重影响时出现的现象才能被称为人口空壳现象。

根据农村人口空壳的定义，可将农村常年在家人口占总人口的比重值（a）作为划分标准依据，并以常年外出家庭占总家庭比重值（b）作为参考。

70%≤a<100%或b<20%——非人口空壳现象

40%≤a<70%或b>20%——准人口空壳现象

10%≤a<40%或b>40%——人口空壳现象（或称"半空壳村"现象）

0%≤a<10%或b>80%——严重人口空壳现象（或称"空壳村"现象）

（三）农村人口空壳的原因

农村人口空壳现象是由农村人口的过度迁移流动造成的，所以说农村人口迁移流动的原因就是农村人口空壳现象出现的原因。农村人口迁移的影响因素除了城乡收入差异的地区发展不平衡等宏观因素外，还包括个人特征、家庭特征、输出地和输入地特征，迁移成本以及制度因素等许多经济和非经济因素。陕北黄土丘陵沟壑区的人口迁移流动的主要原因：

首先，迁出地自然环境严酷、交通和通信条件差、社会经济水平低，尤其是生活环境及当地的教育条件差，直接导致农村人口向外迁移。几乎所有向周围城镇迁移的家庭都是为了让孩子受到更好的教育及自己能够享受到更好的生活环境。

其次，个人年龄、性别及婚姻状况直接影响农村人口迁移。年龄较小者（18—35 岁）更倾向于外出打工、男性比女性倾向于外出打工、另外未婚者更倾向于外出打工，这是因为在农村经济收入结构单一，家庭经济水平低，一般一年的收入仅够维持生活开支，而在农村盖房、结婚又是一笔很大的开支。

最后，家庭特征的影响，如家庭劳动力数量、人均所拥有土地、家庭中的未成年孩子，以及户主所在的大家庭特征都会影响农村人口迁移。在大家庭中一般尽量留有一个小家庭来照顾年老的父母，但是现在多数家庭为了让子女受到更好的教育，已无暇顾及父母的养老。

二、研究区概况

(一) 自然概况

子洲县位于陕西省北部，榆林地区南缘，地处陕北黄土高原腹地，是典型的黄土高原丘陵沟壑地貌，地势西高东低，地形地貌复杂，坡陡山高，全区海拔863—1405米，水土流失严重。本区地跨中温带与暖温带之间的亚干旱区，属于大陆性季风气候，四季分明，日照充足，光能丰富，年平均气温9.1℃，平均无霜期145天，年平均降水量428.1毫米，且降水量多集中于8月份，变率大、旱涝灾害频繁，全年日照时数平均为2613.1小时①。2006年全县林地面积达2.1×10^4公顷，其中有林地1.4×10^4公顷、灌木林地0.55×10^4公顷、农田经济林面积1.6×10^4公顷、疏林地0.02×10^4公顷，森林覆盖率为10.3%。耕地面积4.6×10^4公顷，人均耕地2.62亩，远高于全国1.19亩。全县总面积2042平方公里，辖10镇8乡550个行政村9个居民委员会。

三川口镇总面积为8平方公里，辖45个行政村，6454户，25634人，有耕地面积4715公顷、林地面积200公顷、草地面积107公顷。全镇主要道路黑色化，乡村道路硬化，且有绕山硬化公路通往榆林市。

楼坪村位于三川口中部，距县城30公里，全村有260户（户籍登记），共1043人，耕地177公顷，于2002年在村中个别区域开始实施退耕还林政策，现有规划林49公顷，草地47公顷，且于2007年开始实施饮水工程，目前正式全面实施，使大部分农户能够饮用自来水（见图4-7）。

(二) 社会经济概况

2007年全县总人口为31万人，农业人口占95%（户籍统计）。2006年子洲县GDP为6.5×10^8元，财政收入0.48×10^8元，农民人均纯收入1854元/年。交通条件落后，县境内现有307国道通过、无高速及铁路通过，局部县乡公路等级化、黑色化，基本实现乡乡公路黑色化，乡村公路沙石化。未来国家建成的青岛—银川高速公路、太原—中卫铁路及神延铁

---

① 张庆安、李崇霄：《陇中黄土高原生态环境建设与农业可持续发展问题探讨》，蒋文兰：《甘肃黄土高原生态环境建设与农业可持续发展战略研究》，甘肃科学技术出版社2002年版，第187—198页。

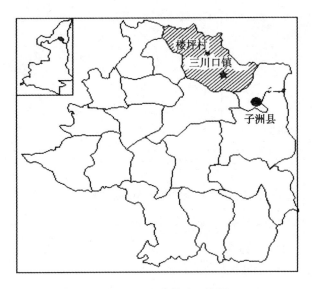

图 4 - 7　三川口镇地理位置

路复线将通过子洲。

　　根据调查，楼坪村每户村民家庭仅有电视机、电话和自行车，个别经济状况好的家庭有洗衣机、手机和摩托车，而常年在外打工的家庭的生活用具比较多，几乎每家都有电视机、摩托车、洗衣机、电饭锅和手机等，个别经济条件好的还有电冰箱。但是无论是在农村居住的村民还是已迁移出去的人口都没有多少业余文化活动，村民在冬季农闲时间仅是看看电视、打打牌，文化活动较为贫乏，而在外打工者由于工作时间的关系，一般也没有业余时间，更谈不上业余文化活动。总之，整个调查区域的生活环境及生活水平都还待提高。

　　家庭收入状况分析。据调查，位于陕北黄土丘陵沟壑区的子洲县三川口镇楼坪村 2007 年人均收入是 3650 元，人均净收入 1394 元。主要由以下几部分组成：粮食作物，主要是洋芋、谷子；经济作物，主要是豆类、黄芪、向日葵和玉米等；林果收入，主要是指枣、杏、苹果等；牲畜收入主要指猪、羊和牛等，以及外出打工经商收入，个别农户有国家低保收入或造林补助收入，各种收入及比例见图 4 - 8。

　　如图 4 - 8 所示，2007 年楼坪村农户的总收入是 1.43×10^6 元。农闲务工家庭的总收入是 0.34×10^6 元，其主要来源有：打工收入占总收入的 78%，然后是粮食作物和经济作物两项收入占总收入的 16%，最后是畜

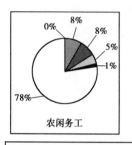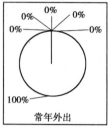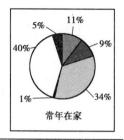

■粮食收入 ■经济作物收入 □畜禽收入 ■林果收入 □打工或经商收入 ■国家救济及其他

图 4 - 8   2007 年楼坪村农民家庭收入构成比例图

禽收入和林果收入占到总收入的 6%。

常年外出打工家庭的总收入是 0.9×10^6 元，其主要来源是打工或经商，占到总收入的 100%。

常年在家务农家庭的总收入是 0.19×10^6 元，其主要来源有：经商收入占总收入的 40%，畜禽收入占 34%，然后才是粮食作物和经济作物两项收入仅占 20%，另外还有 5% 是国家救济收入等。

综上所述，无论在哪种收入结构中，比例最高的均是打工或经商收入，平均占到总收入的 87%。其次是禽畜收入，占到 6%，接下来才是经济作物和粮食作物收入，占到总收入的 6%，至于林果及国家补助等收入极少，仅占到 1%。这说明，现在打工或经商收入已成为农户家庭的主要收入来源。而农业收入（即粮食作物和经济作物收入）所占比例很小，即使是常年在家或农闲务工家庭的农业收入也是极其少的，甚至有的家庭仅能提供日常生活的食物来源。个别家庭通过喂养羊、牛、猪等以及种植林果等经济林增加家庭部分收入。

另外，一般常年外出打工家庭的人均年收入是 5813 元，农闲务工家庭的人均年收入是 2793 元，而常年在家务农家庭的人均年收入是 2325 元。由此看来，常年外出打工家庭的年收入是最高的，而常年在家务农家庭的年收入是最低的，还不到外出打工家庭年收入的一半。但也有特殊情况，如有在家搞养殖业（养猪）的或者经商做生意的家庭年收入也是很高的，在调查中就有两养猪农户和两经商做生意农户，家庭年总净收入达到了 2 万元。

家庭支出状况分析。近年来农民的年收入在逐渐增加，在城镇打工的农民工工资也由几年前的 20—30 元/天涨到了现在的 40—50 元/天，农产品价格也在逐渐上涨，但是同时各种物价也在急剧上涨，因而农民的收入大部分都是用在家庭的生活消费中。据调查，现在农民的支出主要由以下几部分组成：食物支出、穿衣支出、住房支出、教育支出、医疗支出、行礼支出和化肥等其他支出七部分组成，各种支出及比例如图 4 - 9 所示。

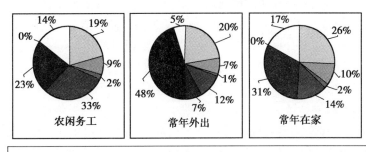

图 4 - 9　2007 年楼坪村农民家庭支出构成比例图

如图 4 - 9 所示，在所调查的家庭中，总支出为 0.94×10⁶ 元，人均支出为 2612 元。农闲务工家庭的总支出是 0.17×10⁶ 元，人均支出 1376 元，其中教育支出占最大比例，占总支出的 33%，行礼支出占总支出的 23%，然后是食物支出，占总支出的 19%，住房支出为 0。

常年外出打工家庭的总支出是 0.67×10⁶ 元，人均支出 4303 元，其中住房支出占很大比例，约为总支出的 47.69%，而食物支出占到总支出的 20.34%，在总支出中仅食物与住房支出就占到 68%。

常年在家家庭的总支出是 0.1×10⁶ 元，人均支出 1218 元，其中行礼支出占很大比例，约占总支出的 31%，食物支出占总支出的 26%，化肥等其他支出占总支出的 17%，接下来是教育支出，占总支出的 14%，住房支出最少，为 0。

综上所述，在各类家庭支出中，食物支出和穿衣支出所占比例比较均匀，平均是 21% 和 8%，接下来是教育支出，平均所占比例为 16%，其中上大学的费用远远高于初高中及小学费用，最少的是医疗支出。在现在的农村，行礼也是一项很大的支出，一般每次都在 100 元左右。

（三）生态建设现状

根据调查，在农村，无论是已经迁移出去的农民工或者居住在本村的农民，对于生态建设的认识微乎其微，有64%的农户没有听过生态建设，有34%的农户虽然听过生态建设，但也是不关心的态度，只有2%的农户认为生态建设很好。经过进一步的了解，大部分听过生态建设的农民，也仅仅是限于对退耕还林（草）的认识，并不能够真正认识生态建设的重大社会及经济意义。

总之，一直居住在当地的村民只是对植树造林有表面的认识，至于植树造林有什么重大社会、经济、生态意义也是模糊不清。当问到植树造林是否很好时，大部分村民认为"不错"，但是经过具体了解，原来不错的原因是："最近几年庄稼收成不好，如果植树造林了，国家还能给点补助。"村民关心的是国家的造林补助能发到什么时候，至于树能否成活、将来有多大经济效益，村民是不太关心的。有不少参与退耕还林的村民甚至说："等到国家不发补助了，那就把树砍了当柴烧也不错，然后继续种地，虽然收成不好，但是能收多少就收多少吧。"而常年在外的农民工，虽然对生态建设有一定的认识，但也是不关心的态度，因为植树造林对他们目前的经济生活及生存环境没有多大的影响。

（四）农村人口空壳现象

农村人口的转移主要表现为劳动力的转移，再附带非劳动力的转移。根据调查，本村常年外出打工者均为青壮年，有未婚就出去打工然后在外结婚，即使有已婚者外出打工的，也是逐渐带着子女及配偶一起出去安家，在这里农村留守儿童几乎没有，在被调查的100户农家中，仅有2户家庭的孩子是不跟随父母一起的，没有留守儿童这种现象的存在是因为外出打工者当初选择外出的原因之一就是为了使子女受到更好的教育，毕竟农村的师资及教育设施是没法跟城市比的。

据调查，楼坪村共有260户，常年在家居住的仅有120户左右（统计数据），但是通过实地随机抽样调查发现，所调查家庭中共有357人，但常年在家仅有128人，常年在家人数所占比重为38.85%。农村人口流动规模（常住农户、农闲务工农户和常年在外打工农户的比例）如图4-10所示。

如图4-10所示，在被调查的100户农民家庭中，其中就有43%的家庭迁移出去后常年在外打工，仅在过春节的时候才回家看望父母，有的甚至几年才回一次；有33%的家庭是农闲务工，且一般情况下农闲务工者的家里大部分时间仅有妇女及老人在家；仅有24%的家庭常年居住在家，但是滞留在农村的劳动力大都以大年龄、较低文化或者身心健康不佳

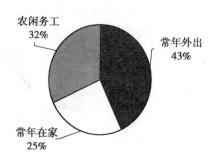

图 4 – 10 农村人口流动规模图

的人口为主。根据农村人口空壳的标准，楼坪村农村人口迁移流动已形成了农村人口空壳现象。

根据调查，常年在家务农家庭的户主平均年龄为 55 岁，农闲务工家庭的户主平均年龄为 49 岁，而常年外出打工家庭的户主平均年龄为 38 岁。一般情况下，户主年龄在 40 岁以下的家庭大都迁移出去了。常年居住在家的户主一般都是 50 岁以上，且儿女大都在外上学或打工，家里仅有老夫老妻生活。另外，常年外出打工者的平均迁移年数为 8.67 年，最长时间是 25 年，最短时间是 3 年，这就说明一般都是在 20—35 岁前后外迁的。

另外，常年外出打工者的实际文化程度一般比在家的文化程度高，综合素质也要高，生存技能掌握较多且熟练，才能够保证迁移到城镇以后可以继续生活下去，而常年居住在家者一般文化程度低，生存技能少，常年在家有个别文化程度高、综合素质强的村民大都从事经济活动或养殖业等等。楼坪村家庭户主文化程度见表 4 – 16。

表 4 – 16 农村家庭户主文化程度表

文化程度 类型	总人数	文盲	小学	初中	高中
常年外出	43	1	20	19	3
农闲务工	32	2	20	8	2
常年在家	25	6	8	10	1

三、农村人口空壳的主要影响

对于人口迁移流动所产生的对社会、经济和生态环境的影响，总结起来，无非以下几种：对迁出地的社会经济产生不利影响；给迁入地造成多种严重的社会问题及资源短缺和环境污染；有利于迁出地的生态环境恢复和保护；改善了劳动力的利用状况，提高了资源配置效率，对农村经济乃至整个国民经济的发展都产生了巨大的促进作用[①]；同时还可能提高迁移人口的综合文化素质。本书通过在陕北地区的实地考察调研，进一步分析了农村人口迁移及农村人口空壳现象对迁出地生态、经济和社会的主要影响。

（一）生态建设实施不到位

2002 年陕西省退耕还林（草）工程全面启动，楼坪村于 2002 年也有局部地区参与了退耕还林，但是由于村民对生态建设的不关心以及大量青壮年农村劳动力的向外迁移，导致该区生态建设效果不佳，林木成活率低、经济效益极小，严重影响了生态建设及经济的持续发展。

首先，意识上不关心生态建设。一方面，大量的农村劳动力向外迁移，且迁移出去的劳动力多是年轻的、较高文化程度和有较好生存技能的，而滞留在农村的劳动力以大年龄、较低文化程度或者身心健康状态不佳的人口为主。所以导致滞留在当地的村民对生态建设的认识不深，不能积极主动地参与生态建设，且由于自身整体素质的限制，对于生态建设的实施技术还不能很好地掌握。另一方面，迁移出去的人口由于不在当地居住，只关心务工的报酬和孩子的上学问题以及如何提高自己的经济收入、过上舒适的生活等，对户口所在地的各种政策、生态环境建设以及经济的发展置之度外，严重影响了农村的生态建设。

其次，实际主动参与的积极性极低。由于滞留在农村的特殊人口年龄、文化结构的限制，导致生态建设不能有效顺利地进行，而且有个别家庭虽然参与了退耕还林，但是后来迁移出去就不再关心林木能否成活，村委会也由于人情等不再督察。所以在很大程度上，陕北黄土丘陵沟壑区的农村人口迁移有时会阻碍生态建设的有利发展。

综上所述，农村人口迁移不利于生态建设的实施，甚至会阻碍生态建设，但是同时农村人口迁移对迁出地生态环境的自然恢复起到了一定的促进作用。一方面，在陕北黄土丘陵沟壑地区特定的地形、气候条件下，由于降水集中，冬春季风力大，地表植被稀少，一旦地表受到破坏，很难在

---

① 甘肃省土地管理局：《甘肃土地资源》，甘肃科学技术出版社 2000 年版。

短时间内恢复到原来状态。另一方面，滞留在农村的劳动力依旧在从事传统的农业生产活动，对自然生态环境进行着强烈影响，只有当区域内农村人口向外迁移达到一定程度导致出现"空壳"村现象时，才有利于生态环境的自然恢复。农村人口迁移和农村人口空壳并不能绝对地有利于生态环境自然恢复，农村人口空壳对生态环境的影响如图 4－11 所示。

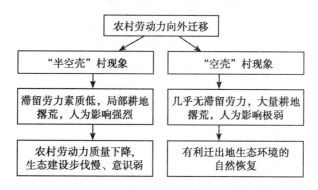

图 4－11　农村人口空壳对迁出地生态的影响

（二）加重农村贫困

　　人口迁移能消除农村贫困，但在某种情况下，也会加剧农村贫困。据调查，迁移出去的家庭仅有 2 户寄钱回家，那是因为家中有儿女在户口所在地上学，不寄钱回家的家庭占迁移出去家庭的 95.3%，根据上述结论，毫无疑问，楼坪村农村劳动力的大量迁移加重了当地农村贫困。事实上，由于农村劳动力的大量迁移，且迁移出去的都是青壮年及文化素质高、生存技能多的劳动力，而滞留在当地的多是高龄、低素质或身心不健康的劳动力，使得农村劳动力结构发生了极大的变化，劳动力质量急速下降，减弱了当地农业生产能力，从而恶化了农村贫困。同时农村劳动力外出务工获得的报酬并没有投资到农村的基础建设中，只是用来满足自己家庭的物质需求及经济生活等，这就进一步加重了农村贫困（如图 4－12 所示）。

　　综上所述，农村人口迁移及空壳现象虽然减轻了当地生态环境等的人口压力以及务工者自身生活水平的提高，但是由于务工者所得报酬既没有用于当地经济的持续发展，也没有投入到农业及生态建设中进行再生产，而仅仅局限于自己家庭的消费，这就严重阻碍了农村生态建设与经济的协调和可持续发展。

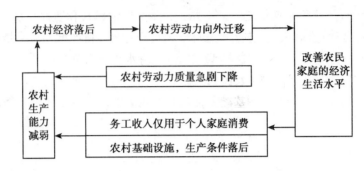

图 4 - 12　农村人口空壳对经济的影响

（三）孩子教育及人口回流等可持续发展问题

　　农村人口迁移及农村人口空壳现象究竟对社会、经济及生态的影响如何，这是一个非常值得关注的问题，就目前来说，随着全国城市化进程的加快，农村人口迁移幅度的不断快速提高，农村人口空壳现象也在大范围的农村地区出现，随之也会产生一系列的社会经济问题，迁移出去的劳动力在城镇的住房如何解决、孩子的教育问题怎么办、户口管理也需要相应的措施，还有整个社会保障也应随之变化，尤其是针对农民工的利益及生活稳定的制度保障急需出台。另外还需特别值得注意的是：农村迁移人口的回流问题。

四、生态与经济互动发展模式及建议

　　虽然近年来，陕北黄土丘陵沟壑区的生态建设取得了一定的进展和成果，政府给予一定的生态补偿，但是，生态补偿只能满足当地农民的基本生活，解决温饱问题，根本没办法满足农民更高的生活需求及精神享受。一旦群众手中没钱、心中发慌的时候，很有且极有可能会继续"开荒耕种"和"退林还耕"。实践表明，这样的生态建设注定是不能持续发展的，那么如何在保证当地经济持续发展的前提条件下进行生态重建已经成为陕北黄土丘陵沟壑区需要面对的首要问题。

　　首先，农业在西部大开发中仍要重视，而粮食生产是沟壑区农业发展的重点和难点。陕北黄土丘陵沟壑区长期以来水土流失严重、土壤养分损失大，针对这种情况，在陕北黄土丘陵沟壑区，为了保证粮食安全发展，农业就必须以生态建设为基础，通过兴修淤地坝和水平梯田为主的农田基本建设，引进抗旱、高产和稳产的农作物品种，采取集水保水的工程和作物栽培技术，同时加强农业基础设施建设（引进现代化生产设备）。针对农村人口空壳现象机遇进行适度规模生产提高粮食亩产量，而不是通过广种薄产来提高粮食产量。这样不仅可以保持水土、改善生态环境，保证粮食安全，而且还可以增加农民收入。

其次，在生态建设的基础上，大力发展适度规模养殖业也是增加农民收入的良策之一。目前，在西部大开发的主流下，生态建设在陕北黄土丘陵沟壑区的区域经济发展中显得尤为重要，而生态建设必须与经济发展协调一致。利用生态建设中植树种草的生态产品及农业生产中的饲料粮等产品，引进和培育种羊、种猪及种牛等，合理发展适度规模养殖业，建立养殖场，同时对农林畜产品进行适当的后续加工，建立加工厂等发展当地经济，最终通过农林畜的综合发展来解决黄土丘陵沟壑区的生态建设与经济发展问题，使本区真正走上可持续发展之路。

最后，为了促进生态建设中政府投资项目与当地农户之间的利益驱动，有必要实施"生态购买"政策。目前，我国生态建设的致命点是生态建设成果（生态产品）难以形成、巩固和转化利用，即仅能保证过程，不能保证结果，这是由于政府投资的项目和工程与当地农户缺乏利益驱动关系。通过"生态购买"农民可以从中直接获取利益、增加收入，同时由于生态产品管理落户到家，促进了生态产品的巩固和转化利用，实现国家要"被子"与农民要"票子"的双赢效益，从而使生态建设走上持续发展道路。

通过对三川口镇典型村（楼坪村）的实地调查，根据子洲县三川口镇原有经济生态基础，针对农村人口迁移和农村人口空壳现象，提出三川口镇生态建设与经济发展互动模式——生态建设工程与农林种植养殖业的适度规模经营管理模式。该模式强调在该区域实施生态建设工程（淤地坝和梯田建设），以保持水土、改善生态环境，增加稳产高产农业用地、保证粮食安全；加强农林养殖业的适度规模经营管理以提高产业生产效率、增加农民收入；同时利用生态建设产品、农业产品等发展养殖业、适当发展农畜产品的特色后续加工产业，最终实现生态建设与经济互动、协调、持续的发展模式（如图 4-13 所示）。

（一）加强淤地坝和梯田建设

淤地坝和梯田作为黄土高原水土保持建设的重点和水土流失治理的关键措施，不仅能拦泥保土、减少入黄泥沙，还可以淤地造田、提高粮食产

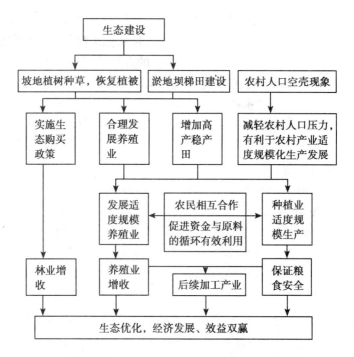

图 4-13 三川口镇生态与经济互动发展模式

量、保障粮食安全，同时促进水资源利用，解决农民生活生产用水，增加农民收入，发展农村经济，解决"三农"问题等。因此，在陕北黄土丘陵沟壑区实施淤地坝和梯田建设显得尤为重要。

首先，在淤地坝建设中，注重以科技支撑为先导，与科研单位相结合，做好科技支撑工作，特别是在坝系稳定理论、生态型淤地坝建设、淤地坝安全监测等方面确保淤地坝的建设质量安全。结合三川口镇岔巴沟流域水系的实际情况，请相关专家进行实地勘测考察、严把质量关，加强淤地坝工程建设的科学研究，通过合理完整的坝系规划设计，使整个坝系从防洪、拦泥和生产坝三方面合理布设、明确分工，最终充分发挥坝系的群体功能。同样，在梯田建设中，也要以科学指导为依据，合理规划和适度发展梯田，保证生态与经济效益的协调。

其次，无论是在淤地坝建设还是在梯田建设中，都要以群众自力更生为主，国家给予适当的资金和技术扶持。淤地坝和梯田建设需要的投资和投工量相当大，可实行民办公助的办法，国家地方共同集资，补助材料费。在坝系规划建设中，建议分类排队，依据难易程度，逐年整修配套，工程量小，效益高的坝优先修建。对于坝系规划合理、效益大、成果显著的骨干性工程，国家给予一定的补助，以保证重点工程的一次性完成；中型坝的建设，可采用集中使用劳动积累工的办法完成；小型淤地坝的整修、加固、配套主要利用农田基建劳动积累工完成。

（二）发展适度规模养殖业

目前，中国乡村发展主要存在三大矛盾。一是"小"与"大"的矛盾。"小"就是生产规模小，没有规模经济效益；"大"就是市场风险大，不利于形成农民良好的生产预期。而农村劳动力的大量向外迁移，不仅为农村生态环境的自然恢复提供了机会，减轻了当地的人口压力，同时还为农村产业的规模化经营管理提供了基础条件，有利于农村产业适度规模经营管理的实施。发展适度规模养殖（如图 4 - 14 所示），应重点从以下几个方面着手：

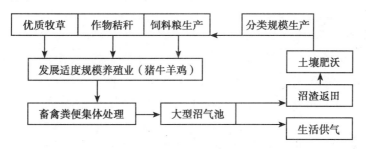

图 4 - 14　发展适度规模养殖业的良性循环模式

首先，要把握好养殖的规模，实行"人畜分居"，走"一村一品"之路。一方面，每个养殖户根据市场需求和可获得的自然资源（养殖户可获得的饲草、劳力、技术、资金）来选择养什么品种，养多少为宜。即要根据各自条件、实力选择养畜品种，确定养殖数量，不能脱离实际，盲目效仿。另一方面，通过实行"人畜分居"建立专门的养殖场所，进行集约化生产，促进规模养殖的快速发展，有利于技术指导和服务的同时还有利于畜禽粪便的转化利用，如建设大型沼气池集中供气就比一家一户的小沼气好得多。走"一村一品"之路，是以户为单元，以村为载体，在某一特定区域内，围绕市场需求和农民增收，发挥资源和人才优势，结合各村实际情况，适度发展建立养鸡、羊、牛、猪等特色养殖场。

其次，注重配套发展其他产业。养殖业是前连种植业、后带加工业的产业，在黄土丘陵沟壑区的沟坡地因地制宜种植优质牧草，利用淤地坝梯田建设增加的农地发展规模饲料粮生产，利用种植业产出的粮食、饲料、秸秆发展养殖业。同时大量的畜禽粪便通过处理后回放到农地使土地肥沃，生产出更多的粮食、饲料和秸秆，实现"粮多—畜多—肥多"的良性循环。其中种植优质的，特别是多年生牧草（如苜蓿等），不但能减轻劳动强度，而且可以保持水土、防风固沙。

最后，加强畜禽品种改良工作，切实强化动物疫病防控。一方面，要加大良种推广力度，扩大良种覆盖面，坚持引进和培育相结合，加强良种繁育体系建设。增加奶牛肉牛、短尾寒羊和杂交商品猪数量的同时还要加强畜禽良种质量监测和品种资源保护。另一方面，建立养殖场使畜禽密度加大，畜禽疫病极易扩散，因此必须加强动物疫病控制，强化动物防疫监督，严格疫情监测和报告制度，加强动物防疫屏障和兽医站建设等，争取将猪（羊）、禽和大牲畜病死率分别控制在标准3%、8%、0.5%以下。

（三）加大政府支持力度

中国农村发展存在的主要问题之一就是市场风险大，无论是从事哪种产业（种植业、养殖业、加工业）生产，均不利于形成农民良好的生产预期。在农村经济发展中，国家政策和制度是农村经济可持续发展强有力的保证，为了保证农民进行社会生产的积极性，必须加大政府的支持力度：

首先，通过政府投资和地方财政集资加强农村基础设施建设。农村基础设施建设是发展农村经济和促进生态建设顺利进行的保障，通过国家投资和地方财政集资来搞好农村交通、通信条件，教育设施，医疗设施及文化娱乐设施等，增加社会公共设施，提高公共服务质量。随着农村水电、交通、通信、医疗、教育环境的优化发展，吸引部分外走他乡的农民返回农村进行地方生态、经济建设，发展农村特色产业，促进农村经济的可持续发展，加快新农村建设步伐。

其次，通过政府的资金和技术投资来加强科技知识投入，发展农村规模产业。政府部门组织专门的培训小组，在农民中大力普及农村劳动力技能培训，提高农民的科技素质和经营管理素质，努力提高农民对新技术的吸收和运用能力。通过政府技术和资金投资，农民经营的方式建立农产品加工厂、养殖场及特色石头工艺品加工等，以此实现农村经济的可持续发展。

最后，建立完善的制度保障体系。政府提供市场信息，农民分类规模经营，有养猪、养羊、养奶牛、养牛、养鸡小组或大户，另外还有专门的种植业小组和运输组等，在各小组之间建立相互合作监督机制，由政府及农民自主组织部门共同进行监督管理，防止农民之间的不良竞争，争取搞活农畜产品流通，实现农畜产品产供销一体化。

（四）实施生态购买保证农民积极参与生态建设

在西部发展中，应建立经济发展与生态重建互动发展模式，通过实行"生态购买"的利益驱动机制，通过实施生态购买工程"以土地换环境"，使生态环境自然恢复，实现生态系统的良性循环，通过生态购买和生态补偿机制的结合，实现两者优势互补、相互促进，走生态经济化和经济生态化道路，通过生态建设致富，最终实现生态建设与经济发展"双赢"的良性互动发展。

实践表明，在陕北黄土丘陵沟壑区要解决国家要"被子"与农民要"票子"的问题，就要将生态建设视如经济活动，以市场经济体制来刺激农民对生态建设的拥护，提高农民参与生态建设的积极性和爱护生态工程的自觉意识，最大限度地把国家利益和农民需求统一起来，建立起生态建设长效机制，进而实现生态建设与经济发展的互动的协调。而"生态购买"的市场激励机制就是国家出钱购买生态的存在权，但是农民却拥有生态使用权和生态私有权，农民可以在不破坏生态的前提下利用生态产品——树叶、果实、饲料草等进行养殖业的生产发展，从而增加农民家庭的经济收入、提高农民的生活水平和改善农村地区的生活环境，这样既能保证生态环境的良性发展，也能促进当地农民的经济收入，从而实现生态建设与经济发展的良性互动。

五、结论

（1）生态环境保护和治理建设是西部大开发要解决的重大问题。陕北黄土丘陵沟壑区是我国以及世界上水土流失严重区，其生态环境恶劣，经济发展落后。尽管近年来在大力实施生态建设退耕还林（草）等，但是生态建设与区域经济发展一直存在着冲突、二者长期难以协调。因此在生态建设中应该树立互动发展观，选择生态与经济良性互动"双赢"的发展战略与途径，达到一箭双雕，即生态脆弱环境的良性循环与农民的生态致富，最终实现生态建设与经济发展的良性互动。

（2）针对陕北黄土丘陵沟壑区的生态环境及经济基础，以及近年来大量农村劳动力迁移造成的农村人口空壳现象，本书提出了三川口镇生态建设与经济发展的良性互动模式，即生态建设工程与农林养殖业的适度规模经营管理模式。利用农村劳动力大量向外迁移的机遇，结合生态建设工程以保持水土和改善生态环境，通过农林养殖业的分类规模经营管理和合理发展后续加工产业以增加农民收入，最终实现生态建设与经济的协调持续发展。

（3）经济的发展要以尊重自然环境为前提，而生态建设同样要以经济的发展为基础，所以生态建设必须与经济发展结合起来。

第五章 生态与经济互动共赢关系分析

陕甘宁老区主体位于黄土高原，从人与自然共生或和谐关系理论出发，黄土高原地区人口、资源、环境与经济发展相协调的一般模式应是：以水土资源开发为中心，建立土地梯田化为基础的高效、和谐和良性循环的农林牧综合发展的人工生态环境系统；综合开发国土资源，开发与治理相结合，采取优先突破、集中深入、重点投入的方针，形成工农业相互促进、相辅相成的发展格局；在合理开发资源的基础上，优化工农业生产布局、优化人口分布，使产业分布、人口分布与环境容量相适应、相协调；从人口、资源、环境与经济发展协调的角度，促进和推动黄土高原地区的持续发展（如图5–1所示）。

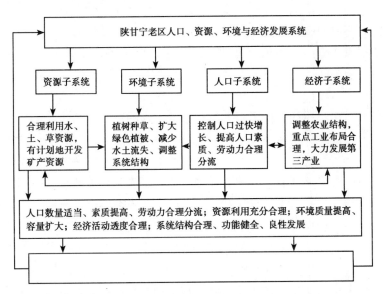

图5–1 陕甘宁老区人口、资源、环境与经济协调发展的模式图

第一节　基于系统动力学的靖边县
生态与经济关系分析

目前，全球性的生态危机和资源危机对人类的影响，使人们不得不对自己只追求经济效益的思维方式和行为方式进行深刻的反思。人们希望树立一种科学的发展观、希望建立一个可持续发展的社会，其核心就是推动自然生态与经济生产的协调发展。生态经济学就是在生态与经济之间矛盾激化的背景下产生的，它把生态学和经济学有机地结合起来，围绕人类经济活动和自然生态之间相互发展的这个主题，来揭示生态经济运动和发展的客观规律，寻求生态系统与经济系统相互适应与协调发展的途径。本书讨论的生态与经济系统，是把生态系统和经济系统作为两个独立的系统来论述。

一、靖边县生态与经济系统分析

要分析一个系统，首先要确定系统的边界。任何研究对象，同外部环境都有着普遍的联系。把研究对象视为一个系统，必须把它从外部环境中划分出来而成为一个整体，并明确这个系统中的各个子系统及其相互作用。有了明确的边界，才能对系统进行要素—结构分析和环境分析。要素—结构是系统边界内的分析，找出主要矛盾，揭示矛盾的性质，提出解决矛盾的方法。环境分析主要是分析系统输入的变化，查明外部环境对系统的影响，同时分析系统输出的变化，了解系统对环境的影响。

系统分析是从确定所期望的目的开始的。为了确定目的，必须提出问题，在收集资料的基础上，建立模型，通过模型来预测各种可行方案和效果，并根据评价标准进行分析和评价，确定各方案的选择顺序，若得到满意的结果，就做出最后的决策，这就是系统分析的过程（见图 5 - 2）。

根据以上关于系统分析的步骤对靖边县生态与经济系统分析如下：

主要问题：生态与经济如何互动协调发展，怎样才能在脆弱的生态环境下发展经济，使生态环境与经济实现互动双赢？这也是目前靖边县发展所面临的首要问题。

目前，靖边县的生态与经济现状是富区不富民，且生态环境日益恶化。对于提高大多数人——农民的收入才能真正体现靖边县人民的生活水

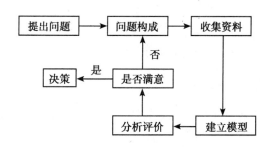

图 5 - 2　系统分析过程

平和经济的发展水平，所以，生态与经济互动协调发展是靖边县未来发展面临的主要问题。

目标：系统建模不是为了建模而建模，它的最终目的是要通过建立的模型解决一些问题，比如对过去发生的一些事情的原因分析或者对未来发展进行预测等。因此，在开始建模之前，首先要明确研究的是什么样的社会经济现象，研究的最终目的是要解决哪些问题。通过分析靖边县生态与经济系统，我们主要解决以下问题：

（1）全面了解靖边县生态与经济的现状及其内部结构，探讨经济发展与社会、生态之间的内在关系。

（2）预测生态、社会和经济未来发展趋势，针对可能存在的问题，提出各种解决方案并进行政策模拟，判断并选择出较优的发展方案。

界限：一般而言，系统边界的划定是把与建模目的有关的内容圈入系统内部，使其与外界环境隔开。划定系统边界的基本准则是：将系统中的反馈回路考虑成闭合的回路，力图把那些与建模目的关系密切、变量值较为重要的都划入系统的内部。所以，在划定系统边界之前首先要明确研究的目的，没有目的就无法确定系统的边界。

靖边县生态与经济系统的区域界限即靖边县行政范围，系统要素界限即靖边县生态、社会、经济子系统各要素。

变量：系统动力学中的主要变量有水平变量、速率变量、辅助变量、常量。水平变量是在系统的研究中存在着具有积累效应的变量；速率变量是表示积累效应变化快慢的变化速度的变量；辅助变量是指从水平变量到速率变量之间的中间变量；常量是指某一时间区间内不随时间变化而变化的量。

根据对靖边县生态与经济系统的分析，系统的主要水平变量有总人口、耕地面积等；速率变量主要有年出生人数、年死亡人数、年迁入人口、年迁出人数等；辅助变量主要有农业收入、农民人均纯收入、人均粮食等；常量主要有出生率、死亡率等。

二、生态与经济系统概况

生态现状。沙化严重、水土流失依旧，生态环境脆弱。靖边县曾是大夏国的都城，有过辉煌灿烂的古代文明，历史上曾是"林茂草丰"的"风水宝地"。但后来由于人口增长和战乱等原因，大面积毁林毁草、陡坡耕种，造成沙化和水土流失。

目前，靖边县是我国生态环境最脆弱地区的一部分，这也是靖边县的气候条件决定的（见图5-3、图5-4），靖边县从1970年以来，温度呈明显的增加趋势，平均每年升高0.0594℃[①]；降水量的变化趋势不是很明显，只是在360毫米上下徘徊，但年降水量距平值明显变大，也就是说降水量的变率越来越大，降水的不确定性越来越大，靖边县的年均温和年降水量都呈显著的波动性、阶段性变化[②]。

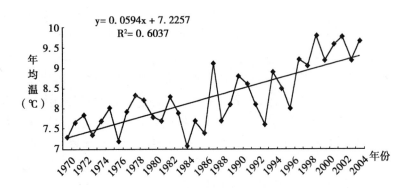

图5-3　1970年以来靖边县年均温变化

---

① 童玉芬：《关于人口对环境作用机制的理论思考》，《人口与经济》2007年第1期，第1—4页。

② 罗承平、薛纪瑜：《中国北方农牧交错带生态环境脆弱性及其成因分析》，《干旱区资源与环境》1995，9（1），第1—7页。

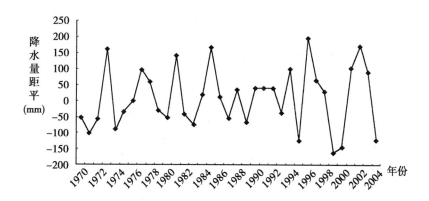

图 5 - 4　1970 年以来靖边县降水量距平

　　而且，这一地区缺水严重，贫水化趋势明显，降水量远远不能满足旱作农业的需求，地表径流日益减少，甚至断流。从榆林市统计年鉴来看，靖边县的森林覆盖率达到 45.6%，但从 2006 年 7 月的卫星图片上看，靖边县的植被覆盖率也只有 30% 左右，大多集中在中南部地区，靖边县植被覆盖率整体上还是很低的，而且生物破坏和人为破坏严重。灾害严重，干旱、暴雨、霜冻、冰雹、风沙等灾害发生的频率高，强度大，持续时间长，并有不断发展的趋势。所以，在沙化和水土流失地区，经济贫困和沙化、水土流失互为因果，形成了"越穷越垦、越垦越流、越流越穷"的恶性循环。

　　全县分三种地形地貌区，北部为风沙草滩区，中部为梁峁涧区，南部为丘陵沟壑区，虽然近些年来生态治理有些成效，但是地表植被覆盖率还是很低，调蓄降水能力弱，生态环境仍很脆弱。

　　经济现状。靖边县 2005 年国内生产总值达 100.66 亿元，城镇居民可支配收入 6399 元，农民人均纯收入 1842 元。县财政增长更是突飞猛进，1992 年全县的财政收入仅有 582 万元，2000 年已突破 1 个亿，2005 年财政收入已达 10.4 亿元（其中地方财政收入 3.1 亿元），目前跨入陕西省经济强县前五名，并跻身于中国西部百强县行列（第 32 位），靖边县正成为中国西部的投资热点地区。

　　但是，靖边县农业生产、经济发展波动性大。靖边县油气资源开采前，农业收入所占比重大，经济发展较大地依赖于种植业，经济的脆弱性较大，农作物中粮食作物的比重高，粮食产量很不稳定（见表5-1），人均粮食产量低，总产量和人均产量略有增加趋势；耕地面积总量和人均耕地面积大幅度减少，农林牧渔业比重过大，产业结构单一，农业发展过度依赖于种植业；油气资源开采后，靖边县的财政收入主要来自油气资源的开采和加工，靖边的工业收入成为县经济收入的主要来源（见图5-5、表5-2）。

表5-1　　　　　　　　1991 年以来靖边县粮食单产　　　　　　单位：公斤/公顷

	1991	1992	1993	1994	1995	1996	1997
单产	853	1472	1926	1880	942	2286	1389
年份	1998	1999	2000	2001	2002	2003	2004
单产	2190	1187	1881	2553	3195	3317	3425

资料来源：《榆林统计年鉴》（1991—2004）。

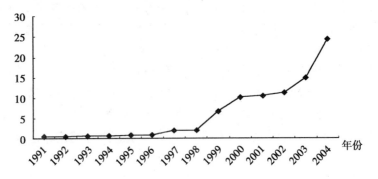

图5-5　靖边县工业总产值与农业总产值比值

表5-2　　　　第一、二、三产业增加值分别占国内生产总值比例　　　单位：%

比重 年份	一/总	二/总	三/总
1991	55	9	35.9
1992	58.7	11.1	30.2
1993	56.9	16.8	25.9

续表

比重 年份	一/总	二/总	三/总
1994	61.6	24	13.8
1995	48.1	30.6	20.1
1996	51.4	31.7	16.9
1997	32.8	51.6	15.5
1998	32	39.6	28.4
1999	18.6	44.7	36.7
2000	18.1	52.5	29.3
2001	13.8	75	18.1
2002	9.1	79.3	11.6
2003	8.6	81.7	9.7
2004	5.6	88.7	5.7

注：一/总、二/总、三/总即第一、二、三产业增加值分别占国内生产总值百分比。

资料来源：《榆林统计年鉴》（1991—2004）。

　　虽然靖边县农业人口占很大比例，而且比例一直在84%以上（见图5-6），但农业收入所占比例却很小，靖边县生态和经济很不相称。

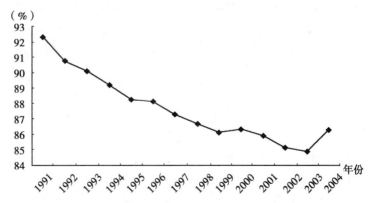

图5-6　1991年以来靖边县农业人口占总人口百分比

　　靖边县经济的发展影响和破坏了生态环境，而生态环境的恶化反过来会影响经济的发展。短期来看，经济效益提高很快，但生态环境恶化的速度更快；长远来看，靖边的生态环境最终会影响经济的持续健康发展，这是靖边县生态与经济系统的现状。

三、生态与经济系统要素间的关系

靖边县社会与经济系统分为三个子系统——社会子系统、经济子系统、生态子系统。系统各要素之间是相互依赖、相互制约的关系。社会子系统的发展，比如改善生存环境和投资环境，提高生活质量，发展环境保护、生态建设等事业，组织协调社会管理机构，改善社会管理水平，乃至促进社会意识与个体行为的进化，无不需要经济子系统创造并提供丰富的为社会所需要的物质财富，也需要生态子系统提供优质的发展空间和自然生态要素。同样，经济子系统稳定发展也需要社会子系统提供必要的劳力、信息，需要生态子系统供应必要的原材料和良好的生态环境。生态子系统的建设与改善同样需要社会子系统与经济子系统提供人力、物力，或改变社会经济子系统行为方式。

制约关系体现在：经济发展水平制约生态环境的治理和人民生活质量的改善，同时生态环境的好坏对经济的发展也有不可忽视的影响，生态环境是经济投资的背景环境，也是人们生活环境的场所；社会子系统的发展状况也会影响经济、生态，如修建公路必然要占用一定的土地，而这占用的土地可能就是生态脆弱区需要治理的，这样修建公路又影响了生态的自我恢复，基础设施等方面的建设需要一定的资金投入，这就会影响经济的总量，作为社会主要成员的人口，如果其数量超过了经济发展水平的承载力，就要产生一系列诸如贫困、饥饿、疾病等严重问题，甚至危及社会稳定，反过来将影响人口数量和质量，因而阻碍经济的发展。所以，系统各要素之间都存在着直接的或间接的关系，从而相互依赖、相互制约。

四、生态与经济系统组成结构

要素之间稳定的、有一定规则的联系方式的总和叫做系统的结构。复合系统的结构是构成复合系统的各子系统及其要素相互联系、相互作用的方式和顺序，是复合系统内各组成部分的整体联系，反映复合系统的组织性程度、系统的相互关联和相互制约，是复合系统整体性和功能性的基础。靖边县生态与经济系统由社会子系统、生态子系统和经济子系统组成，各子系统又由各自的系统要素组成，各子系统及其组成要素之间联系紧密。其系统的组成结构见图5－7。

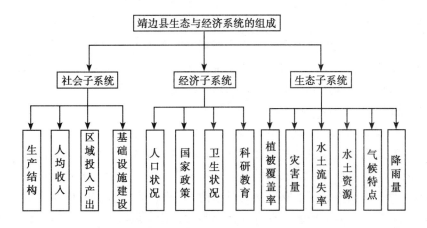

图5－7　靖边县生态与经济系统的组成结构

五、靖边县生态与经济系统结构分析

系统的结构分析主要任务在于处理系统信息，分析系统的反馈机制。分析系统总体的与局部的结构；划分系统的层次与子块，定义变量（包括常数），确定变量的种类及主要变量；分析各个子系统的变量及变量间关系，确定回路及回路间的反馈复合关系，初步确定系统的主回路及它们的性质，分析主回路随时间转移的可能性，绘制因果关系图和系统流程图（见图5－8）。

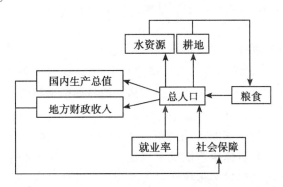

图5－8　社会子系统因果关系图

靖边县生态与经济系统是一个复杂的动态系统，将其分为社会子系统、生态子系统和经济子系统，各子系统相互依赖相互制约，社会、生态系统的发展制约经济发展，同时也为经济发展提供良好的发展基础和发展环境，而经济发展又为社会、生态系统提供物质保证和技术支持。因此，经济持续发展不仅要求达到经济总量持续增长及经济质量和经济效益的提高，而且要促进社会、生态系统的可持续发展，实现经济效益、生态效益和社会效益"三赢"的目标。

（一）社会子系统分析

人口现象是普遍存在的社会现象，人口问题既是人们普遍关注的社会问题，也是生态与经济系统研究的一个基本命题，而且，人口状况直接影响社会子系统的稳定、发展。所以，把人口作为社会子系统的水平变量。

所谓人口，是指生活在特定社会制度、特定地域、具有一定数量和质量的人的总称。它既是组成社会的基本构成成分，又是社会生产力的基本要素和体现生产关系的生命实体。

对于生态与经济系统研究来说，人口是生态与经济系统研究和生活消费的主体，一切研究都是为了满足人的需要，都是为了使人类生存的空间更加完美，人类的生活更幸福。

但是人口本身又是一种资源，一种具有主观能动性的特殊的资源。人口增长是和经济发展相互促进、相互制约的，所以把人口作为模型的一部分是必要的。

按照统计资料，靖边县 2005 年年底总人口为 29.4 万人，其中农业人口 25.2 万人，占总人口的 85.71%，非农业人口 4.2 万人，占总人口的 14.29%。

靖边县虽然现在人口自然增长率明显降低，但人口增长的数量还是可观的，到 2010 年，靖边县总人口将达到 30 万，这对生态环境脆弱的半干旱地区来说确实是一个很大的负担。从实地考察中了解到，靖边县的人口基本得到了控制，人的生态意识逐步提高，这对靖边县脆弱的生态环境是个好现象，而且对国家的各项政策（比如退耕还林（草）、封山禁牧等）都很支持，只是对具体执行情况不满意，所以导致国家政策没有收到预计的效果，随着政策的进一步执行和人的观念的转变，这些政策的实行对靖边县的生态与经济会有明显的效果。

（二）经济子系统分析

靖边县的经济近些年来增长特别迅速，这主要是靠油气资源的开采带动起来的，所以县财政总收入猛增，一跃而成为陕西省经济强县，但因为靖边县的农业人口一直占人口总数的84%以上，本书主要探讨靖边县生态与经济互动协调发展问题，进而探讨农民收入问题，所以，靖边的经济发展状况主要以农业的发展情况来说明。

目前，靖边县的经济确实增长得很快，但却是富区不富民，县财政收入年年攀高，但占人口大多数的农民人均收入还很低，农民人均纯收入只有全国的一半多一点，而且农民收入的主要来源是种植业，以表5－3数据来说明。

表5－3　　　　　　　　　　靖边县经济状况　　　　　　　单位：万元

项目＼年份	国内生产总值	工业总产值	农林牧渔总产值	固定资产投资
1991	11906	3402	9771	749
1992	14856	4112	12485	1094
1993	18584	8219	13196	12902
1994	26221	14010	21438	20416
1995	30286	14773	20819	16840
1996	42208	23094	32497	24249
1997	54227	51775	27063	23994
1998	60112	55272	28847	20829
1999	63952	147039	21830	22342
2000	95847	275148	27359	46032
2001	160000	363047	34951	81623
2002	256900	431390	38629	58666
2003	287400	634407	42775	87527
2004	501500	1270373	52135	216667

资料来源：《榆林统计年鉴》（1991—2004）。

（三）生态子系统分析

生态环境是人类生存和发展的基本条件，是经济、社会发展的基础，保护和建设生态环境，实现可持续发展，是我国现代化建设中必须始终坚持的一项基本方针。实施生态重建的主要目标是解决和减少陡坡开荒、水土流失严重、生态环境恶化、沙漠化等问题。靖边县的社会和经济发展必须坚持生态优先的原则，要在生态建设过程中发展经济，在发展经济的过程中保护生态和搞好生态建设，使生态、经济、社会走可持续发展的道路，再也不能以牺牲生态为代价来追求暂时的经济发展。靖边的油气开采一定要把生态效益考虑进去，而且要放在第一位，经济效益和社会效益放在其次，避免走先破坏后治理或是边破坏边治理的发展路子。

　　国家针对靖边县这类区域已经有相应政策措施，比如，退耕还林（草）、封山禁牧等，这类措施的实施，宏观上受到大的国家宏观政策的制约，国家宏观政策的制定又主要受到经济、生态环境的影响。所以，这类政策也是一个融社会、经济及生态于一体的复杂的大系统。

　　生态环境的好坏不仅直接关系到人们的身心健康，而且直接影响农业的生产。生态环境恶化一方面导致农产品质量下降，另一方面导致农作物单产水平降低，农民收入减少，进而又导致生态环境恶化，形成恶性循环的 3P（pollution，population，poverty）模式。图 5 - 9 为生态子系统因果关系图。

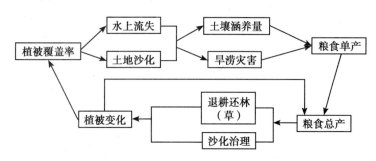

图 5 - 9　生态子系统因果关系图

六、生态与经济系统因果关系

　　靖边县社会经济系统的主要变量有总人口、耕地面积、农民人均纯收入、粮食单产、粮食总产量、总投资等，围绕这些主要变量又有一些其他相关因素对其产生影响，如农业投入、总收入、温度、降水等辅助变量和相关参数，具体关系见图 5 - 10。

（一）生态与经济系统流程

根据因果关系图，识别出描述系统特征的状态变量、速率变量和辅助变量，并按照系统动力学流程图的画法规则，逐渐增添模型细节，得出系统的流程图（见图 5 – 11）。

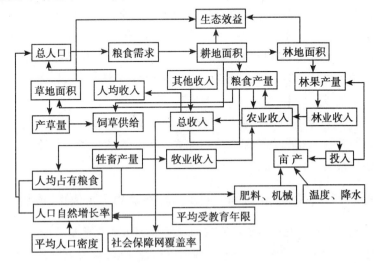

图 5 – 10　靖边县生态与经济系统因果关系图

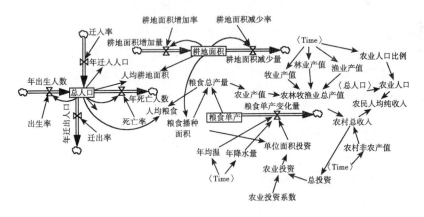

图 5 – 11　靖边县生态与经济系统流程图

（二）生态与经济系统参数估计

本书使用的建模软件是系统动力学的专用软件 Vensim-PLE，模型运行时间为 2002—2030 年，仿真步长为 1 年，主要历史数据涉及 1991—

2004年，以2002年作为仿真模拟的基年。主要数据来源于《榆林统计年鉴》，模型参数主要通过如下方法得到：

（1）几何平均值法确定的参数。出生率为0.01336，死亡率为0.003754，迁入率为0.009303，迁出率为0.006943。

（2）趋势外推法确定的参数主要有耕地面积增加率、耕地面积减少率。

（3）回归分析确定参数。采用一元回归确定粮食播种面积、渔业产值、农业人口比例等，采用多元回归确定粮食总产量、粮食单产、农林牧渔业总产值等。

（4）灰色系统预测模型修正参数。用GM（1，1）模型分别矫正总人口、农业产值、粮食总产量、农村非农产值、农业投资等预测值，进而反推系统参数。

七、SD（System Dynamics，系统动力学）模型设计与应用

（一）靖边县生态与经济系统的现状模拟结果及模型检验

建立系统动力学模型是一个分解、综合、循环反复，逐渐达到目标的过程，包括构思模型结构、建立方程、模型调试、再构思与提炼修改。模型的调试与改进在整个建模过程中居于十分重要的位置。通过模型的优化与改进，可以洞察系统内部的奥妙，进一步研究其结构与行为的关系，通过灵敏度调试，体现模型是否对真实系统具有极大的适应性。

系统动力学模型有效性检验分为直观检验、运行检验、历史检验、灵敏度分析4种方法。

1. 直观与运行检验

（1）通过对资料进一步分析，检验变量设置、因果关系、流程图结构及方程表述是否合理。

（2）对方程进行量纲检验。Vensim软件的菜单可以直接实现方程量纲检验，通过检验、观察来确定等式方程两边的量纲是否一致。

（3）通过观察模型的运行，得出有没有产生病态结果。

2. 历史检验

所谓历史检验，就是选择历史时刻为初始点，从这个初始点开始进行仿真，然后用已有历史数据与仿真结果数据进行误差、关联度等检验。

首先检验靖边县社会与经济系统主要变量在1991—2001年的模拟结

果，通过误差检验看变量的模拟情况是否在允许或可接受的范围内，若1991—2001 年的模拟结果合理，则可以将模型的模拟时间改为 2003 年，再利用 2002—2004 年的数据进行检验，若相对误差合理，则模型可用，靖边县生态与经济系统模型通过历史检验。具体检验结果如下：

（1）人口

人口的发展状况涉及系统的各个方面，是所有以人口为主体的生态经济系统研究中的重要问题。控制与生产发展水平相适应的人口发展速度是系统发展的重要方面。

通过表 5 - 4 可以很明显地看出，靖边县人口因素模拟的情况较好，误差在 2.1% 以内，效果比较理想。也就是说，靖边县生态与经济系统的人口因素通过历史检验。

表 5 - 4　　　　　　　　　总人口历史检验结果

年份 \ 项目	总人口（万人）	总人口模拟值（万人）	误差（%）
1991	24.75	24.75	0
1992	25.25	25.05	0.81
1993	25.6	25.35	0.99
1994	25.95	25.65	1.16
1995	26.3	25.96	1.31
1996	26.56	26.27	1.1
1997	26.84	26.58	0.96
1998	27.05	26.9	0.55
1999	27.23	27.22	0.03
2000	28.14	27.55	2.1
2001	28.33	27.88	1.6
2002	28.5	28.21	1.01
2003	28.69	28.55	0.49
2004	28.86	28.89	-0.11

（2）耕地面积

靖边县耕地面积的历史检验相对误差虽然个别年份较大，但这在可以接受范围内，因为1991—2004年期间，国家针对靖边县这类地区有政策出台，加之其他一些因素的影响，导致耕地面积变化比较大，所以耕地面积的误差有点大，但这在允许范围内，可以用作以后的模拟分析和耕地面积的未来发展趋势预测。耕地面积历史检验的具体数值见表5-5。

表5-5　　　　　　　　　　　　耕地面积历史检验结果

项目 年份	耕地面积（ha）	耕地面积模拟值（ha）	误差（%）
1991	58589	58589	0
1992	58582	59051.9	-0.8
1993	59398	59045.9	0.59
1994	59372	59860.8	-0.82
1995	59741	59836.8	-0.16
1996	59441	60207.8	-1.29
1997	59043	59900.8	-1.45
1998	58648	59499.4	-1.45
1999	56726	59100.8	-4.19
2000	56946	57097.3	-0.27
2001	52614	57386.9	-9.07
2002	52597	53273.1	-1.29
2003	52746	51374.5	2.6
2004	53748	50656.2	5.75

（3）农民人均纯收入

靖边县农民人均纯收入的相对误差个别年份较大（见表5-6），但模拟结果可以反映农民人均纯收入的变化趋势（见图5-12），这主要是因为农民收入主要来源还是种植业，受自然环境（降水、温度等）的影响较大。另外，也与靖边县近年来的收入结构变化有关，靖边县近年来油气资源的开采给当地的农民提供了一定的工作岗位，增加了农民的收入，不

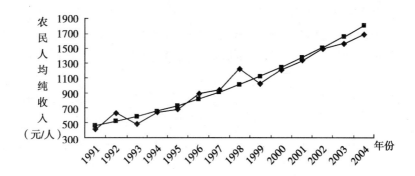

图 5 – 12　农民人均纯收入变化趋势

论是自然的还是人为的因素，其不确定性都比较大，所以导致农民人均纯收入的增长带有随机性。

表 5 – 6　　　　　　　　农民人均纯收入历史检验结果

项目 年份	农民人均纯收入 （元/人）	农民人均纯收入模拟值 （元/人）	误差（％）
1991	415	466. 909	– 12. 5082
1992	635	520. 13	18. 08976
1993	479	581. 619	– 21. 4236
1994	649	651. 388	– 0. 36795
1995	678	729. 446	– 7. 58791
1996	883	815. 804	7. 609966
1997	936	910. 474	2. 727137
1998	1220	1013. 47	16. 92869
1999	1017	1124. 79	– 10. 5988
2000	1215	1244. 46	– 2. 42469
2001	1336	1372. 49	– 2. 73129
2002	1490	1508. 89	– 1. 26779
2003	1563	1653. 68	– 5. 80166
2004	1687	1806. 86	– 7. 10492

其他变量的历史检验也与此相似，这里不再赘述。

从历史检验的结果来看，靖边县生态与经济系统模拟的结果与其社会经济发展实际情况基本一致，指标模拟值与现实值的相对误差大多介于 -5%—5% 之间，仅有粮食单产及受粮食单产影响的变量个别年份的模拟结果与实际值存在较大的误差，这主要是因为一方面粮食单产受自然因素的影响，如降水、温度等；另一方面粮食单产也受诸如单位面积投资等人为因素的影响。从总体上看，系统模型的行为较为真实地反映了靖边县生态与经济系统的结构与状态，可以对靖边县生态与经济互动发展进行模拟与预测。

3. 灵敏度分析

灵敏度分析较为复杂，它是通过改变模型中的参数、结构，运行模型、比较模型的输出，从而确定其影响程度。从不同角度看模型的灵敏度可划分为三种：数值灵敏度、行为灵敏度和政策灵敏度。一个好的模型应具有较低的行为灵敏度和政策灵敏度。

灵敏度分析能定量地测定模型对变动参数、结构的行为灵敏度与政策灵敏度的高低，进而判断模型灵敏性的优劣。

靖边县生态与经济系统模型已基本通过灵敏度检验，通过变化方程系数、表函数、初始值等参数，确定了对系统影响程度较大的几个参数，而这些参数均位于多条反馈回路的交接处，这些政策性参数主要包括人口出生率、农业投资系数、耕地减少率等，这些参数也就是模型中的调控变量，通过调节这类参数，可以得出各种不同的方案。

我们建立的靖边县生态与经济系统模型，已通过以上几个步骤的检验，所建模型基本上能够反映系统的内部行为，可以反映靖边县生态与经济的未来发展趋势。

（二）系统基本行为仿真与结果分析

在对靖边县生态与经济系统的基本行为进行模拟时，选择的参数基本与目前的政策保持一致，这个模拟结果就是靖边县生态与经济系统在目前条件下的未来发展情况，也可以说这就是靖边县生态与经济系统自然型的未来发展趋势。在此将社会子系统、经济子系统、生态子系统主要变量的输出结果分别列出，并进行分析。

1. 社会子系统输出结果分析

靖边县总人口作为社会子系统的水平变量，其变化呈现出逐年增加趋势，到 2010 年，总人口将达到 30 万，这对靖边县的生态和经济都是一个警戒点，因为到 2010 年靖边县人口密度将达到 60 人/平方公里，超过联合国规定的半干旱区人口密度的 3 倍，这对靖边县生态环境和社会经济产生巨大压力，若再超过这个数值，靖边县的生态、经济将会受到更大影响，因为人口的增多需要更多的空间、更多的粮食以及其他诸如教育、卫生等方面的基础设施，这是对靖边县的生态、社会等提出的巨大挑战。

人口的变化主要取决于人口增长率的变化，模型将其作为可控变量设置，通过不同的人口增长控制曲线对人口总量的影响，寻找适当的人口控制目标（见图 5 - 13）。

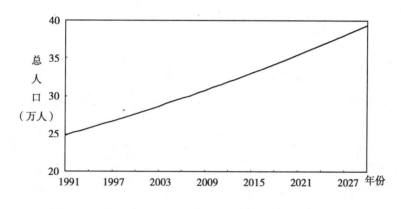

图 5 - 13　靖边县总人口模拟

人均粮食、人均耕地面积等变量也属于社会子系统，从模拟的情况来看，靖边县人均粮食的变化趋势是逐年增加的，因为粮食总产量的增加速度比人口的增加速度快，到 2010 年，人均粮食将达到 600 公斤/人左右，而人均耕地面积的趋势是逐年减少的，因为总人口数量是一直在增加的，耕地面积的变化趋势是减少的，所以人均耕地面积逐年减少（其变化趋势见图 5 - 14、图 5 - 15）。

2. 经济子系统输出结果分析

虽然靖边县近年来油气资源的开采大大加速了经济的增长，油气资源的产值占靖边县总产值的比例逐年攀高（见图 5 - 16）。

靖边县作为一个地区确实已经很富，但农民人均纯收入却很低，因为靖边县的农业人口一直占总人口的 84% 以上，而农业人口的经济来源主

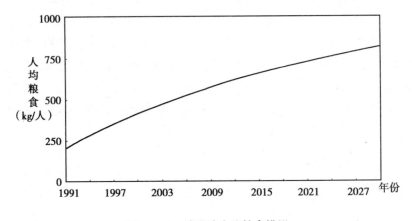

图 5 - 14　靖边县人均粮食模拟

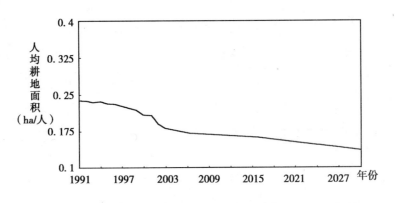

图 5 - 15　靖边县人均耕地面积模拟

要是农牧业，而且通过了解，靖边县各个乡镇的主导产业也都是农牧业，比如东坑镇以菜、薯、畜、草为四大主导产业，大路沟乡以羊子、草、杏、马铃薯、优质杂粮为五大主导产业，红墩界镇以玉米制种、舍饲养畜为龙头发展经济，其他乡镇的主导产业也类似，都是以农牧业为主，所以经济子系统以农民人均纯收入、农林牧渔业总产值及农业产值、牧业产值、林业产值、渔业产值等来表示靖边县经济发展情况。

图 5 - 17 为靖边县农民人均纯收入未来发展趋势，根据模拟情况，到2010 年，靖边农民人均纯收入为 3000 元左右，与靖边农业发展"十一五"规划的到 2010 年，农民人均纯收入实现 3000 元基本相符。

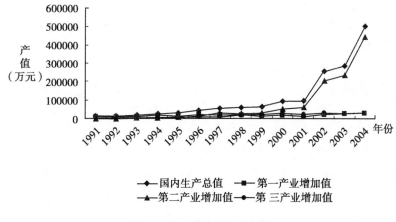

图 5–16 靖边县各业产值

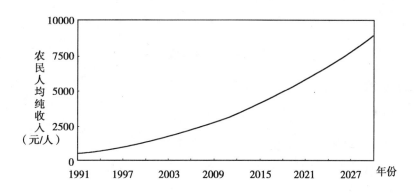

图 5–17 靖边县农民人均纯收入模拟

因为靖边县的主导产业还是以农牧业为主，所以可以通过靖边县农林牧渔各业的产值比来反映今后产业的发展方向（见图 5–18）。

表 5–7 为靖边县农、林、牧业产值分别占农林牧渔业总产值的百分比（部分年份），通过靖边县各业产值的模拟值及其占农林牧渔业总产值的百分比可以看出，靖边县农业产值的比例逐年减少并逐步达到稳定，牧业产值的比例逐渐增加并逐渐趋于稳定，农业和牧业是靖边县的主要产业，所以说靖边县是农牧县，林业产值的比例是逐年增加的，到 2030 年其产值比例也趋于稳定，但所占比例不大。因为渔业产值占农林牧渔业总

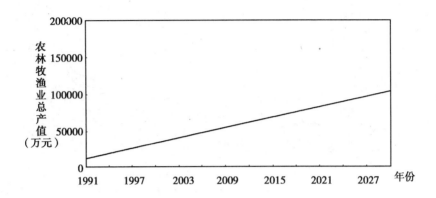

图5-18 靖边县农林牧渔业总产值模拟

产值的比例还不到1%，所以在探讨靖边县产业发展趋势时将其忽略不计。

表5-7 　　　　　　　　　　　**靖边县农林牧业产值比例**　　　　　　　　　　单位:%

	1991	1995	2000	2005	2010	2020	2030
农/总	64	54	50	48	47	46	45
牧/总	33	36.3	37.8	38.4	38.8	39.2	39.3
林/总	7.9	10.4	11.5	12	12.3	12.6	12.8

注：农/总即农业产值占农林牧渔业总产值的百分比；牧/总即牧业产值占农林牧渔业总产值的百分比；林/总即林业产值占农林牧渔业总产值百分比。

3. 生态子系统输出结果分析

靖边县的主要生态问题就是北部沙化、中部土壤问题、南部水土流失等，针对这些问题，靖边县已经实施了退耕还林（草）、封山禁牧和舍饲养羊、治沙造林、小流域治理等措施，这些措施的实施改善了靖边县整体生态环境状况，比如，从1998年开始，靖边县实施封山禁牧舍饲养羊，不仅使生态环境状况有所改善，而且畜牧业也得到一定的发展。

生态子系统以耕地面积的变化情况来反映，因为靖边县近些年来实施的多种措施使生态环境发生了一些变化，而耕地面积的变化对其体现得最为明显。虽然系统动力学不能对变量进行精确预测，但可以反映变量的未来变化趋势。

靖边县耕地面积总的变化趋势是逐年减少的。一方面因为靖边县近些年来油气资源的开采占用一定量的耕地，使靖边的耕地面积逐渐减少。另一方面退耕还林（草）使耕地面积减少，虽然现在的退耕还林（草）的力度不如开始退耕还林（草）时强，耕地面积减少趋势变缓，但耕地面积的变化趋势还是减少的，而且把其他占用的耕地面积算上，耕地面积减少得很多，另外，靖边的经济在发展，基础设施建设也必然会占用耕地。图 5 – 19 反映了靖边县耕地面积未来变化趋势。

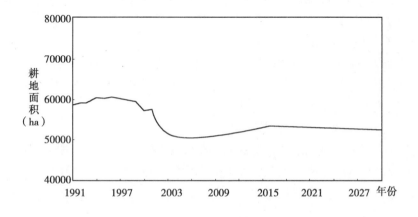

图 5 – 19 靖边县耕地面积模拟

（三）靖边县生态与经济系统仿真方案设计及结果分析

靖边县生态与经济系统的行为受某些参数的影响较大，比如人口出生率、耕地面积减少率、农业投资系数等，而这些参数的变化影响生态与经济的互动协调发展及其未来的发展趋势，通过对这些参数的调控与试验，利用参数的不同组合，可以仿真模拟出系统发展的趋势和生态与经济系统的产业结构演变与组成等。所以本书通过调整可控变量的数值，并利用其不同的组合与配置，模拟靖边县生态与经济的互动协调发展的未来变化趋势。

1. 可控变量的选择

仿真方案的设计不是对系统结构的全面设计，而是通过调控参数来实现的。所谓可控变量是系统模型中起控制作用的关键变量，主要用来调节系统的动态行为，对系统进行控制，使之尽可能接近系统目标，根据靖边县生态与经济系统的特点，选择以下几个控制变量：

（1）人口发展控制

人口在靖边县生态与经济系统研究中是主体变量，人口的发展变化影响系统的各个方面，控制人口发展速度是靖边县生态与经济互动协调发展的重要方面，所以要控制人口总量使其与生态、经济发展水平相适应。

（2）粮食生产水平控制

粮食生产为一定地区提供基本生存资料的同时，也是畜牧业发展的必要条件和农牧加工业的基本原料。为此，模型构建中，以稳定粮食生产，保护基本农田为前提，在调整农业生产结构的过程中，适当减少粮食种植面积为原则，进行粮食生产水平的控制。

（3）投资分配控制

靖边县生态与经济系统中，资金的分配是系统经济发展的动力之一，调节资金分配的比例，可以改变系统内产业的发展速度，进而可以调整系统内其他因素的发展方向和速度。

2. 仿真方案设计及结果分析

通过调节系统的参数，仿真方案会得到不同的结果。本书将靖边县生态与经济系统的未来发展方案设置为三个：

方案一：自然发展型方案，这个方案的未来发展趋势是通过模拟系统现状来实现的；

方案二：偏重经济型发展方案，主要是通过调节农业投资系数、人口出生率来实现的；

方案三：生态与经济互促型发展方案，这个方案的实现是通过调节人口出生率、耕地面积减少率以及农业投资系数来实现的。

以下为三个方案仿真结果的比较分析：

经济方面，因为靖边县油气资源的开采加工不仅是靖边县自身关注的，上到中央也很关注靖边县油气资源的开采和加工，从 20 世纪 90 年代开始，靖边县基本形成了以石油、天然气化工为龙头的工业体系，同时还兴办了一些深加工企业，资源优势正向商品优势、经济优势转化，靖边县油气资源的开采加工等问题是目前关注的热点。虽然靖边县的草、薯、羊等正向产业化方向发展，但靖边县对这方面的投入和关注的强度还是不够，靖边县大多数人参与的这几大产业发展速度缓慢，专业化、产业化、规模化都在形成之中，本书探讨靖边县的经济发展情况是以与大多数人相关的产业来进行的，在靖边县生态与经济系统中是通过粮食单产这个变量间接来体现的。

生态方面，第一，人口对生态环境的压力，不管是人口数量还是质量对自然环境和社会环境都会产生压力，而且人口问题一直是被关注的问题；第二，油气资源开采对生态环境的影响，靖边县的青阳岔镇因石油开采时缺乏相应的保护措施，导致钻井对地表水、浅层水和深层水水质均造成不同程度的污染，农田无法灌溉，人畜更是无法饮用，土地无法耕种，不论是人口因素还是油气资源的开采都会对环境产生影响，都要占用一定量的耕地，靖边县生态与经济系统是通过耕地面积的变化来反映这些因素对生态环境的影响。

各方案的实现是通过以下几个控制参数来实现的：人口出生率、农业投资系数、耕地面积减少率等，通过调节这几个参数来实现总人口、耕地面积、粮食单产等变量的变化。总人口的未来发展趋势是通过调节人口出生率等实现的。人口作为社会子系统的水平变量，对整个系统有重要影响，人口是各因素的促进因素也是制约因素，一方面，人口是社会、环境的建设因素；另一方面，人口对社会和环境产生一定的压力。因为适量的高素质人口对促进社会、经济的发展有很大促进作用，但若人口过多，不论其素质如何，都将会对社会、经济、生态环境产生很大的压力，目前靖边县人口已经超过联合国规定的半干旱地区每平方公里 20 人的标准，所以控制人口是一定的。

图 5-20 为靖边县总人口三个方案模拟结果，其中，生态与经济互促型发展方案中的人口总量未来增加得最慢，其次是偏重经济型，最快的是自然发展型方案。对于靖边县生态与经济"双赢"发展来说，人口是最大的制约因素，所以生态与经济互促型发展方案的人口总量最少，因为控制人口增长，就减少了破坏环境、给环境施加压力的力量，而要让经济发展上去，人口也是一个主要影响因素，所以偏重经济型也很注重人口总量的控制，自然发展型方案人口总量最大，因为这个方案的总人口是在现在的人口增长速度下发展的，虽然目前靖边县的人口总量控制尚可，但因为靖边县人口基数大，而其人口自然增长率超过了全国的平均水平。

耕地面积未来发展趋势是通过调节耕地面积减少率等参数实现的。首先要保证有足够的耕地来生产粮食，满足人们的生活、生产；其次，在耕地面积日益减少的大背景下，保护现有耕地，珍惜耕地资源是当务之急，所以，对耕地要加以保护，但保护不是开发新的耕地，也不是打着治理环

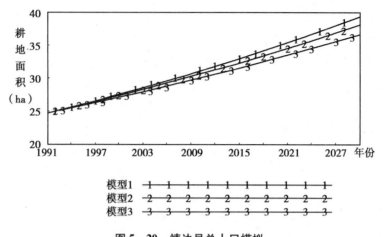

图 5 - 20　靖边县总人口模拟

注：模型 1 为自然发展型方案，模型 2 为偏重经济型发展方案，
　　模型 3 为生态与经济互促型发展方案。

境的幌子来开垦陡坡、荒山、沙地等，而是保护现有的基本农田，适当开垦适宜的可耕地资源。

　　靖边县占人口大多数的农民，其收入来源主要是农业，依靠的还是耕地，所以偏重经济型方案耕地面积总量最多，其次是自然发展型，因为靖边县生态环境脆弱，所以建设生态环境是一项长期、艰巨的任务，时刻不能松懈，而建设生态环境需要把不适宜耕种的土地退耕还林（草）、还牧，发展其他产业，以解决农民退耕后的生存之忧，所以生态与经济互促型发展方案的耕地面积总量最少（见图 5 - 21），这也是根据这一地区的自然环境状况来设计的。

　　粮食单产的未来发展趋势是通过调节农业投资系数等参数实现的，生态与经济互促型发展方案的粮食单产未来增加最多，因为这个方案兼顾了当地的生态环境与经济发展，使粮食生产有很好的发展背景环境，这样的粮食生产是集约化、高效益的，而偏重经济型发展方案，由于没有或很少考虑生态环境的影响，所以粮食单产主要是靠增加投入肥料、农药等来实现增产的，这样的发展方案在短期内发展情况尚可，但这是不可持续的，自然发展型方案的粮食单产增加得最少，因为自然发展型方案在投入和管理上不如生态与经济互促型和偏重经济型发展方案（见图 5 - 22）。

　　根据以上分析，以生态与经济互促型发展方案作为靖边县生态与经济

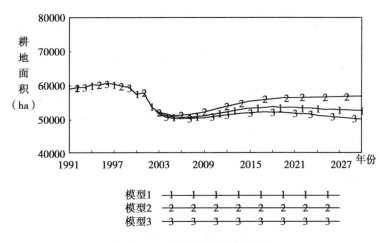

图 5 – 21 靖边县耕地面积模拟

注：模型 1 为自然发展型方案，模型 2 为偏重经济型发展方案，
模型 3 为生态与经济互促型发展方案。

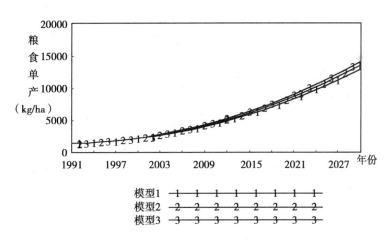

图 5 – 22 靖边县粮食单产模拟

注：模型 1 为自然发展型方案，模型 2 为偏重经济型发展方案，
模型 3 为生态与经济互促型发展方案。

的未来发展方向。因为生态与经济互促型发展方案在考虑生态效益的同时
兼顾了经济效益，也就是同时兼顾了经济方面的近期利益和生态方面的长
远利益，兼顾了群众利益和集体利益，适合靖边县生态与经济的未来发展。

（四）靖边县生态与经济互动发展模式设计及对策分析

从整体上预测靖边县社会、经济、生态的未来发展趋势，其中也设计了靖边县将来的发展方向，但那是针对全县的仿真模拟，只能作为生态与经济互动发展模式设计的背景。靖边县地形地貌复杂，大致分为三大类型区，各类型区有各自的特点，所以各区域的发展模式也要根据区域的具体情况来设计。

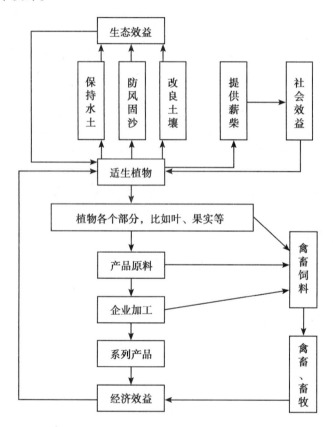

图 5 – 23　靖边县生态与经济互动发展模式

1. 靖边县生态与经济互动发展模式设计

靖边县生态与经济互动发展模式（见图 5 – 23），是指在半干旱区生态环境脆弱背景下，针对县域经济发达与农村经济落后、生态效益与经济效益、社会效益不协调的现象，在恢复或种植适合当地的乔、灌、草等植被改善生态环境的基础上，通过企业的深加工，建立以农民增收为目的的生态产业，达到生态效益与经济效益互促双赢的发展模式。

此模式设计的主导思想是以主导产业发展为基础，以基地建设为龙头，实行产业化经营、规模化发展，延伸各业的产业链条，通过种、养、植、深加工、农工贸并举、产加销一条龙的形式，促使各业的产前、产中、产后形成一个较完整的产业群体，这个产业群体以国内外市场为导向，以生态效益、社会效益、经济效益的有机统一为前提，围绕区域化的支柱产业，实行多层次、多形式、多元化，优化组合各种生产要素，以生态与经济互动发展为目标，通过市场牵龙头、龙头带基地、基地连农户的形式，逐步形成生态与经济互动的产业链条，实现区域生态与经济自我发展、自我积累、自我约束、自我调节的动态平衡①。

靖边县生态与经济互动发展模式的设计，主要是在靖边县生态与经济互促型发展方案下进行的。靖边县生态与经济互促型发展方案是模式设计的背景环境，而靖边县生态与经济互促型发展方案是依靠模式来实现的。

根据靖边县生态环境脆弱的特点，按照"宜乔则乔，宜牧则牧"的原则，在不同地区根据其具体特点种植适宜的植物，在这个模式里，北部风沙区主要种植沙柳②③，这是根据沙柳及此区与内蒙古自治区接壤的现实情况设计的，中部、南部白于山区主要种植沙棘④⑤，中间套种油松、马铃薯等树种或农作物。所选择的沙柳、沙棘等的根、茎、叶、花、果实、种子都是宝，都可以利用，这些都是企业加工用的原料，也是禽畜的优良饲料，在企业加工产品前还有一个重要环节——研发，因为企业要生产高效益的产品，就要在科技上有所突破，生产别人所没有生产过的，这样既可以延长产业链条，也可以充分利用提取加工的原料的各个环节，其结果就是高回报、高收益。

---

① 张殿发、卞建民：《中国北方农牧交错区土地荒漠化的环境脆弱性机制分析》，《干旱区地理》2000，23（2），第133—137页。

② 廖允成、付增光、贾志宽等：《中国北方农牧交错带土地沙漠化成因与防治技术》，《干旱地区农业研究》2002，20（2），第95—98页。

③ 杨志荣、索秀芬：《我国北方农牧交错带人类活动与环境的关系》，《北京师范大学学报》1996，32（3），第415—420页。

④ 毛留喜、程序、王利文等：《农牧交错带人口承载能力胁迫理论与对策研究》，《生态经济》2001（6），第6—9页。

⑤ 刘全友、童依平：《北方农牧交错带土地利用现状对生态环境变化的影响——以内蒙古多伦县为例》，《生态学报》2003，23（5），第1025—1030页。

所选树种都是适合当地环境的，其生态效益和社会效益也不可估量，沙棘、沙柳等既可以保持水土、防风固沙、改良土壤，又可以为当地群众提供薪柴，从而既解决了当地的环境问题，也解决了群众的燃料问题。

下面根据分区特点和靖边县生态与经济互促型发展方案来探讨靖边县各区域的发展模式及对策。

2. 北部风沙区发展模式设计

靖边县北靠毛乌素沙地，地表形态平缓，光热资源充足，地下水丰富，水位高，灌溉条件较好，但沙丘广布、危害严重，有流动、半固定、固定沙丘和湖盆滩地。目前已形成以蔬菜、制种为主的特色农业基地，但这一地区的生态问题主要是沙化、地下水位下降，针对这一问题可以借鉴内蒙古鄂尔多斯的做法。

内蒙古鄂尔多斯对沙柳的开发利用很成功。沙柳是一种灌木，主要特性是耐旱、耐寒、耐盐碱、抗风沙、不怕沙压、繁殖力强、易萌发，是一种广泛存在于内蒙古鄂尔多斯高原和陕北的野生灌木，不仅能抗风沙，在盐碱沙荒地区还能迅速生长繁殖，2—4 年可长到 3—5 米高。由于它是一种很好的造纸原料，当地造纸企业以其为原料生产中密度纤维板，为当地农牧民脱贫致富创造了有利条件。在生产企业取得了经济效益的同时，农牧民卖沙柳也有了可观的收入，进而激发了他们种植沙柳的积极性。更为重要的是，沙柳具有每 3—4 年必须平茬（从根部砍掉）一次，这样就能萌发得更快，否则会自然衰败而枯死的生物学特性，故在利用过程中不会对生态环境造成新的破坏。

而且沙柳的副产品可做工业原料，更是舍饲养羊、集中养牛的优质饲草料。实行灌草间作，建立立体牧场，可以有效地把"绿化"和"产业化"结合，"绿起来"和"富起来"结合。恢复生态，发展生产，提高农牧民生活水平，从而形成生态效益、经济效益、社会效益三者互利的良性循环体系（见图 5 - 24）。

另外，针对沙区所种植的植被可以考虑在科技方面有所突破。实地考察中发现已经有这方面的做法，但目前尚处于试验阶段，还不成熟，没有形成规模，所以靖边县北部风沙区可以向这方面发展。

这一模式的做法主要是与高校、科研院所合作，利用高科技从沙生植物中提取有用物质，比如沙地柏药用技术开发、长柄扁桃药用保健产品技术开发、沙地植物生态林多样性模式栽种技术开发、沙蒿保

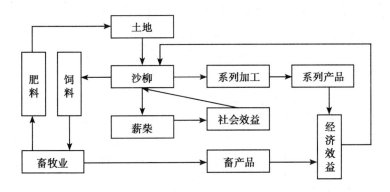

图 5 – 24　沙柳开发利用模式

水剂技术试验、沙蒿木耳及沙地食用菌开发技术等，这种模式科技含量高，产品附加值也高，相应的经济效益更高，只要因地制宜，产业化发展，大规模生产，就可以得到生态效益、社会效益、经济效益"三赢"的效果。

　　这一模式的一个共同特点是在不破坏地表植被的条件下进行的，这样既得到了生态效益，也得到了经济效益。总结一下，北部风沙区生态与经济互动发展模式见图 5 – 25。

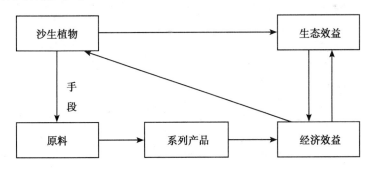

图 5 – 25　北部风沙区发展模式

　　另外，北部风沙滩区还可以发展无公害蔬菜和制种工程。在此区推广大田无公害栽培技术，创沙漠无公害绿色蔬菜品牌，在引进新、奇、特、鲜菜种的同时，要巩固洋葱、胡萝卜、大葱、大蒜等拳头产品，建立蔬菜农药残留检查体系，检测蔬菜农药残留情况，保证所生产蔬菜是无公害绿色产品。

现在全国的制种基地都在建设中，靖边县要抓住这个机遇，积极引进全国各大公司前来靖边制种，以保证全县的良种供应。

总之，要充分利用当地的资源优势，发挥其特有的优点，使其转变为社会经济发展的经济优势，最终实现生态与经济互动"双赢"的效果。

3. 中部、南部白于山区发展模式设计

靖边县中部、南部都是白于山区，所以将这两个区放在一起来设计其发展模式。

中部梁峁涧区，梁缓涧宽，涧坝交错，热量不足，无霜期短，但土地比较肥沃，最适宜油料、薯类生产，是全县油、薯、药材、鱼、蜂的主要种养区，目前已形成以马铃薯为主的特色农业基地。

南部丘陵沟壑区地貌复杂、地形破碎、土地瘠薄，但气候温和，降水相对较多，石油资源丰富，是全县小杂粮、创汇农产品和石油生产的主产区，目前已形成以荞麦等小杂粮为主的特色农业基地。

根据白于山区的资源环境特点，选择沙棘作为治理环境、发展经济的先锋树种，这也是根据沙棘的特有属性来决定的（见图5-26）。

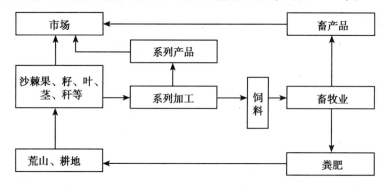

图5-26　沙棘开发利用模式

沙棘，属胡颓子科沙棘属，又名"醋柳"、"酸刺"、"黑刺"，是一种多年生落叶灌木，它喜光、抗寒、较耐干旱、适应性强，可在石质山地、沙地上茁壮生长，也可在裸露的土壤、黏性砾质土壤等荒山、沟坡繁衍而生。

沙棘是重要的生态经济树种，根系发达，有固氮根瘤，萌蘖力强，枯枝落叶多，生长速度快，总生物量高，具有改善土壤、保持水土、防风固沙、防止沟坡侵蚀、改善生态环境的良好作用。而且沙棘浑身都是宝，沙棘果能榨取沙棘汁，沙棘籽能萃取沙棘油，榨取后的果皮、果渣能提取黄酮，最后的皮、渣可以生产高蛋白的复合饲料，沙棘叶富含多种生物活性物质，可以代茶饮，沙棘枝秆可以制板材，所以沙棘在环境改造、医药、食品和工业诸多行业具有巨大的开发利用潜力，因而沙棘有"小灌木，多功能，大产业"之说。

沙棘社会经济发展前景广阔，除以上特点外，沙棘还具有广阔的社会经济发展前景。它生物产量大，燃烧值高，是干旱贫困地区解决"三料"的主要来源。

靖边北部的鄂尔多斯东胜区从 2004 年起开始构筑全国独一无二的生态产业园——沙棘产业园区，目标是要通过 7 大沙棘系列产品体系建设沙棘产业群，建设世界上最大的沙棘加工基地。靖边可以借助其北部鄂尔多斯东胜区的企业、市场和借鉴南部延安市吴起县的沙棘发展模式，加快发展本县的沙棘产业，最终达到生态效益、社会效益、经济效益"三赢"的效果。

此外，靖边县白于山区又分为中部梁峁涧区和南部丘陵沟壑区，以下为其具体发展模式。

（1）中部梁峁涧区发展模式设计。中部梁峁涧区，根据其地形地貌及气候等特点，特色农产品开发模式适合这一地区发展，这一模式主要采用贸易公司加农场（或农民）的生产管理模式，又称"订单农业"的模式①。具体操作为：由一个贸易公司，特别是兼有加工与贸易双重职能的公司与小农户集体签订生产合同，负责以一定的价格收购产品，并负责指导和监督小农户集体的生产，直至采取由公司统一供应所有农用物资，派出公司人员常驻生产基地进行管理等措施，从而确保生产的完整性和可靠性。目前有一些地方已经由农民自发建立了各类地方性的农民协会，比如靖边县伊当湾村的洋芋协会，黄蒿界乡的羊产业协会，东坑镇的土豆协会等，这些协会在组织生产方面发挥了十分积极的作用，但由于农民集体自身经济实力和管理水平的不足，很难解决市场问题，因此他们能采取的最佳农业生产模式，也还是与贸易公司相结合的模式。

具体的农作物发展模式（见图 5 - 27）是利用马铃薯增加农民收入。目前马铃薯是靖边县农民在种植业中现金收入的主要源泉，但问题是当地

---

① 史念海：《黄土高原历史地理研究》，黄河水利出版社 2001 年版。

的马铃薯品种混杂、种植结构不合理，所以在马铃薯品种方面首先是逐步淘汰老化的马铃薯品种，推广种植新品种，比如早熟品种，高淀粉品种，快餐品种等，实现马铃薯的无病毒化、产业化和专业化。

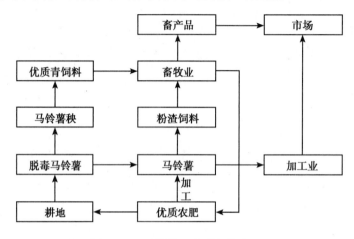

图 5 – 27　马铃薯开发利用模式

（2）南部丘陵沟壑区发展模式设计。南部丘陵沟壑区地貌复杂、地形破碎、土地瘠薄，但气候温和，降水相对较多，石油资源丰富，是全县小杂粮、创汇农产品和石油生产的主产区，目前已形成以荞麦等小杂粮为主的特色农业基地。

这一地区的发展模式可以借鉴北部风沙滩区的模式，因地制宜地选好物种，比如杏和小杂粮等比较适合这一地区栽种。

山杏的果实是生产杏仁露的主要原料，具体做法可以借鉴内蒙古赤峰市的发展模式：内蒙古赤峰市现有山杏经济林面积 4.1 × 105 公顷，年产山杏核 3.7 × 104 吨。宁城老窖股份有限公司利用这一资源特点，大力开发杏仁饮料，不仅增加了企业的利润，而且也增加了当地农牧民的经济收入，在充分调动农牧民种植山杏、退耕还林还草积极性的同时，也促进了当地的生态恢复与重建工作。

南部丘陵沟壑区还可以根据生产荞麦等小杂粮来发展"绿色"产品的精细加工业，实行集约化、规模化、产业化的生产治理模式，推动区域经济增长。

4. 牧业发展模式设计

靖边县处在北方农牧交错带，是农耕产业与牧养产业交汇的地带，是长期历史演变过程中两种文明相互交融所形成的特殊的民族经济地理区域。

靖边县牧业产值所占比例一直很高，畜牧业是靖边县的一个主要产业，所以对畜牧业的发展要考虑草场的未来发展。虽然全县已经全部实行舍饲养畜，但对于草场的长远发展，放牧加舍饲是今后畜牧业饲养方式的主流。所以需要在具有区位优势的地区发展舍饲与放牧相结合、人工优质牧草为主要饲料资源的集约化草地畜牧业，这是提高草食家畜生产水平的主要途径之一（见图 5 - 28）。

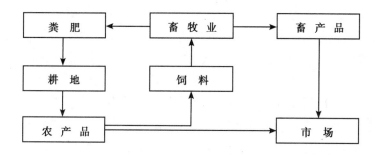

图 5 - 28 畜牧业发展模式

目前，草地的"三化"严重，所以要合理利用草地，在水热条件较好的平坦土地上建立高效饲草料基地，实现合理放牧与舍饲结合，以期达到改善生态环境、大幅度提高畜牧业抗灾能力和生产力的目的。

在退耕还林还草、退耕休牧政策实施过程中和以后的长远发展，要把这些政策的实施与相关产业比如乳品业、养殖业、加工业等相结合，从而解决退耕还林还草后农民干什么的问题和长远的生产生活依托问题，这样国家的相关政策的实施才能达到预期的效果，构建的产业链模式为：退耕禁牧—草产业—舍饲圈养—后续产业，若能形成这样的产业链，靖边县退耕禁牧后农民的生计等问题就有了出路，国家的政策措施也可以畅通无阻地实施下去。

畜牧业是今后靖边县产业的一大主要发展方向，其发展也适合当地的生态环境与人民的生产生活习惯，而且畜牧业的收入占农民总收入的百分比不断提高，所以畜牧业的发展仍是今后靖边县经济的主要发展方向。

第二节　基于灰色关联模型的大寨
生态与经济关系分析

一、灰色关联分析理论

灰色系统是指部分信息已知，部分信息未知的系统。它通过对"部分"已知信息的生成，开发去了解、认识现实世界，实现对系统运行行为和演化规律的正确把握和描述。而对于两个系统之间的因素，其随时间或不同对象而变化的关联性大小的量度，称为关联度。在系统发展过程中，若两个因素变化的趋势具有一致性，即同步变化过程较高，即可谓二者关联程度较高；反之，则较低。因此，灰色关联分析方法，是根据因素之间发展趋势的相似或相异程度，亦即"灰色关联度"，作为衡量因素间关联程度的一种方法。灰色系统理论提出了对各子系统进行灰色关联度分析的概念，意图透过一定的方法，去寻求系统中各子系统（或因素）之间的数值关系。

灰色关联分析方法的基本思想是根据序列曲线几何形状的相似程度来判断其联系是否紧密，并在数学上用灰色关联度来衡量这种相似程度。曲线越接近，相应序列之间的关联度就越大，反之越小。在具体分析计算时，可将无限收敛曲线用近似收敛（数组）来取代，从而为解决大量实际问题提供了极大的便利[1][2][3]。

灰色关联度分析作为一种数学分析方法，其分析的大致计算步骤如下：

（1）确定反映系统行为特征的参考数列和影响系统行为的比较数列

（2）对参考数列和比较数列进行无量纲化处理

由于系统中各因素的物理意义不同，导致数据的量纲也不一定相同，不便于比较，或在比较时难以得到正确的结论。因此在进行灰色关联度分析时，一般都要进行无量纲化的数据处理。其具体办法是用序列的第一个

① 沈珍瑶、杨志峰、曹瑜：《环境脆弱性研究述评》，《地质科技情报》2003 年第 9 期，第 91—94 页。

② 王建军、丁琳：《区域经济脆弱性评价研究》，《新西部》2007 年第 2 期，第 6—10 页。

③ 王小丹、钟祥浩：《生态环境脆弱性概念的若干问题探讨》，《山地学报》2003 年第 12 期，第 21—25 页。

值除以序列值，进行无量纲化处理。

（3）计算参考数列 $Y_i(t)$ 与 $X_i(t)$ 的绝对差值，其计算公式为：

$$\Delta_i(t) = | Y_i(t) - X_i(t) |$$

（4）求参考数列与比较数列的灰色关联系数 $\zeta_i(t)$

所谓关联程度，实质上是曲线间几何形状的差别程度。因此曲线间差值大小，可作为关联程度的衡量尺度。其计算公式为：

$$\zeta_i(t) = \frac{\min_i \min_i | Y_i(t) - X_i(t) | + K \min_i \min_i | Y_i(t) - X_i(t) |}{| Y_i(t) - X_i(t) | + K \max_i \max_i | Y_i(t) - X_i(t) |}$$

其中，K 为介于 ［0，1］ 区间上的灰数（又称变异系数），一般取 $K = 0.5$。

（5）求关联度

因为关联系数是比较数列与参考数列在各个时刻（即曲线中的各点）的关联程度值，所以它的数不止一个，而信息过于分散不便于进行整体性比较。因此有必要将各个时刻（即曲线中的各点）的关联系数集中为一个值，即求其平均值。

计算公式为：

$$\lambda_i = \frac{1}{n} \sum_{k=1}^{n} \zeta_i(t)$$

（6）排关联序

因素间的关联程度，主要是用关联度的大小次序描述，而不仅是关联度的大小。将关联度依大小顺序排成一列，称关联序。从而可以明确及理顺各子序列对于母序列的"主次"、"优劣"关系。

二、灰色关联分析模型

（一）指标体系构建的原则

可操作性。建立的评价指标体系应尽可能简明，选取的指标要充分考虑各指标资料获取的可行性与可利用性，既要保证评价成果的质量又要保证可操作性强。

定性与定量结合。定量指标具有明确的量级指标，评价因子尽可能量化，对于难以量化的因子，给予定性描述。

不可替代性。指标之间应尽量避免包含关系，如果选取的因素之间关联性太大，会使某一因素的影响作用重复计算，从而降低评价结果的准确度。

可比性。影响因素的选择，应考虑它可以进行横向或纵向比较。

（二）指标体系的构建

由于受现有资料的限制，考虑到指标体系构建的原则，建模使用的数据来源主要来自对农户的调查资料，通过对当地农户和村干部进行调查访问，获取第一手资料和记录。调查的内容主要包括2005年农户的主要收支情况、退耕还林状况及村民对生态建设的态度以及农户的一些基本资料（见表5－8）。

表5－8 　　　大寨村经济状况及退耕还林情况调查表（2005年）

户主序号	户主年龄	文化程度	子女数量	年总收入（元）	年总支出（元）	现有耕地（亩）	年人均收入（元）	退耕还林率（%）
1	47	高中	2	31000	21300	0	7750	62.3
2	27	初中	1	15485	7652	0	5161.67	56.6
3	31	初中	1	19864	11564	1.2	6621.33	53.2
4	43	初中	2	20245	18621	2.1	5061.25	63.5
5	53	小学	3	24375	16854	2.3	4875	56.5
6	46	初中	2	18156	8652	1.6	4539	52.3
7	41	初中	2	20400	12634	1.3	5100	56.3
8	49	初中	2	23610	18654	1.6	5902.5	62.5
9	36	高中	1	14362	8621	0.8	4787.33	56.8
10	51	初中	2	23561	16593	2.1	5890.25	62.8
11	49	初中	2	19864	13652	1.6	4966	64.3
12	33	初中	1	16532	95621	1	5510.67	56.7
13	52	小学	2	21356	16986	1.8	5339	62.5
14	46	高中	2	19635	9862	2	4908.75	51.4
15	35	初中	1	13698	8462	1.4	4566	61.3
16	52	初中	2	23200	18695	1.9	5800	62.8
17	46	小学	2	21056	16325	2.1	5264	56.3
18	35	初中	1	18720	9561	1	6240	40.9
19	36	高中	1	17658	12340	0.9	5886	50.2
20	58	高中	2	21260	18623	1.6	5315	52.1

经济发展指标主要选取人均GDP、户主受教育程度、恩格尔系数、家庭总人口4项内容，将退耕还林率和农户对退耕还林的态度2项内容作为反映生态的指标。退耕还林率公式表达如下：

$$R = \frac{S_1}{S_1 + S_2}$$

其中，R 为退耕还林率，S_1 为当年的退耕面积，S_2 为现有耕地面积。户主受教育程度和农户对退耕还林的态度都是定性的指标，只有对他们赋值并转化为定量指标才能进行分析，本书以 20 户调查农户为样本，对调查数据进行整理赋值（表 5 - 9 和表 5 - 10）。

表 5 - 9　　　　　　　　大寨村村民户主受教育状况调查表

	小学文化程度	初中文化程度	高中文化程度
赋值	0	1	2
百分比（%）	15	60	25

表 5 - 10　　　　　　　　大寨村村民对退耕还林态度调查表

	不愿意	愿意	非常愿意
赋值	0	1	2
百分比（%）	5	30	65

三、模型的应用

本书以上述指标体系中的各项数据作为灰色关联系统因素，分别将其设为参考序列和比较序列，建立灰色关联分析模型。应用上面的方法，求参考序列与比较序列的关联系数 ζ。将关联系数按样本数 t 进行平均得出关联度矩阵 λ，来反映生态与经济之间的关系。其评判的指标如表 5 - 11 所示。

表 5 - 11　　　　　　　　生态与经济互动关系的评判指标

系数	含义
$0.7 \leqslant \zeta \leqslant 1$	关联度为强，互动关系明显
$0.5 \leqslant \zeta < 0.7$	关联度为中，互动关系为中等
$0 < \zeta < 0.5$	关联度为弱，互动关系不明显

将生态指标作为参考序列 Y_i，它包括退耕还林率（Y_1）、农户对退耕还林的态度（Y_2），则经济指标为比较序列 X_i，它包括人均 GDP（X_1）、户主受教育程度（X_2）、恩格尔系数（X_3）、家庭总人口（X_4），则得到

关联度矩阵（1）：

$$
\lambda_i = \begin{array}{c} \\ Y_1 \\ Y_2 \end{array}\begin{array}{cccc} X_1 & X_2 & X_3 & X_4 \\ \left| \begin{array}{cccc} 0.689 & 0.563 & 0.661 & 0.496 \\ 0.706 & 0.676 & 0.679 & 0.503 \end{array} \right| \end{array} \tag{1}
$$

反之，将经济指标作为参考序列 Y_i，它包括人均 GDP（Y_1）、户主受教育程度（Y_2）、恩格尔系数（Y_3）、家庭总人口（Y_4），则生态指标为比较序列 X_i，包括退耕还林率（X_1）、农户对退耕还林的态度（X_2），则得到关联度矩阵（2）：

$$
\lambda_i = \begin{array}{c} \\ Y_1 \\ Y_2 \\ Y_3 \\ Y_4 \end{array}\begin{array}{cc} X_1 & X_2 \\ \left| \begin{array}{cc} 0.666 & 0.611 \\ 0.584 & 0.633 \\ 0.727 & 0.679 \\ 0.564 & 0.596 \end{array} \right| \end{array} \tag{2}
$$

四、模型的分析

在矩阵（1）中，$\bar{\lambda}$ 的值为 0.6216，说明大寨村经济与生态之间的关联度为中，互动关系为中等。具体来看，经济指标下的人均 GDP、恩格尔系数对生态的影响作用尤为突出，其值分别为 0.698、0.67，而相比之下，户主的受教育程度、家庭总人口这两项指标与生态之间的关联度稍弱，分别为 0.619、0.508。其含义是：家庭人均收入是直观反映经济状况的指标，它的多少对生态建设的影响最大，村民只有从中获益了，才会积极投身到生态建设上；恩格尔系数对生态建设的影响次之；户主的教育程度决定了村民对国家政策的认识与响应程度，进而影响到生态建设上来；家庭规模虽然与生态建设也有相关性，但关联度相对较小。

在矩阵（2）中，$\bar{\lambda}$ 的值为 0.6325，说明大寨村生态的好坏对当地经济发展的影响作用比较强，两者之间的互动度为中等。其中，生态指标下的退耕还林的实施状况与经济指标下的恩格尔系数关联度最大，其值为 0.727；退耕还林与家庭规模之间的相关性相对弱些。

将两个矩阵综合起来考虑，通过比较各关联度的大小，可以看出大寨村生态系统与经济系统之间互为影响、互为促进，且两者之间已经达到初步的互动。具体来看，生态系统对经济系统的驱动力更强，影响更显著，主要原因是大寨村在把生态搞好的基础上开发了旅游业，村民从中直接受益，直接促进了当地经济的发展。而当经济发展了，就有更多的资金投入到生态建设上，且村民也有激情投入到生态建设上，就加速了当地的生态建设。

第三节　基于 AHP 层次分析法的高西沟生态与经济互动水平评价

高西沟生态与经济互动"双赢"发展水平评价指标是评价的基本尺度和衡量标准，而指标体系是进行生态—经济—社会综合影响评价的基础。黄土高原丘陵沟壑区特殊的自然环境决定了各区域特点及制约因素等的差异，而指标体系的构建与研究区所处的自然环境、经济和社会等条件密切相关，因此，根据当地实际条件，建立一套科学、完备且合理的指标体系决定了评价效果的真实性和可行性。

一、评价指标体系构建原则及模型框架的建立

（一）评价指标体系构建原则

为了使指标体系科学化、规范化，在构建指标体系时，应遵循以下原则：

（1）系统性原则。各指标之间要有一定的逻辑关系，它们不但要从不同的侧面反映出生态、经济、社会子系统的主要特征和状态，而且还要反映生态—经济—社会系统之间的内在联系。每一个子系统由一组指标构成，各指标之间相互独立，又彼此联系，共同构成一个有机统一体。指标体系的构建具有层次性，自上而下，从宏观到微观层层深入，形成一个不可分割的评价体系。

（2）典型性原则。务必确保评价指标具有一定的典型代表性，尽可能准确反映出特定区域——高西沟的环境、经济、社会变化的综合特征，即使在减少指标数量的情况下，也要便于数据计算和提高结果的可靠性。另外，评价指标体系的设置、权重在各指标间的分配及评价标准的划分都应该与高西沟的自然和社会经济条件相适应。

（3）动态性原则。生态—经济—社会效益的互动发展需要通过一定时间尺度的指标才能反映出来。因此，指标的选择要充分考虑到动态的变

化特点，应该收集若干年度的变化数值。

（4）简明科学性原则。各指标体系的设计及评价指标的选择必须以科学性为原则，能客观真实地反映高西沟环境、经济、社会发展的特点和状况，能客观全面反映出各指标之间的真实关系。各评价指标应该具有典型代表性，不能过多过细，使指标过于繁琐，相互重叠，指标又不能过少过简，避免指标信息遗漏，出现错误、不真实现象，并且数据易获且计算方法简明易懂。

（5）可比、可操作、可量化原则。指标选择上，特别注意在总体范围内的一致性，指标体系的构建是为区域政策制定和科学管理服务的，指标选取的计算量度和计算方法必须一致统一，各指标尽量简单明了、微观性强、便于收集，各指标应该要具有很强的现实可操作性和可比性。而且，选择指标时也要考虑能否进行定量处理，以便于进行数学计算和分析。

（6）综合性原则。生态—经济—社会的互动"双赢"是生态经济建设的最终目标，也是综合评价的重点。在相应的评价层次上，全面考虑影响环境、经济、社会系统的诸多因素，并进行综合分析和评价。

（二）评价模型框架的设立

结合统计年鉴和实际调查资料，对研究区进行深入分析后，将待评价的要素划分为不同的层次。评价指标的选择关系到整个指标体系设置是否合理，依据高西沟生态与经济互动发展"双赢"目标，从生态效益系统、经济效益系统和社会效益系统三个方面，摒弃次要和重叠的元素指标，选定如图5－29所示的16个指标建立了本书评价系统的层次分析模型框架图，它简明扼要、清楚明确地反映出各层次之间的递阶结构与要素之间的从属关系。

二、指标权重的确立

（一）层次分析法基本原理

层次分析法（AHP）是美国运筹学家萨蒂（Saaty）教授于20世纪80年代提出的一种实用的多方案或多目标的决策方法，是一种定性与定量相结合的分析评价方法，是目前进行综合评价的一种比较简便易行又行之有效的方法。其主要特征是，它合理地将定性与定量的决策结合起来，按照思维、心理的规律把决策过程层次化、数量化。该方法自1982年被介绍到我国以来，以其定性与定量相结合地处理各种决策因素的特点，以及其系统灵活简洁的优点，迅速地在我国社会经济各个领域内，如生态农业系统分析①②③、生态环境评价④⑤⑥、工程建设⑦⑧⑨、城市规划⑩、经济管理⑪⑫、科研评价⑬⑭等，得到了广泛的重视和应用。

　　层次分析法的基本思路为：先分解后综合的系统思想，即整理和综合人们的主观判断，使定性分析与定量分析有机结合，实现定量化决策。首先将所要分析的问题层次化，根据问题的性质和要达到的总目标，将问题分解成不同的组成因素，按照因素间的相互关系及隶属关系，将因素按不同层次聚集组合，形成一个多层分析结构模型，最终归结为最底层（方案、措施、指标等）相对于最高层（总目标）相对重要程度的权值或相对优劣次序的问题。

---

　　① 裘国旺、赵艳霞、王石立等：《气候变化对我国北方农牧交错带及其气候生产力的影响》，《干旱区研究》2001，18（1），第24—28页。

　　② 李栋梁、吕兰芝：《中国农牧交错带的气候特征与演变》，《中国沙漠》2002，22（5），第483—488页。

　　③ 章文波、刘宝元：《北方农牧交错带降水极值变化空间特征》，《自然资源学报》2003，18（3），第274—280页。

　　④ 张兰生、方修琦、任国玉：《我国北方农牧交错带的环境演变》，《地学前缘》1997，4（1—2），第127—136页。

　　⑤ 倪永明：《县域生态环境质量评价的理论和方法——以陕西米脂县为例》，西北大学出版社2002年版。

　　⑥ 陈久和：《农业生态经济区域综合比较的 ROSCE 模型及其应用》，《科技通报》2002，18（2），第151—156页。

　　⑦ 翟勇、杨世琦、韩清芳等：《县域生态农业系统评价理论及案例研究》，《西北农林科技大学学报（自然科学版）》2007，35（1），第68—72页。

　　⑧ 李黎明、袁兰：《我国的农业现代化评价指标体系》，《华南农业大学学报（社会科学版）》2004，3（2），第20—24页。

　　⑨ 易军、张春花：《北方沿海地区农业现代化进程的定量评价》，《中国软科学》2005（1），第134—139页。

　　⑩ 熊鹰、王克林：《基于 GIS 的湖南省生态环境综合评价研究》，《经济地理》2005，25（5），第655—657页。

　　⑪ 马金珠、安新平、赵华：《甘肃省生态环境质量综合评价》，《安全与环境工程》2004，11（3），第1—5页。

　　⑫ 张家来、刘立德：《江滩农林复合生态系统综合效益的评价》，《生态学报》1995，15（4），第442—449页。

　　⑬ 杨海红、李红英：《层次分析法在黄土边坡治理方案优选中的应用》，《长江科学院院报》2006，23（3），第55—58页。

　　⑭ 赵菁、易莉：《层次分析法在建立工程目标体系中的应用》，《武汉工业学院学报》2006，25（2），第63—66页。

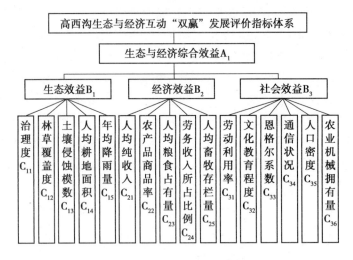

图 5 - 29　层次分析评价模型图

（二）基本方法

在 AHP 决策分析方法中，最根本的计算任务是求解判断矩阵中对应元素的特征向量及其对应的最大特征根，所采用的计算方法、计算步骤如下：

1. 计算方法

① 计算特征向量

先计算判断矩阵每一行元素的乘积；再计算每一行元素乘积的 n 次方根；然后将开方后的数值归一化后所得的数值就为所求的特征向量 W。

$$W_i = \frac{(\prod_{j=1}^{n} a_{ij})^{\frac{1}{n}}}{\sum_{k=1}^{n} (\prod_{j=1}^{n} a_{kj})^{\frac{1}{n}}}$$

$W = [W_1, W_2, \cdots, W_n]^T$ 即为所求的特征向量。

② 计算最大特征根

$$\lambda_{max} = \frac{1}{n} \sum_{i=1}^{n} \frac{(BW)_i}{W_i}$$

λ_{max}——矩阵 B 的最大特征根；

$(BW)_i$——向量 BW 的第 i 分量；

W_i——对应于 λ_{max} 的归一化特征向量 W 所对应元素单排序的权重值。

2. 计算步骤

指标权重的合理与否在很大程度上影响综合评价的正确性、科学性与合理性。近年来，用层次分析法（AHP）确定权重越来越受到研究人员的重视并在许多方面得到应用，层次分析法赋权法可避免大量指标同时赋权的混乱和失误，从而提高评价的简便性和准确性。在本研究中也采用层次分析法（AHP）确立生态与经济发展互动"双赢"评价指标体系的权重。其步骤如下①：

第一步，建立系统的递阶层次结构。

先弄清问题涉及的范围、所包含的因素及各因素之间的关系等问题，以便尽量掌握充分的信息。再将问题所包含的有关各个因素按照不同的属性自上而下地分解成若干个层次。同一层的诸因素从属于上一层的因素或对上层因素有影响，同时又支配下一层的因素或受到下层因素的作用。最上层为目标层，通常只有一个因素，最下层通常为方案或对象层，中间可以有一个或几个层次，通常为准则层或指标层。当准则过多时（譬如多于9个）应进一步分解出子准则层。

第二步，构造两两比较判断矩阵。

这一步骤是 AHP 决策分析方法的一个关键步骤，判断矩阵中元素的信息主要反映出人们对每一层中各元素相对重要性的认识程度。从层次结构模型的第二层开始，对于从属于（或影响）上层每个因素的同一层诸因素，再请专家对每一次的各因素进行客观判断，逐层对各个指标或标准赋值，并结合表 5-13 比较标度赋予重要程度不同的值，直到最下层。判断矩阵形式（见表 5-12）及 1—9 级标度的含义如下（见表 5-13）：

表 5-12　　　　　　　　　　比较矩阵判断形式

A_k	B_1	B_2	...	B_n
B_1	b_{11}	b_{12}	...	b_{1n}
B_2	b_{21}	b_{22}	...	b_{2n}
⋮	⋮	⋮	⋮	⋮
B_n	b_{n1}	b_{n2}	...	b_{nn}

其中，b_{ij} 表示对于 A_k 而言，元素 B_i 与 B_j 的相对重要程度。显然，对

---

① 徐昌云、程浩忠、沈阅等：《基于道路属性的优先级权系数算法在架空线路入地改造中的应用》，《电力系统及其自动化学报》2004（3），第1—4页。

于任何判断矩阵都应满足 $b_{ij} > 0$，$b_{ii} = 1$，$b_{ji} = 1/b_{ij}$。

表 5 − 13　　　　　　　　　判断矩阵 1—9 级标度及其含义

b_{ij} 取值	含义
1	b_i 与 b_j 同等重要
3	b_i 与 b_j 稍微重要
5	b_i 与 b_j 明显重要
7	b_i 与 b_j 强烈重要
9	b_i 与 b_j 极端重要
2，4，6，8	b_i 与 b_j 分别介于 1—3、3—5、5—7 及 7—9 之间

第三步，层次单排序及一致性检验。

层次单排序就是根据判断矩阵计算本层次元素与上一层次有联系的某元素之间重要性程度的相对值，即可归结为计算比较判断矩阵的最大特征根 λ_{max} 及对应特征向量 W。利用一致性指标和一致性比率对特征向量做一致性检验，若检验通过，特征向量即为权向量，否则需重新构造比较矩阵。

对层次单排序进行一致性检验公式如下：

$$CR = \frac{CI}{RI}$$

$$CI = \frac{\lambda_{max} - n}{n - 1}$$

其中：

　　　　CR——判断矩阵随机一致性比率；

　　　　CI——判断矩阵的一般一致性指标；

　　　　RI——判断矩阵的平均随机一致性指标。对于 1—10 阶判断矩阵，RI 取值如表 5 − 14 所示。

表 5 − 14　　　　　　　　判断矩阵平均随机一致性指标

矩阵阶数 n	1	2	3	4	5	6	7	8	9	10
RI 取值	0	0	0.58	0.9	1.12	1.24	1.32	1.41	1.45	1.49

当 $CR < 0.1$ 时，认为判断矩阵具有令人满意的一致性，计算所得特

征向量可作为权向量；否则，当 $CR \geqslant 0.1$ 时，则需要重新修改调整判断矩阵，直到满意为止。

第四步，层次总排序及一致性检验。

计算方案层所有元素对顶层（目标层）的组合权重向量，称为层次总排序，并逐步进行组合一致性检验。若检验通过，则可按照组合权重向量表示的结果进行决策，否则需重新构造那些一致性比率 CR 较大的成对比较矩阵。C 层次的总排序结果见表 5 – 15，此过程由上而下逐层进行，若上一层次 A 对应的所有元素 B_1，B_2，$\cdots$，B_m，其层次总排序权重值分别为 b_1，b_2，$\cdots$，b_m；与 B_j 对应的下一层次元素 C_1，C_2，$\cdots$，C_n，它们对于 B_m 的层次单排序值分别为 C_{1j}，C_{2j}，$\cdots$，C_{nj}（当 C_i 与 B_j 无关时，$C_{ij} = 0$）。

表 5 – 15　　　　　　　　　　　层次总排序表

层次	B_1	B_2	$\cdots$	B_m	C 层次总排序
	b_1	b_2	$\cdots$	b_m	
C_1	C_{11}	C_{12}	$\cdots$	C_{1m}	$\sum\limits_{j=1}^{m} b_j c_{1j}$
C_2	C_{21}	C_{22}	$\cdots$	C_{2m}	$\sum\limits_{j=1}^{m} b_j c_{2j}$
$\vdots$	$\vdots$	$\vdots$	$\vdots$	$\vdots$	$\vdots$
C_n	C_{n1}	C_{n2}	$\cdots$	C_{nm}	$\sum\limits_{j=1}^{m} b_j c_{nj}$

层次总排序一致性检验也是由上而下逐层进行的，如果 C 层次某元素对于 B_j 单排序的一致性指标为 CI_j，相应的平均随机一致性指标为 RI_j，则 C 层次总排序随机一致性比率为[1][2]：

$$CR = \sum_{j=1}^{n} b_j \cdot CI_j \Big/ \sum_{j=1}^{n} b_j \cdot RI_j$$

同样，当 $CR < 0.10$ 时，认为总排序符合一致性要求，各评价指标所赋权值符合总评价要求，层次总排序具有满意的一致性，否则需要重新调

---

[1]　郭汉刚、郭汉丁：《城市居住区规划设计的层次分析评价》，《基建优化》2003，24（1），第41—43页。

[2]　张宝善、许成安：《层次分析法在劳动价值与分配制度衡量中的应用》，《江汉论坛》2006（12），第9—12页。

整判断矩阵元素的取值，直到层次总排序的一致性检验达到满意为止。

（三）评价指标的无量纲化

无量纲化，也叫指标数据的标准化、规范化，即通过数学变换来消除原始指标单位影响的方法[①]。由于各指标的数据性质和数量级不同，量纲也存在明显的差异，为了使评价结果具有可比性并减少随机因素的干扰，其原始值应该按一定方法转变为标准值，实现统一标准下指标的定量化表达，使其在参与多指标综合分析计算时，不至于因量纲不同而失去指标要素间的公平与合理性，即用量纲化后的标准值来衡量该指标因子对生态—经济—社会的影响程度。评价指标原始数据见表 5 – 16。

表 5 – 16　　　　　　　　　评价指标原始数据表

生态效益指标 B_1	1999 年	2000 年	2001 年	2002 年	2003 年	2004 年	2005 年
治理度（%）C_{11}	69.3	69.3	69.3	69.3	69.3	69.3	69.3
林草覆盖度（%）C_{12}	64	64	64	64	64	64	64
土壤侵蚀模数 C_{13}	1638.4	1638.4	1638.4	1638.4	1638.4	1638.4	1638.4
人均耕地面积（亩/人）C_{14}	3.7	3.6	3.0	2.9	1.0	3.3	3.3
年均降雨量（毫米）C_{15}	268.3	381.1	516.4	391.6	499	297.5	451.6
经济效益指标 B_2	1999 年	2000 年	2001 年	2002 年	2003 年	2004 年	2005 年
人均纯收入（元）C_{21}	—	—	1600	2000	2100	2791	3800
农产品商品率（%）C_{22}	54.31	27.17	63.31	35.95	65.81	40.35	57.21
人均粮食占有量（公斤）C_{23}	—	77.36	447.84	67.44	240.28	185.27	265.69
务工收入所占比例（%）C_{24}	25.00	14.59	18.32	26.42	44.33	—	—
人均牲畜存栏量（只）C_{25}	0.4	0.6	0.1	1.0	1.4	1.5	1.1
社会效益指标 B_3	1999 年	2000 年	2001 年	2002 年	2003 年	2004 年	2005 年
劳动利用率（%）C_{31}	44.71	42.31	47.12	37.50	20.19	21.15	15.87
文化教育程度 C_{32}	40.10	60.95	—	46.23	47.70	74.67	—
恩格尔系数（%）C_{33}	21.9	45.8	34.4	29.1	17.0	25.4	25.5
通信状况（%）C_{34}	11.86	15.65	—	14.65	13.32	12.74	—
人口密度（人/km²）C_{35}	138.7	139.0	138.9	139.9	137.3	134.7	132.1
农业机械拥有量（台）C_{36}	79	79	116	116	116	116	116

注：表中的数据源自米脂县统计年鉴、入户调查资料、报刊杂志和媒体报道等。

根据论文研究的实际需要，结合模糊数学隶属函数和标准化法对指标

---

① 庞文辉：《层次分析法在经济管理中的应用》，《山西统计》1999（7），第45—46 页。

数值进行标准化处理，其公式表达如下：

隶属函数法：

① 升半梯形函数

$$U_{(x)} = \begin{cases} 0 & 0 \leqslant x \leqslant a_1 \\ \dfrac{x - a_1}{a_2 - a_1} & a_1 < x < a_2 \\ 1 & x \geqslant a_2 \end{cases}$$

② 降半梯形函数

$$U_{(x)} = \begin{cases} 1 & 0 \leqslant x \leqslant a_1 \\ \dfrac{a_2 - x}{a_2 - a_1} & a_1 < x < a_2 \\ 0 & x \geqslant a_2 \end{cases}$$

式中：x 为实际值，a_1 和 a_2 为指标的基准值和理想值。

标准化法：

$$S = \sqrt{\dfrac{\sum_{i=1}^{n}(x_i - \overline{X})^2}{n - 1}}$$

$$X' = \dfrac{x_i - \overline{X}}{S}$$

式中：$\overline{X}$ 为均值，当 $x_i > \overline{X}$ 时，X' 为正，当 $x_i < \overline{X}$ 时，X' 为负，而指标的标准化值为负不符合人们的心理习惯，而且它也没有一个确定的取值范围，不便于比较也不易理解，因而需要对其进一步改造变换。在标准化数值的基础上进一步计算计量分值 X''，以此作为指标系统综合评价数值的计算因子[1]。所得标准化后的数据见表 5 – 17。

当 x_i 为正极性指标，即 x_i 值越大越好时，$X'' = 50 + 10X'$；

当 x_i 为负极性指标，即 x_i 值越小越好时，$X'' = 50 - 10X'$。

---

① 张维全：《层次分析法与模糊理论在科研成果评价中的应用》，《宁夏大学学报（自然科学版）》2002，23（3），第 230—233 页。

表 5 - 17　　　　　　　　　评价指标标准化数据表

生态效益指标 B_1	1999 年	2000 年	2001 年	2002 年	2003 年	2004 年	2005 年
治理度（%）C_{11}	60.00	60.00	60.00	60.00	60.00	60.00	60.00
林草覆盖度（%）C_{12}	60.00	60.00	60.00	60.00	60.00	60.00	60.00
土壤侵蚀模数 C_{13}	40.00	40.00	40.00	40.00	40.00	40.00	40.00
人均耕地面积（亩/人）C_{14}	57.93	56.85	50.33	49.24	28.59	53.59	53.59
年均降雨量（毫米）C_{15}	36.07	47.93	62.15	49.03	60.32	39.14	55.34
经济效益指标 B_2	1999 年	2000 年	2001 年	2002 年	2003 年	2004 年	2005 年
人均纯收入（元）C_{21}	—	—	40.07	44.70	45.85	—	65.53
农产品商品率（%）C_{22}	53.49	35.08	59.60	41.04	61.30	44.02	55.46
经济效益指标 B_2	1999 年	2000 年	2001 年	2002 年	2003 年	2004 年	2005 年
人均粮食占有量（公斤）C_{23}	—	49.93	50.12	49.93	50.01	49.99	50.03
务工收入所占比例（%）C_{24}	49.36	40.27	43.53	50.60	66.24	—	—
人均牲畜存栏量（只）C_{25}	40.96	44.81	35.19	52.50	60.19	62.12	54.42
社会效益指标 B_3	1999 年	2000 年	2001 年	2002 年	2003 年	2004 年	2005 年
劳动利用率（%）C_{31}	59.13	57.30	60.96	53.65	40.51	41.24	37.23
文化教育程度（%）C_{32}	40.02	55.06	—	44.44	45.51	64.96	—
恩格尔系数（%）C_{33}	56.96	31.51	43.65	49.30	62.18	53.24	53.13
通信状况（%）C_{34}	38.21	63.31	—	56.69	47.88	44.04	—
人口密度（人/km²）C_{35}	44.81	43.75	44.10	40.57	49.75	58.94	68.13
农业机械拥有量（台）C_{36}	35.36	35.36	55.86	55.86	55.86	55.86	55.86

注：近几年来，高西沟的治理度、林草覆盖度和土壤侵蚀模数基本保持不变，原始数据数值基本上已经达到理想值，这三组数据进行标准化均采用的是隶属函数法，无论是正指标还是负指标，它们标准化后的数据均是 1.00。

三、高西沟生态与经济互动发展评价

层次分析法（AHP）权重值的大小反映了各个指标的重要程度，高西沟生态与经济互动"双赢"发展中，生态效益、经济效益和社会效益的影响程度在理论上应该是不完全相同的，因此，正确地确定指标的权重成为系统综合评价的关键。本评价系统的指标权重赋值采用专家独立打分，笔者曾与经验丰富、学识渊博且对黄土高原地区情况非常了解的专家多次座谈，专家们分别表达了各自的认识和见解。比较判断矩阵中的权重是广泛听取各位专家的意见，在各个专家的宝贵建议的基础上，对不同的赋值结果进行综合处理而成的，具有一定的可靠性和参考意义。

从生态与经济互动"双赢"发展的战略目标出发，鉴于黄土高原特殊的自然环境，相对经济效益和社会效益而言，生态效益遥遥领先，其权重为 0.558（见表 5-18）。生态效益是经济效益和社会效益的前提，改善生态环境，尽量恢复生态平衡，使之走上良性循环的轨道，只有把生态治理好，经济效益和社会效益才能得到显著提高。实践中必须采取生态环境建设和经济发展并重的总路线，走边治理边开发、以开发促治理的道路，挖掘多种渠道促进经济发展，计算结果表明经济效益目标的权重为 0.320，仅次于环境建设，当生态效益和经济效益发生冲突时，要坚持以生态效益为先。高西沟脆弱的生态环境和贫困的经济状况等因素决定了当地农民要实现生态与经济的互动发展，关键以生态效益为主，兼顾经济发展，但必须重视社会效益对生态建设、经济发展带来的影响，其权重为 0.122。

表 5-18　　　　　　　　　　目标层权重

A_1	B_1	B_2	B_3	W	排序
B_1	1	2	4	0.558	1
B_2	1/2	1	3	0.320	2
B_3	1/4	1/3	1	0.122	3

注：$\lambda_{max} = 3.019$，$CI = 0.010$，$RI = 0.58$，$CR = 0.016 < 0.01$。

（一）生态子系统效益分析

生态环境是人类赖以生存和发展的场所，环境质量直接影响到人类的生存质量及其对资源的利用，生态环境的好坏是衡量可持续发展的标志。权重向量值年均降雨量 > 治理度 > 土壤侵蚀模数 > 林草覆盖度 > 人均耕地面积（如表 5-19 所示）。显而易见，降雨的多少是影响生态环境治理程度的"瓶颈"，当地农民往往"靠天吃饭"，气候干燥、干旱少雨不仅制约着该区生态环境建设的进程，还直接影响了工、农业生产和人民生活水平的提高。在生态环境建设中，仅仅靠农民自觉来植树造林、恢复植被来提高林草的覆盖度效果甚微，应该集中有效资金，建立有效机制，把治坡工程和治沟工程结合起来，做到"双管齐下"综合治理，充分调动广大农民参与生态治理的积极性。

表 5 – 19 生态子系统指标权重

B_1	C_{11}	C_{12}	C_{13}	C_{14}	C_{15}	W
C_{11}	1	5	3	5	1/3	0.268
C_{12}	1/5	1	1	5	1/7	0.107
C_{13}	1/3	1	1	6	1/6	0.117
C_{14}	1/5	1/5	1/6	1	1/7	0.035
C_{15}	3	4	5	7	1	0.472

注：$\lambda_{max}=5.423$，CI = 0.106，RI = 0.12，CR = 0.094 < 0.01。

（二）经济子系统效益分析

社会效益如表 5 – 20 所示，权重向量值人均纯收入 > 人均畜牧存栏量 > 劳务输出收入 > 农产品商品率 > 人均粮食占有量。人均纯收入是衡量一个地区经济发展的最重要因素，从经济学角度来看，人均收入也是反映社会经济发展的最重要指标之一。从调查中得知，农民收入结构中劳务输出收入和牲畜收入往往占有很大的分量。发展畜牧业是黄土高原地区农民增收致富的有效途径，应该依靠科技的力量，提高草质，引进优良畜牧品种，想方设法地提高农民经济收入，改善农民生活水平。外出打工是增加该地经济收入的主要渠道，但不是长远之计，另外打工子女的受教育及其在城市中所享受的社会福利等问题也很难得到保障，应鼓励打工族们把外面的信息带回乡村，鼓励村民的创业精神。据调查，高西沟传统的农作物为玉米、糜子、土豆和杂粮，玉米用于饲养牲畜，糜子、土豆和杂粮一般用于农民自给食用，随着耕地面积的减少，农户很少出售这些传统农作物。

表 5 – 20 经济子系统指标权重

B_2	C_{21}	C_{22}	C_{23}	C_{24}	C_{25}	W
C_{21}	1	5	5	4	4	0.489
C_{22}	1/5	1	3	1/2	1/3	0.093
C_{23}	1/5	1/3	1	1/5	1/4	0.047
C_{24}	1/4	2	5	1	1/3	0.142
C_{25}	1/4	3	4	3	1	0.229

注：$\lambda_{max}=5.392$，CI = 0.098，RI = 0.12，CR = 0.087 < 0.01。

（三）社会子系统效益分析

如表 5 - 21 所示，权重向量值文化教育程度 > 恩格尔系数 > 劳动利用率 > 人口密度 > 通信状况 > 固定资产值。一个地区人口文化程度的高低是决定一个地区社会发展状态是否朝良性发展的决定因素，社会经济的发展必须要有高水准的人力资源作为支撑，人力资源是一个地区社会财富的始作俑者。由此可见，高西沟生态—经济—社会的互动"双赢"发展，离不开培养一批具有较高科技文化素养的农村劳动力，为该村经济实现跨越发展奠定智力支持与技术支撑。据调查了解，该村农民思想保守，农民群众"等、靠、要"思想根深蒂固，小农意识极强，缺乏创业观念，精神生活极度狭隘，多数群众仅仅满足于日常的吃喝而已。

表 5 - 21　　　　　　　　社会子系统指标权重

B_3	C_{31}	C_{32}	C_{33}	C_{34}	C_{35}	C_{36}	W
C_{31}	1	1/6	1/3	5	4	5	0.148
C_{32}	6	1	2	8	6	7	0.444
C_{33}	3	1/2	1	7	2	5	0.242
C_{34}	1/5	1/8	1/7	1	1/5	2	0.037
C_{35}	1/4	1/6	1/2	5	1	4	0.096
C_{36}	1/5	1/7	1/3	1/2	1/4	1	0.033

注：$\lambda_{max} = 6.601$，CI = 0.120，RI = 0.24，CR = 0.097 < 0.01。

（四）综合效应分析

层次总排序就是对单层元素排序结果进行归纳、计算和总结，得到针对目标层所有元素的重要性权重值（如表 5 - 22 所示）。

高西沟生态与经济互动"双赢"发展指标体系 16 个指标中，利用统计年鉴资料以及实地调查分析及有关分析计算，权重位于前五位的分别是：年降雨量、人均纯收入、治理度、人均牲畜存栏量和土壤侵蚀模数。所得排序结论说明要实现高西沟生态与经济互动双赢发展，必须做到：① 增加林草覆盖度，提高空气湿度。研究区内混交林的比例较少，并且树种品质差，林木结构的不完善，导致林冠截流功能不能充分发挥，林木改善生态环境的功能也受到抑制；另外，研究区内现存的林木密度过大，"小老头"树木成片，密度过高加剧了对水分的竞争，树木死亡率高。② 多途径的提高农民增收渠道。研究区人民生活水平比较贫困，由于科技支撑经费和后续管理跟不上，尽管农民对生态建设和创业致富满怀热情，但往往是"心有余而力不足"。③ 引进优良牲畜品种，提高草质。④ 加强水土保持建设。把治坡工程和治沟工程结合起来，通过生态治理工程，可以减少水土流失，降低土壤侵蚀模数，在层层的治理工程中，不仅要让山坡披上绿装，还要保障农民基本的口粮田。

表 5 – 22　　　　　　　　　　　　　　综合效益权重

指标权重	B_1	B_2	B_3	W	总排序
	0.558	0.320	0.122		
C_{11}	0.268			0.150	3
C_{12}	0.107			0.060	6
C_{13}	0.117			0.066	5
C_{14}	0.035			0.020	11
C_{15}	0.472			0.263	1
C_{21}		0.489		0.156	2
C_{22}		0.093		0.030	9
C_{23}		0.047		0.015	13
C_{24}		0.142		0.046	8
C_{25}		0.229		0.073	4
C_{31}			0.148	0.018	12
C_{32}			0.444	0.054	7
C_{33}			0.242	0.029	10
C_{34}			0.037	0.005	15
C_{35}			0.096	0.012	14
C_{36}			0.033	0.004	16

　　注：$CI = 0.104$，$RI = 1.134$，$CR = 0.092 < 0.01$。

　　由此可知，总排序符合一致性要求，各个评价指标专家所赋权值符合科学要求，所以总的排序可以认为是成功的。

　　根据研究区实际情况，无论是生态效益、经济效益和社会效益，各等级之间的划分很难有明显的优先秩序和重要与否的界限，就评价指标而讲，生态效益、经济效益和社会效益的影响因素众多，抛开其限制条件，它们的共同目的是为高西沟生态良好、经济繁荣、社会和谐的整体目标服务。三者之间不仅可以反映评价因素的不同层次，还能避免由于因素过多而难于分配权重的弊病，从整体利益考虑，采用加权平均模型，计算出综合效益，计算得出综合评价得分值（见表 5 – 23）。

用加权线性方法计算评价结果：

$$X = \sum_{i}^{n} w \cdot x_i$$

式中：w 为生态效益、经济效益和社会效益指标所对应的权重向量，见表 5 – 20；

为生态效益、经济效益和社会效益各指标标准化后的数值，见表 5 – 17。

表 5 – 23　　　　　　　　生态—经济—社会效益评价结果分值表

年份	1999	2000	2001	2002	2003	2004	2005
生态效益	46.23	51.79	58.28	52.05	56.65	47.53	55.18
经济效益	21.36	21.59	41.73	47.23	53.66	20.67	52.02
社会效益	47.19	48.26	25.66	47.44	49.64	56.96	26.75
综合	38.50	41.81	49.07	50.02	54.91	40.16	50.73

见图 5 – 30，1999—2005 年，生态效益变化趋势线为 $Y_1 = 0.5964x + 50.144$，尽管生态效益总的变化趋势呈递增趋势，但每年仅以 0.5964 的速度增加，递增变化趋势并不明显，波动现象比较平缓。影响高西沟生态效益不能有所突破的原因为：① 干旱少雨。雨水的丰沛程度是影响生态建设效果好坏的关键因素，黄土高原丘陵沟壑区属于半干旱气候类型，降雨稀少，再加上区内苹果树的强烈蒸腾作用不仅消耗掉每年的降雨入渗量，还在不断利用土壤有效储水，从而促进深层土壤进一步干燥①，这势必影响植被的成活率。据水土保持典型小流域调查资料，在黄土高原造林的多年保存率一般为 30% 左右②。另据林业部的调查，该区造林的多年保存率仅为 15%③。对该村 2003 年台地生产情况的实地调查，农作物如玉

---

① 林建衡：《层次分析法在高校科研项目评估中的应用》，《技术与创新管理》2004，25（2），第 39—41 页。

② 徐建华编著：《现代地理学中的数学方法》，高等教育出版社 2002 年版，第 224—230 页。

③ 杨林、谷长发：《层次分析法在林区公路路线方案比选中的应用》，《东北林业大学学报》2003，31（1），第 51—52 页。

米、高粱春季因干旱等出苗率仅占 60%，伏天又因无水浇灌，作物大片枯死，亩产仅 50 多公斤[①]。② 水利设施建设资金不足。据调查了解，该村的梯田补修、坝地改造和水库修建等工程已迫在眉睫，但由于建设资金的不足，严重限制了该村水利设施的建设。该村唯一的一座水库由于年代久远，每到汛期，洪水携带泥沙便进入水库，现今水库存储用于灌溉的水量变得越来越少，水库改建工程已刻不容缓。

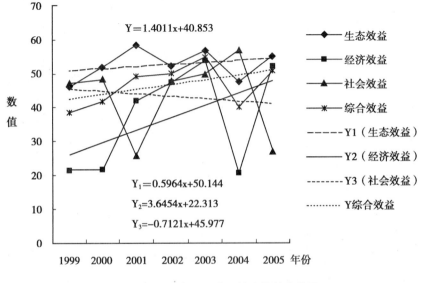

图 5-30　生态—经济—社会效益变化图

经济效益的变化趋势线为 $Y_2 = 3.6454x + 22.313$，总的趋势是递增的，2003 年经济效益分值为 53.66，2004 年又跌至近几年的低谷，为 20.67，总体变化幅度波动非常大。高西沟经济效益波动起伏相当激烈，究其原因可归结为影响经济效益的主导因素人均纯收入、人均畜牧存栏量和劳务输出收入因不同年份而差异显著。黄土高原地区农业靠天、效益低下、积累相对缓慢的现实，使农村剩余劳动力转向新的劳动致富途径：有以农副业为主的，有以运输业和多种经营为主的，还有以劳务输出为主的；有固定型的、半固定型的、有流动型的、常年在外型的[②]。总之，农

① 王军强：《陕北黄土高原小流域治理及其效益评价》，西北农林科技大学 2001 年版。

② 谢铭杰、韩兆洲：《直线型无量化的局限性》，《决策与统计》2005（5），第 130 页。

民收入主要来自外出务工、畜牧业和经济作物。① 当牧草饲料充足，草质好时，畜牧品种优良，人均畜牧存栏量就多，年末畜牧业带来的收入就多，但自从退耕还林（草）以后，农产品仅仅够农民自身食用而已，农产品商品率低。② 当劳工人员文化素养高，对新技术的应用接收能力强，所带来的收入就多。

社会效益的线性拟合方程为 $Y_3 = -0.7121x + 45.977$，即每年以 0.7121 的变化趋势递减，2001 年和 2005 年的社会效益很差，分值分别达到 25.66、26.75。由于生态效益和经济效益增幅缓慢，高西沟农民的生产条件和生活条件并没有得到改善，社会效益基本上都处在较差与差的起跑线上，本书社会效益选择的指标为劳动利用率、文化教育程度、恩格尔系数、通信状况、人口密度和农业机械拥有量六个指标，从权重分配看，文化教育程度是反映社会效益的最重要因素。社会效益较差的理由为：① 当前，高西沟村经济发展缓慢，农民收入增长缓慢，根本原因在于人口素质低下。从实际调查中了解到，高西沟师资力量极其短缺，加之教育资金的缺乏及落实不到位，唯一的一所小学由于运营不下去，已经被撤销，这无疑把高西沟孩子们的未来教育推向荒漠边缘。由于历史、自然等因素影响，该村文盲、半文盲人数比例较高，这是制约该区域经济社会发展的关键因素之一。② 除了家里有孩子上学教育支出占有相当大的比例之外，食物支出也在总支出中占有相当的分量，这说明广大农民生活仅维持在日常吃喝，生活还比较贫困。③ 随着耕地面积的减少，大量农村劳动力剩余，由于文化素养和劳动技能低下，使得闲置的劳动力就业出路狭窄，劳动利用率低。

综合效益的线性拟合方程为 $Y = 1.4011x + 40.853$，即以生态建设为核心，以经济效益为依托，将生态效益、经济效益和社会效益紧密结合的综合治理效益总体呈递增变化趋势。从图 5 - 2 中可以看出，生态效益和经济效益与综合效益的增减变化步调完全一致，即高西沟生态与经济的互动"双赢"发展、生态与经济的同步提高密切相关，虽然生态效益和经济效益呈逐年增加的变化趋势，但总的变化趋势是微乎其微的。由于受科技水平和自然条件的限制，人们的生活水平还长期处在低增长状态，如何提高生态与经济的互动"双赢"是我们值得深思的问题。

根据评价研究的需要及高西沟生态和经济建设的实际情况，将生态效益、经济效益、社会效益和综合效益评价结果按得分给出一定的评语，将评价标准划分为"好"、"较好"、"一般"、"较差"和"差"五个等级，这五个标准所对应的分值分别如表5-24所示。

表5-24　　　　　　　　　　效益评价等级划分表

评价标准	好	较好	一般	较差	差
分值	≥80	80—65	65—50	50—35	<35

按照这五个等级，对高西沟生态效益、经济效益和社会效益进行评价，其结果见表5-25。

表5-25　　　　　　　　生态—经济—社会效益评价结果评语表

年份	1999	2000	2001	2002	2003	2004	2005
生态效益	较差	一般	一般	一般	一般	一般	一般
经济效益	差	差	较差	较差	一般	差	一般
社会效益	较差	较差	差	较差	较差	一般	差
综合	差	较差	较差	一般	一般	较差	一般

由表5-25可知，1999—2005年以来，高西沟生态效益多数年份处在一般的水平线上；经济效益大体上从差—较差——一般的趋势缓慢过渡；社会效益基本在较差与差的水平线上反复波动，多数年份在较差的起跑线上踏步不前；综合效益总的也有所好转，基本上也是呈差—较差——一般的发展路线。经济的发展要以生态为基础支撑，而生态的保护与建设又有赖于经济的发展，两者具有内在的良性互动关系①。良好的生态环境为经济建设提供了有利平台，经济建设可以为生态建设和社会发展提供技术支持和资金来源，但从打分的结果看，生态—经济—社会效益近几年的发展彼此并没有形成互动"双赢"的步调，从实际的走访调查中也可以得知，当地经济的发展还处于空白阶段，人们生活水平还处于贫困状态之中，这似乎跟媒体所报道的"高西沟为黄土高原生态建设的一颗璀璨明珠"这一事实相违背。从生态建设、经济发展和社会环境三者的变化情况来看，造成生态—经济—社会三者之间不能互动"双赢"和谐发展的因素是复

① 郭常莲：《不同数据预处理方法对区域可持续发展能力评价结果的影响》，《科技情报开发与经济》2006，16（3），第162—164页。

杂多样的。

第四节　陕北风沙区生态建设与
经济发展互动度评价

一、互动度

互动度是指在一定的区域范围内，依托各个系统之间的互补性，利用各自在发展过程中的优势和劣势，使彼此之间相互影响、相互渗透，从而共同发展的程度。

对于生态与经济互动度的研究则是指在一定的区域范围内，充分利用关系到生态与经济各个方面的子系统的优势和劣势，明确彼此之间相互影响、相互作用的机制，从而判断该区生态与经济之间的互动程度的研究。

我们利用 Vensim5.0 软件，将各个子系统之间的相互作用关系表示出来（见图 2 – 1），通过对各个指标进行赋值，推出互动度的计算公式。当然，在具体对某一地区进行计算时，可以适当调整指标及其相互关系。

在具体进行计算时，我们分别对每个系统进行计算，计算方法采用加权平均法，然后再将计算结果代入互动度计算公式，即：

互动度 = A 环境值 + B 经济值 + C 自然资源值 + D 社会值

其中 A、B、C、D 分别是这四个系统对于互动度的权重。对于环境值、经济值、自然资源值、社会值的计算我们则要分别来进行。

我们以计算自然资源值为例：

则将第一层的指标进行赋值，赋值方法为：X = 实际值/理论值（注：理论值可以选取研究中公认的比较理想的数值，也可以选取上一年的数值，从而做出该值的年变化率，最后得出的为互动度的变化趋势），还需注意的是，指标值的计算分两种情况：

（1）若实际值 > 理论值时

则该指标越大越好时，指标值取 X – 1；

该指标越小越好时，指标值取 1 – X；

（2）若实际值 < 理论值时

则该指标越大越好时，指标值取 X – 1；

该指标越小越好时，指标值取 1 – X；

　　之后，我们将初始值影响的指标赋以方程式，方程式的格式还参照我们之前对各指标进行权重分析的结果，如：

　　人均耕地面积＝a×第一产业生产总值＋b×人均粮食产量＋c×人口密度；

　　人均矿产潜在价值＝d×人均煤炭储量＋e×人口密度；

　　其中a、b、c、d、e分别为各指标的权重（注：人口密度在计算不同指标值时的权重分配是不同的）；

　　由此方法最后计算出自然资源值，代入互动度公式进行计算即可。

　　为了计算互动度，必须引入协调度的概念，采用变异系数来进行环境与经济协调度计算模型的推导。变异系数亦称离散系数，反映的是两组数据的变异或离散程度。

　　设某区域在某时间的经济综合实力指数为 G、环境综合实力指数为 E，则两者之间的变异系数 C 为标准差 S 与均数 $\bar{X}$ 之比，即：

$$C = \frac{S}{\bar{X}}$$

　　其中：$S = \sqrt{\frac{(G-X)^2 + (E-X)^2}{n-1}}$ 　　　　$\bar{X} = \frac{G+E}{2}$

　　代入转换得：$C = \sqrt{2 \times \left\{ 1 - \frac{G*E}{(\frac{G+E}{2})^2} \right\}}$

　　经济发展综合实力指数与生态环境综合实力指数协调性越好，区域社会经济生态就向着良性发展，也就是 G 与 E 的变异系数越小越好，即 C 越小越好。从上式可以看出，C 越小越好的充要条件是：

$$C^* = \frac{G*E}{(\frac{G+E}{2})^2}$$

越大越好。

　　生态环境与经济协调度计算模型（C_v）为：

$$C_v = \left\{ \frac{G*E}{(\frac{G+E}{2})^2} \right\}^k$$

　　式中 C_v 为协调度，k 为调节系数，$k \geqslant 2$。本书根据区域具体情况，为增加区域协调度的区分度，将 k 取值为 3。C_v 能反映出环境与经济发展水平进行组合协调的数量程度，由模型可以看出，$0 \leqslant C_v \leqslant 1$，值越大，协调状态越佳，反之则越不协调。根据模型，设定协调度等级及其划分标准。

$$D = \sqrt{C_v * I}$$

其中，$I = \alpha G + \beta E$

式中 D 为互动度，C_v 为协调度，I 为环境与经济发展水平的综合评价指数，它反映环境与经济的整体效益或水平。α、β 为待定权数，根据国家主体功能区划分标准，陕北风沙区属于水土保持类生态保育区，因此，将经济发展与生态环境质量分别取 0.45、0.55。

为了便于计算，在计算协调度与互动度值时，将经济实力得分 G 与生态环境得分 E 均转换为百分制数据，因此 $E, G \in [0, 100]$；综合评价指数 $I = \alpha G + \beta E$，$I \in [0, 100]$，协调度 $C_v \in [0, 1]$。根据互动度的计算公式 $D = \sqrt{C_v I}$，得出 $D \in [0, 10]$，按照互动度 D 的大小，采用均匀分布函数法，将互动度划分为 3 大类 8 个小类，并根据生态环境实力得分和经济实力得分的对比关系分为 24 个基本类型（见表 5 - 26）。

表 5 - 26　　　生态环境与经济互动发展类型分类体系及判别标准

互动类 大类	互动类 小类	互动度 D	基本类型 E 和 G 的对比关系	基本类型 互动发展类型
协调发展类	优质互动类	$9 \leqslant D \leqslant 10$	$0 \leqslant |G - E| \leqslant 10$	优质互动类生态经济同步型
协调发展类	优质互动类	$9 \leqslant D \leqslant 10$	$G - E > 10$	优质互动类生态滞后型
协调发展类	优质互动类	$9 \leqslant D \leqslant 10$	$E - G > 10$	优质互动类经济滞后型
协调发展类	良好互动类	$7 \leqslant D < 9$	$0 \leqslant |G - E| \leqslant 10$	良好互动类生态经济同步型
协调发展类	良好互动类	$7 \leqslant D < 9$	$G - E > 10$	良好互动类生态滞后型
协调发展类	良好互动类	$7 \leqslant D < 9$	$E - G > 10$	良好互动类经济滞后型
协调发展类	中级互动类	$6 \leqslant D < 7$	$0 \leqslant |G - E| \leqslant 10$	中级互动类生态经济同步型
协调发展类	中级互动类	$6 \leqslant D < 7$	$G - E > 10$	中级互动类生态滞后型
协调发展类	中级互动类	$6 \leqslant D < 7$	$E - G > 10$	中级互动类经济滞后型
过度发展类	初级互动类	$5 \leqslant D < 6$	$0 \leqslant |G - E| \leqslant 10$	初级互动类生态经济同步型
过度发展类	初级互动类	$5 \leqslant D < 6$	$G - E > 10$	初级互动类生态滞后型
过度发展类	初级互动类	$5 \leqslant D < 6$	$E - G > 10$	初级互动类经济滞后型
过度发展类	濒临单极类	$4 \leqslant D < 5$	$0 \leqslant |G - E| \leqslant 10$	濒临单极类生态经济共损型
过度发展类	濒临单极类	$4 \leqslant D < 5$	$G - E > 10$	濒临单极类生态损益型
过度发展类	濒临单极类	$4 \leqslant D < 5$	$E - G > 10$	濒临单极类经济损益型

互动类		互动度 D	基本类型	
大类	小类		E 和 G 的对比关系	互动发展类型
失调衰退类	轻度单极类	3≤D<4	0≤|G−E|≤10	轻度单极类生态经济共损型
			G−E>10	轻度单极类生态损益型
			E−G>10	轻度单极类经济损益型
	中度单极类	1≤D<3	0≤|G−E|≤10	中度单极类生态经济共损型
			G−E>10	中度单极类生态损益型
			E−G>10	中度单极类经济损益型
	严重单极类	0≤D<1	0≤|G−E|≤10	严重单极类生态经济共损型
			G−E>10	严重单极类生态损益型
			E−G>10	严重单极类经济损益型

二、互动类型

这里，我们可把互动度划分为 4 个层次。

（一）彼消互动

当互动度 < −0.052 时，我们称这种互动程度为彼消互动，彼消互动的特点为：生态建设与经济建设两者处于相互制约、相互抵消的状态中。也就是说，在搞生态建设的同时忽视或限制经济建设，只是重视当地的生态环境问题，而不顾及经济发展，这样只能保证短暂的生态环境良性发展，但是由于经济落后等原因，当地居民只能依靠开发当地有限的自然资源来维持生存，最后势必会造成对生态环境的重复破坏；或者在搞经济建设的同时不管不顾其对生态环境的破坏，一味地追求经济利益最大化，这样经济方面暂时得到了发展，但是由于生态环境破坏会反过来制约经济的发展，最后导致经济停滞不前，生态环境也得不到有效的恢复。我国建国初期所进行的各种生态与经济建设就可以理解为这种互动方式，这是一种最简单、最低级，也是最终会导致恶性循环的互动方式。

（二）不互动

当 −0.052 < 互动度 < 0 时，我们称这种互动程度为不互动，不互动的特点为：生态建设与经济建设两者各自发展。也就是说，环保部门或生态重建部门只关心生态环境问题，做出一些可以恢复或重建生态环境的决策，而不与当地的经济发展相联系；而经济或金融部门则只关心经济发展问题，做出一些只是能满足当地经济快速有效发展的决策，而全然不考虑

生态环境的问题。最终会导致生态部门与经济部门各自为政，有些决策之间互相冲突而得不到预先所计划的效果。这就涉及国家的管理体制的问题，各部门只管理自己范围内的各事务，而对其相关的其他事务则不闻不问，各部门之间就缺乏有效的沟通。甚至当问题出现时，还会形成不负责任、互相推诿的局面。现今我国许多地区就处于这种互动方式中，这也是一种简单、低级，最终会导致恶性循环的互动方式。

（三）协调互动

当 0 < 互动度 < 0.052 时，我们称这种互动程度为协调互动，协调互动的特点为：生态建设与经济建设在其各自发展的同时还要将对于对方的负面影响降到最小。也就是说，在搞生态建设的同时，要注意当地的经济发展，如在不破坏当地生态环境的基础上种植适合当地发展的经济林种或养殖一些特有动物物种；在搞经济建设的基础上，对工厂、企业等产生的各种破坏生态环境的废弃物进行及时处理或者循环利用，我国 20 世纪 90 年代提出的"边污染边治理"就属于这种互动方式范畴。这是一种较高级、复杂，最终会过渡到良性循环的互动方式。

（四）发展互动

当互动度 > 0.052 时，我们称这种互动程度为发展互动，发展互动的特点为：生态建设与经济建设在其各自发展的同时，还能促进对方的良性发展。也就是说，在搞生态建设的基础上还能提出一些有利于经济发展的决策，从而促进地方经济的发展。在搞经济建设的同时还能促进生态环境的有效恢复和重建，如现在很多国家和地区大力发展旅游业就属于这种互动方式。这是一种最高级、复杂，最终会成为良性循环，达到生态建设与经济建设的"双赢"效果的互动方式。

三、陕北风沙区互动度测算

结合互动度计算模型，我们计算出陕北风沙区 6 县 1994—2005 年生态建设与经济发展互动度，并刻画其动态演变趋势，主要趋势为：濒临单极类经济损益型—初步互动类经济滞后型—初级互动类生态经济同步型—中级互动类经济滞后型—中级互动类生态经济同步型—初级互动类生态滞后型—中级互动类生态滞后型（见表 5 - 27、表 5 - 28 与图 5 - 31、图5 - 32）。从演变趋势可以看出，1996 年以前，该地区互动度主要受经济发展影响，1997—2003 年表现为生态与经济同步型，互动程度也由 1998 年的

初级互动上升为 2000 年的中级互动，2004 年以后，出现了生态环境不能
适应整体协调发展的态势，且互动度也因生态滞后而降回到初级互动。

表 5－27   陕北风沙区生态建设与经济互动度评价计算结果

年份	榆阳	神木	府谷	横山	靖边	定边
1994	6.376617	6.042524	4.870809	4.377871	2.68583	4.390187
1996	6.819678	6.585701	5.332799	2.896781	4.112756	4.770011
1998	7.668684	6.920613	5.640807	2.9302	5.082916	5.303058
1999	8.198796	7.14983	6.068229	4.176925	5.543062	4.358084
2000	9.120797	7.416876	6.113706	5.011894	6.226564	6.133331
2001	8.570073	7.266365	4.563273	5.591162	7.049163	6.283527
2002	8.115326	5.95492	5.126309	5.881036	7.17468	6.222188
2003	7.423212	6.424847	4.980541	5.924006	7.204342	6.428793
2004	7.352872	5.125806	5.990815	6.134911	6.843148	3.564088
2005	8.066018	6.734392	4.947947	6.477902	7.934527	6.689512

分县演变态势显示，各县生态建设与经济发展互动度仍以 2000 年为
拐点，分为两种类型区域：府谷、神木、榆阳三县（区）的互动度 1994
年后逐渐升高，而 2000 年后又逐渐降低，这主要是 1994—2000 年经济发
展速度较慢，相比生态环境状况相对良好；2000 年左右，表现出生态与
经济达到了良好协调，且生态建设与经济同步型；2000 年后，经济实力
明显增强，但生态环境恶化，又表现出生态环境不适应经济发展的状况，
此时的互动度下降，主要是生态阻碍了经济的发展。

靖边在 1996 年表现为濒临单极类经济损益型，随后协调发展度逐年
上升，2000 年后上升成为良好互动类，2002 年后影响因素转变为生态滞
后。定边在 12 年间表现出生态与经济环境处于紊乱状态，与前述协调度
评价一致，互动度类型也处于无序变化之中。横山相对于其他 5 县经济实
力较弱，总体上表现为经济滞后制约发展。

因此，未来陕北风沙区生态环境建设不能脱离经济的发展，相应的，
经济同样也不能脱离生态环境建设而单独发展，只有实现生态建设与经济
互动发展，才能保证陕北地区社会、经济、生态良性循环发展。

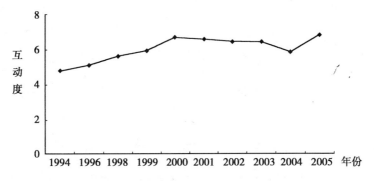

图 5 – 31 1994—2005 年全区互动度演变趋势

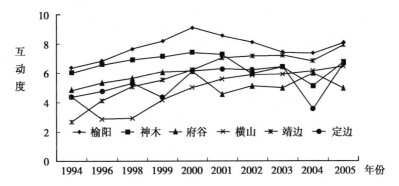

图 5 – 32 1994—2005 年各县（区）互动度演变趋势

表 5 – 28 　　　　陕北风沙区生态建设与经济发展

互动度等级划分结果

年份	榆阳	神木	府谷	横山	靖边	定边	全区
1994	中级互动类经济滞后型	中级互动类经济滞后型	濒临单极类生态经济共损型	濒临单极类生态经济损益型	中度单极类经济损益型	濒临单极类生态经济共损型	濒临单极类经济损益型
1996	中级互动类经济滞后型	中级互动类经济滞后型	初级互动类生态经济同步型	中度单极类经济损益型	濒临单极类经济损益型	濒临单极类经济损益型	初级互动类经济滞后型
1998	良好互动类经济滞后型	中级互动类生态经济同步型	初级互动类生态经济同步型	中度单极类经济损益型	初级互动类经济滞后型	初级互动类生态经济同步型	初级互动类生态经济同步型
1999	良好互动类经济滞后型	良好互动类生态经济同步型	初级互动类经济滞后型	濒临单极类经济损益型	初级互动类经济滞后型	濒临单极类经济损益型	初级互动类生态经济同步型

年份	榆阳	神木	府谷	横山	靖边	定边	全区
2000	优质互动类经济滞后型	良好互动类生态经济同步型	中级互动类生态经济同步型	初级互动类经济滞后型	中级互动类生态滞后型	初级互动类经济滞后型	中级互动类经济滞后型
2001	良好互动类生态经济同步型	良好互动类生态经济同步型	濒临单极类生态损益型	初级互动类经济滞后型	良好互动类经济滞后型	初级互动类生态经济同步型	中级互动类生态经济同步型
2002	良好互动类生态滞后型	初级互动类生态滞后型	初级互动类生态滞后型	初级互动类经济滞后型	良好互动类经济滞后型	初级互动类生态经济同步型	中级互动类生态经济同步型
2003	良好互动类生态滞后型	中级互动类生态滞后型	濒临单极类生态损益型	初级互动类经济滞后型	良好互动类生态经济同步型	初级互动类生态经济同步型	中级互动类生态经济同步型
2004	良好互动类生态滞后型	初级互动类生态滞后型	初级互动类生态滞后型	中级互动类生态经济同步型	良好互动类生态滞后型	轻度单极类生态损益型	初级互动类生态滞后型
2005	良好互动类生态滞后型	中级互动类生态滞后型	濒临单极类生态损益型	中级互动类经济滞后型	良好互动类生态滞后型	中级互动类生态滞后型	中级互动类生态滞后型

第六章 生态与经济互动制度建设与发展模式

第一节 生态认证

随着我国环境保护事业的发展，植树造林已经成为国家环境保护的一项重要举措。但是，多数人只注意到植被具有涵养水源、保持水土、改善局地小气候等生态性能，而忽视了不同植被的生态性能不同以及究竟何种植被适合当地生态性能等问题，这就增加了我们植树造林或引进国外植被的盲目性，造成了不必要的损失。如在黄河流域建设"三北"防护林网时，规划中虽明确规定要乔灌草、多树种相结合，但在实施时，由于对各种植被的生态性能不明确，造成造林树种单一或造林成活率低，甚至某些树种不仅不能成为"蓄水池"，反而成为"抽水机"等诸多问题。

我国防止荒漠化问题专家马文元教授说，"为了治理沙尘暴而植树，但又不讲究科学植树的方法，这样反而会'种出'更多的沙尘暴。"这位专家说："挖草种树，砍灌木种乔木，不重视'乡土树种'，盲目引进外来品种，这是一种错误的种树方法。在西部干旱地区，如果树活不了，挖开的土水分更容易散失，土地更容易荒漠化。大风一来，反给沙尘暴帮了忙。""西部有些地方，按气候条件，只适合种草、耐旱的灌木，不适宜种树。特别是杨树等乔木，在一些缺水的干旱地区，不宜大面积种植。树木的蒸腾作用相当于抽水机，当沙漠地区宝贵的地下水被抽走后，树木只有死路一条。"有些地区在植树造林过程中为了好看，砍去生长茂盛的红柳等灌木，花大钱改种整整齐齐的杨树的做法，遭到这位专家的批评。"那些在荒山上，只挖个鱼鳞坑不种树的形象工程更让人生气。如果不挖开，起码还有点草皮在起保护作用。""不要以为我国的'三北'防护林从东北、华北到西北，都应种整整齐齐的高大树种。"①②

---

① 延军平：《秦岭南北环境响应程度比较》，科学出版社 2006 年版。
② 延军平、严艳：《陕甘宁边区生态购买设计与操作途径》，《地理学报》2002，57（3），第 343—353 页。

　　乔木林在生长过程中蒸腾强烈。据研究,森林蒸腾比同一纬度上同等面积的海洋蒸发的水分多50%。所以乔木林地缺水问题时常发生,尤其在旱年、大旱年变得更为突出、严重。乔木林地时常缺水,限制了林木根系从土壤吸收水分养分,影响或制约林木的光合作用、蒸腾作用等生理活动的正常进行,造成林木生长缓慢。随着时间推移,乔木林即变成"小老头树"。

　　植树造林种草是西北地区生态恢复与重建过程中的一项重要举措,在西北地区植被恢复过程中,国家虽明确规定要乔灌草、多树种相结合,但是对于具体的植被种类选择和植被种植数量则无明确规定,这就造成了在实施过程中出现了造林树种单一或造林成活率低等问题,不仅不能改善环境,还造成极大的经济损失,影响群众的造林积极性。进行生态认证,可以明确各种植被的生态性能,并结合其经济性能,做出评价结果,这使得造林时可以针对不同地区的生态问题种植林木,从而达到区域生态经济均衡发展①②。

　　另外,进行生态认证不仅可以为生态环境脆弱区的生态治理方案提供有效的理论基础,还能为城市绿化提供有价值的参考信息,同时,对植物的精确定位,可以让我们充分认识植物的生物价值,从而对我们保护植物多样性,也有积极的意义。生态认证也可以为国家引进外来树种提供明确的理论指导基础,有利于我们有目的、有选择地来引进适合国家生态环境建设的优良树种。

　　因此,我们有必要对于各种植被的生态性能指标进行分析、论证,帮助各级政府针对其生态环境现状快速而有效地找出适合当地生长的植被,并为农户的生产耕作提出指导性建议,避免其由于盲目退耕植树而造成不必要的经济浪费和无效生态恢复。

一、国内外生态认证发展现状

(一) 绿色产品认证和 FSC 国际森林认证

现有的许多认证,如 2001 年在我国陆续开展的绿色产品认证和 FSC

　　① 延军平、李怀恩:《陕甘宁老区实施生态购买工程可行性分析》,《西安理工大学学报》2003, 19 (1),第46—51页。

　　② 延军平、刘加坤:《陕甘宁老区实施生态购买工程必要性的初步分析》,《西北大学学报(自然科学版)》2002, 32 (6),第677—683页。

国际森林认证等，在针对西北地区环境问题上有一定的局限性，我们分析如下：

1. 绿色产品认证

首先，绿色产品认证主要是企业的一种自发性的行为。如果认证是以企业自发进行的话，那么企业在进行此方面认证的过程中，首先考虑的是企业自身的经济效益，而忽视环境效益，这对于原本环境就很脆弱的西北地区显然是不利的。其次，绿色产品认证的主体主要是产品（消费品），目的是规范我国现有的市场经营体制，这对于西北地区生态环境建设的意义是微乎其微的。最后，生态认证在某些方面也积极响应绿色产品认证。在人们日益走向无公害产品生产和索求的情况下，也有学者提出，要严格对无公害畜产品的生产地进行认证，以保证畜产品的质量安全。生态认证的推行恰恰也服务于这一思想，如生态认证的主体是植被，如果合理选择了适合当地种植的植被类型，这不仅能够为牲畜提供足够的草料，而且能够切实有效地改善畜产品生产地的生态环境，从而做到生态效益和经济效益的双赢，保证生态与经济的可持续发展①②。

2. FSC 国际森林认证

首先，FSC 组织和认证机构在我国的推广工作做得不够，到目前为止，尚无任何一个 FSC 的认证机构在中国有正式的分支机构，宣传和推广也极其有限，我国的林业企业知道 FSC 认证是怎么一回事的都不多，更不用说了解 FSC 并申请认证了。其次，我国林业管理基础薄弱，传统的造林基本上是一种相对粗放的模式，重造林、轻管护是我国林业界的积病，林地运作的规范化、系统化和管理强度远远不如西方发达国家的林业，基础的薄弱决定了我们获得 FSC 认证的难度比西方企业大，要做比别人多得多的工作才能达到与他们相当的管理水平。复次，观念的落后和环保意识薄弱。很多人甚至长期从事林业工作的人只知道营林对生态的积极作用，而不了解操作不当可能发生的负面影响，在实际操作中使用不当的采伐和造林技术的情况比比皆是。最后，我国目前的林业经济以内向型为主，林产品主要是内部消化，特别是我国实施天然林保护工程后，木材

①　延军平、李怀恩：《陕甘宁老区生态贫水化与生态建设》，《水土保持学报》2003，17（1），第67—72页。

②　延军平、徐小玲等：《基于生态购买的西部经济与生态良性互动发展模式研究》，《陕西师范大学学报（哲学社会科学版）》2006，35（4），第96—102页。

的供需严重脱节，将来在相当长的一段时间，我国将成为木材消费的大户，一部分木材依赖进口，原木出口则持续减少，这种情况决定了我国的营林者申请认证的意愿不强①②。

（二）ECOCERT 国际生态认证中心

ECOCERT 集团成立于 1991 年，是全球最大的有机产品认证机构之一，业务遍及欧洲、亚洲、美洲、非洲等 70 多个国家和地区。目前已经得到法国 COFRAC、美国 USDA NOP、日本 MAFF 和中国 CNCA 的认可，可以根据中国标准 GB 19630、欧盟 EU、美国 NOP、日本 JAS、瑞士有机标准 BioSuisse、英国土壤学会 Soil Association 等有机标准为全球的有机生产、加工和经营者提供一次检查多方认证的服务，确保有机农产品在国际市场的流通和营销。

自 1998 年开始，ECOCERT 与北京绿源天地生态环境科技中心、中国农业大学农业生态研究所合作，为中国农民和企业提供有机认证服务。中国农业大学农业生态研究所自 20 世纪 80 年代初从事农业生态、污染防治和环境保护的综合性研究和开发，致力于绿色食品的标准制定、有机农业技术的研究和推广、生态农业规划、生态工程设计、废弃物资源化综合利用以及生态环境监测和生态环境影响评价，与国内大学、研究机构、政府组织和非政府组织有广泛和深入的合作，在国家相关部委的大力支持下，ECOCERT 在华的认证业务正式获得中国政府批准，为中国农民和企业提供有机农产品认证服务，为中国农产品走向世界构建畅通的绿色通道。其服务项目包括：

（1）有机农产品（国际 EU、NOP、JAS 和中国标准 GB 19630）、良好农业规范（EUREPGAP 和 CHINAGAP）、有机化妆品、有机纺织品等产品认证服务；

（2）ISO9000、ISO14000、ISO22000 等体系认证服务。

为了提高服务水平，ECOCERT 在中国还跟优秀的展览公司、检测机构、咨询机构以及其他同行一起为客户提供高质量的服务。但该机构只涉及有机产品的认证服务，而不涉及非商业性质农业产品，因此对于改善环

---

① 宋豫秦：《西部开发的生态响应》，四川教育出版社 2003 年版，第 159—369 页。

② 李平：《论江泽民同志关于实施西部大开发的思想》，《毛泽东思想研究》2006，23 (6)，第 116—118 页。

境没有实际意义。

（三）俄罗斯的生态认证概况

在俄罗斯的经济体制逐步向稳定发展的过渡时期，俄罗斯提出了加入世界贸易组织（WTO）的申请，而加入 WTO 的必要条件就是使俄罗斯的有关法规文件与国际接轨，其中包括生态文件。

俄罗斯的生态认证工作起始于 1992 年 5 月 1 日国家标准化委员会颁布并施行的《消费者权益保护法》制定该法律的目的就是保护人类健康和生存环境免受伪劣产品的危害。1993 年 4 月 5 日，俄罗斯标准化委员会与国家自然部在合作协议中作出决定：建立生态认证体系。实施联邦级生态认证的必备文件由俄罗斯国家标准化委员会编制并登记，俄联邦司法部对这类文件进行最终注册。

俄罗斯的生态认证分为强制性和自愿性两种形式。强制性生态认证体系拟于 1998 年 7 月 1 日起实施。属于强制性生态认证的项目为根据现行法律，必须符合环境保护要求，保障生态安全和生物多样性的项目。执行自愿性生态认证的范围包括：根据国际和国外的生态认证实践，符合俄联邦《产品和服务认证法》第 17、18、19 条规定的其他项目。该体系在与国际及其他国家和地区的委托和认证体系达成协议的基础上相互承认①。

俄罗斯的生态认证的认证发起动机为：加入 WTO 的必要条件，所以其生态认证的实施效果不能得到保证。另外，俄罗斯的生态认证只是运用了"生态认证"的名称，而接近 WTO 所要求的"生态文件"，而其实际含义与我国的绿色食品认证如出一辙，所以其目的还是规范现有市场，提高产品的质量，而对生态环境改善无实际意义。

（四）适地适树原则

适地适树就是造林时要根据造林地的立地条件，选择适宜在这种立地条件下生长的树种。但适地适树是使造林树种的特性，主要是使生态学特性和造林地的立地条件相适应，以充分发挥生产潜力，达到该立地在当前技术经济条件下可能达到的高产水平。通俗地讲就是把树栽植到最适宜其生长的地方。所谓适地就是要正确认识造林地的气候、土壤、地形、天文、植被等立地条件，确定适宜的造林树种；适树就是要正确认识树种的

① 马国霞、甘国辉、田玉军：《我国西北矿产资源开发利用的风险规避研究》，《矿业研究与开发》2004，24（6），第 6—9 页。

生物学特性和生态学特性，确定适宜的造林地。适地适树是造林工作的一项基本原则，造林树种的林学特征与造林地环境条件的相适应是生物有机体与其周围环境辩证统一的客观规律所要求的，做不到这一点，则直接影响造林的质量。

有关专家、学者进一步总结、研究了黄土高原适地适树问题。如《黄土高原造林学》全面总结了立地条件类型划分与适地适树的研究成果，指出"随着林业生产和科学技术的发展，适地适树的含义也在不断更新。现代的造林工作不但要求造林地和造林树种相适应，而且要求造林地和一定的树种、一定的类型（地理种源、生态类型）或品种相适应，即适地适种源，适地适类型，适地适品种。所以，在适地适树的基础上，还须进一步做到适地适树（种源、类型或品种）"。《黄土高原植被建设与持续发展》一书中指出，要真正认识立地的各种条件和树草种的生物生态学特性，并不是一件轻而易举的事。适地适树是从当地的立地条件出发，探讨当地要达到最大的经济效益应该选择的优势树种①。

二、研究技术路线及研究方法

（一）研究的思路和框架

1. 收集基础资料

调查组到安塞县坪桥镇所在的市、县（区）人民政府所属的统计局、农业局、林业局、水土保持局、矿业局、退耕还林办公室等有关部门收集资料，并与部门的负责人员座谈，详细了解当地的实际情况，收集水土保持治理、农村经济发展、退耕还林工程建设等方面全面可靠并具有代表性的资料。收集的资料包括：该县及乡（镇）统计局总结材料、介绍材料、研究报告和汇报材料；2000—2007年安塞县退耕还林情况汇总表；1999—2005年安塞县统计年鉴；发表于各类期刊、书报上有关安塞县植被状况、退耕还林情况及经济状况的论文与报道等。

2. 实地调查

在村支书、村长等的支持和帮助下对农户进行随机抽样调查。农户调查采用半结构式的调查方法（semi-structured interviews），有调查提纲，但

---

① 孙鸿烈、张荣祖：《中国生态环境建设地带性原理与实践》，科学出版社2004年版，第207页。

不只单单填写调查表，而是与农户座谈，进行开放式提问，引发家庭成员之间邻居之间的讨论，以提高数据的准确性、可靠性和全面性，并更深入地了解问题。调查每个典型农户的资料以及坪桥镇植被的基本情况，例如：① 家庭主要成员、土地情况和主要耕作物种类。② 农作物每亩投入和产出数值。③ 植被每亩种植株数。④ 各种植被种植区地形状况。⑤ 退耕还林的种植情况及农户对退耕还林政策的意见、建议等方面。另外，对于某些指标我们采取了实地测量的方法，如植被生物量、疏密度等，进一步提高了数据的真实性和准确性。

3. 室内整理、分析资料

本研究从野外问卷调查、收集资料、室内整理分析资料开始，经过筛选评价指标和专家打分等过程，结合一定的方法（如 AHP 法）对安塞县坪桥镇植被的生态性能和经济性能做了综合评价。根据一定的评价等级划分和评价评语，对评价结果做出了科学合理的分析，并针对研究结果，提出了坪桥镇植被种植模式。

（二）研究方法

通过统计年鉴和抽样调查资料，通过计算及对层次分析法（AHP）的应用，对坪桥镇生态认证指标评价系统进行了初步分析。以调查户得来的数据并结合统计年鉴上的数字作为分析研究的数据。将所选植被的生态和经济指标进行计算得出该种植被在该典型区的生态认证结果，划分植被在该典型区的生态认证等级，从而为当地植被种植种类、数量、各种植被比例及种植方式提供了理论参考。

三、生态认证概念

生态认证是国家针对一定区域，通过对各种植被生态效应进行评价，从而促使经济发展符合生态建设的一种手段。具体来讲，生态认证就是指在西北及陕甘宁老区生态功能区，根据植被的不同生理机理，确定其对生态环境的敏感度，评定其在不同生态功能区的生长状况，及其对生态环境的影响程度；以市场机制为手段，保证它在一定生长的环境中创造最大的经济和生态效益。

现有的许多认证，由于其认证的目的不同，导致在西北地区实施过程中有许多局限性，甚至导致西北地区生态环境进一步恶化。生态认证是针对西北地区的专有认证形式，其目的是促进西北生态环境的恢复和重建，

并在保护环境的基础上科学地发展经济，表 6 - 1 为生态认证与适地适树
原则的区别①。

表 6 - 1　　　　　　　　　生态认证与适地适树原则的对比

	生态认证	适地适树原则
对象	各种植被	当地的气候、地形等因素
目的	生态恢复	经济价值
内容	植被的生态性能	立地条件对树种的适宜程度
指标	生态和经济指标（植被持水性能、植被生物量、疏密度、抗旱指数、温暖/寒冷指数、速生特性、植被抗逆性、植被投入产出比、植被粮食增量潜力、植被复种指数）	立地因子（海拔、A + B 土层厚度、坡度、土壤酸碱性、极端低温、土壤排水性能、坡向、小班开阔情况、地表石砾度等）
结果	生态性能评级（一级、二级、三级）	适宜度分级（残破不成林、低产低效林、一般林、高产高效林）
植被选择	综合效益（生态、经济）高的植被	速生、丰产、优质树种

四、生态认证指标确定

（一）指标确定原则

1. 遵循生态经济学原理

在确立生态认证评价标准时，首先要遵循生态经济学原理，建立生态系统与经济系统，且生态系统与经济系统之间存在着物质能量和信息的交换，还存在着价值流循环与转换，从而相互交织、相互作用、相互耦合，构成经济社会和自然生态融合而成的生态经济有机整体。

2. 定性与定量相结合原则

确立生态认证评价标准，我们将各种指标尽可能地定量化，从而利用数学方法来解决地理问题，且能更有力地说明问题。定性描述可如实记录生态与经济在发展过程中所表现出来的特点，定量评价则可反映生态与经济的互动已达到何种等级水平。

3. 整体性与层次性原则

指标体系作为一个整体，应比较全面地反映植被的生态和经济性能，

它既要反映自然、经济、环境、社会等各方面发展的主要状态和特征，又要反映以上各方面之间相互协调的动态变化和发展趋势。同时选择指标应具有层次性，即高层次的指标是低一层次指标的综合并指导低一层次指标的建设；低一层次指标是高一层次指标的分解，是高一层次指标的建立基础。

4. 科学性原则

在设计指标体系时，要考虑理论上的完备性、科学性，即指标概念必须明确，且具有一定的科学内涵。科学性原则还要求权重系数的确定以及数据的选取，计算与合成等要以公认的科学理论为依托，同时又要避免指标间的重叠和简单罗列。

5. 可操作性原则

首先选取的指标要一般化，即在一些年鉴、统计资料上很容易获取且准确，或者用实地测量的方法也可以得到数据；其次我们建立的评价方法要简单易行，在保证科学原则的前提下，用一般的专业软件或方法就可以得出结论；最后在得出结论后，我们需要调整战略时，我们选取的指标要可以在合理的范围内进行变化，从而明确各个指标的重要程度，在措施选取上有所侧重。

6. 主成分性与独立性原则

从系统论的角度出发，应从众多的指标中筛选出重要的，对系统贡献大的指标来作为主成分。我们一般利用层次分析法（AHP）和主成分分析法（PCA）来进行指标的选取和指标权重的确定。另外，指标之间要有相对的独立性，这样在分析时，对某个指标进行局部的改动尝试时，大大减少了由于指标之间的相互联动所造成的误差。

（二）指标选取

1. 生态指标

（1）植被持水性能

用浸水法测定植被持水量：对于乔木，用枝剪剪下样方内的标准木的标准枝，称其鲜重；对于灌木和草本，用枝剪剪下地上活体部分，称其鲜重；在样地内选取面积为 1 米 × 1 米的样方 3 个，分别收集其地表枯落物并称其鲜重。将乔木的标准枝、灌木和草本的地上活体部分及收集的地表枯落物分别浸水，称其浸水后的重量。然后分别取样带回实验室风干测其干重。自然持水量 = 鲜重 − 干重；最大持水量 = 浸水重 − 干重；自然持水率＝自然含水量/干重；最大持水率＝最大持水量/干重。在我们实际实验中，我们选用自然持水率来进行植被持水性能的指标值。其理想值为≥250[1][2]。

（2）疏密度

指单位面积上林木实有木材蓄积量或断面积与相同条件下"标准林分"（当地同一优势树种最大蓄积量的林分）的蓄积量或断面积之比。它反映了林木等植被对空间利用的程度，多用于鉴定林分。以分数表示，从0.1—1.0分为10个等级。但在具体应用时，疏密度的概念具有一定的模糊性，如在野外调查时，常用角规概测或根据经验对疏密度进行估计，将其大致划分为密、中等、稀疏等级别，而并不计算其具体的数值。其理想值为1[3]。

（3）植被生物量

生物量（biomass）是指单位面积上存在的有机体的干重总量或植物所有种的有机物干重总量，亦称为现存量（standing crop）。通过分析各组成成分所产生的干物质能量与养分，可为群落中能流、物流的研究提供基础资料；了解各种群落物质与能量及其固定、消耗、分配和积累与转换的特点，为合理保护、管理和利用生物资源，创造速生高产的森林群落提供理论依据。测定群落的生物量，可以反映群落利用自然潜力的能力，衡量群落生产力的高低。

地上植物量的测定，取50厘米×50厘米样方，齐地面刈割3次，按不同种分开，80℃恒温箱烘干至恒重称重，3次重复。地下部分用直径3.5厘米的土钻取样，3次重复，取样深度0—50厘米，分5层取样，每层3次重复，每个原状土柱高10厘米。地下部分用60目分样筛清洗，洗去细小泥沙后，再移到较大容器中，反复冲洗、过滤，去掉沙石，然后用比重法区分活根和死根。将漂浮于水面和沉淀于器底的黑褐色半分解物质认作死根，悬浮于水中层部分的物质认作活根。此法经与TTC（红四氮）

---

① 何芳、李英、徐友宁等：《西北地区的自然环境类型》，《西北地质》2005，38（3），第93—99页。

② 涂方祥、管仲连：《FSC国际森林认证操作指南》，化学工业出版社2005年版，第54页。

③ 刘燕、田明华、钱军：《森林认证与林产品国际贸易关系初探》，《北京林业大学学报（社会科学版）》2006，5（4），第48—54页。

染色法分根比较，两种方法无显著差异。根样在80℃恒温箱烘干至恒重，称重。

测量乔木采用平均木法，这种方法是根据样地每木调查的资料计算出全部立木的平均胸高断面积，选出代表该样地最接近这个平均值的数株标准木，求出平均木的生物量，再乘以该林分单位面积上的株数，得到单位面积上林分乔木层的生物量。这种方法比较适用于林木大小具有小的或中等离散度的正态频率分布的林分，例如人工林。平均木法是很粗略的计算方法，因为根据不同的测树因子（胸径、树高、断面积和干材积）选取的平均木是不一样的，由此可以得出不同的林分生物量。其理想值为20000[①]。

（4）抗旱指数

抗旱指数是衡量植被耐寒程度的指标，在一定程度上可以代表植被的生长潜力，其计算公式为：

抗旱指数 = 抗旱系数 × 旱地产量/所有品种旱地平均产量

抗旱系数 = 品种旱地平均产量/品种水地平均产量

根据大量的实验结果，可以将抗旱指数划分为三类：抗旱类型 > 1.10，0.9 < 中间类型 < 1.09，不抗旱类型 < 0.89。其理想值为 ≥1.1[②]。

（5）温暖/寒冷指数

日本林学家吉良龙夫提出用温暖/寒冷指数判断适地适树的理论，是根据树木生长发育过程需要积累一定量的物质，消耗一定量的能量，其同化、呼吸、蒸腾等基础生理作用的强度与温度存在着紧密和直接的关系，林木的生长、分布为温度所左右，因此，温暖/寒冷指数可作为衡量植被是否适生的具体指标。

其中，温暖指数是指：一年中月平均温度5℃以上月份的月平均温度各自减去5℃后的累计值。寒冷指数是指：一年中月平均气温5℃以下的

---

① 胡建兵、顾新一：《产品绿色认证模型的扩展研究》，《上海理工大学学报》2007，29（1），第45—51页。

② 张宪、严定春：《绿色食品认证信息系统建设》，《农业网络信息》2007（2），第33—36页。

各月的平均气温和5℃之差的累计值①。

本书中，我们采用植被最适宜生长的温度范围来进行评价，范围越大的植被投入需求越小，越适宜进行栽培。其理想值为30。

（6）速生特性

是衡量植被生长速度的指标，一般分为特速、速生、慢生三个层次。一般这个指标不进行量化，但是在衡量植被生长能力及与环境的协调程度上有其特殊的意义，所以本书将植被的速生特性量化为早期特速3、早期速生2、早期慢生1三个级别，是为了更好地反映植被对于当地的适合程度②。其理想值为3。

（7）植被抗逆性

植物的抗逆性是指植物具有的抵抗不利环境的某些性状，如抗寒、抗旱、抗盐、抗病虫害等。植物受到胁迫后，一些被伤害致死，另一些的生理活动虽然受到不同程度的影响，但它们可以存活下来。如果长期生活在这种胁迫环境中，通过自然选择，有利性状被保留下来，并不断加强，不利性状不断被淘汰。这样，在植物长期的进化和适应过程中不同环境条件下生长的植物就会形成对某些环境因子的适应能力，即能采取不同的方式去抵抗各种胁迫因子。植物对各种胁迫（或称逆境）因子的抗御能力，称为抗逆性（stress resistance），简称抗性。

植物的抗逆性主要包括两个方面：避逆性（stress avoidance）和耐逆性（stress tolerance）。避逆性指在环境胁迫和它们所要作用的活体之间在时间或空间上设置某种障碍从而完全或部分避开不良环境胁迫的作用；耐逆性指活体承受了全部或部分不良环境胁迫的作用，但没有或只引起相对较小的伤害③。其理想值为100。

2. 经济指标

（1）植被投入产出比

投入，是指资金、人力、土地、资源等生产要素的投入。"产出"的

① 胡新生、王世绩：《树木水分胁迫生理与耐旱性研究进展及展望》，《林业科学》1998，34（2），第77—89页。

② 斐英杰、郑家岭、庾红：《用于玉米品种抗旱性鉴定的生理生化指标》，《华北农学报》1992，7（1），第31—35页。

③ 李红鹰、王戬、孟昭明：《层次分析法在农业生态环境质量评价中的应用》，《环境保护》2000（7），第30—31页。

含义更为复杂。一种观点认为，"产出"是指作物投入种植后获得的产值或销售收入；另一种观点认为，"产出"是指作物投入种植后获得的净收益，如利润、利税、增加值、净现金流量等。按照"投入产出比"的原始含义，既然"投入"是指投资额，是净资金；那么与之相比较的"产出"也应当是净收益。

在净收益指标中，能体现项目对全社会贡献的指标是增加值，用生产法计算：

增加值 = 总产值 – 中间物耗

式中：中间物耗是指生产中消耗的各种外购物资价值和向外部支付的劳务费及借款利息。

在本书中，为了计算值和结论的正相关关系，我们采用产出投入比，即产出投入比 = 产出/投入。其理想值为 10。

（2）植被粮食增量潜力

除正常的投入之外，另增加一元投资，该种作物可以增加的粮食千克数。分为可以增加粮食 > 1 千克、1.0—0.6 千克、< 0.5 千克三种情况。其理想值为 1。

（3）植被复种指数

复种指数或种植指数是指耕地上全年内农作物的总播种面积与耕地面积之比。是反映耕地利用程度的指标，用百分数表示。计算公式为：复种指数 = 全年播种（或移栽）作物的总面积/耕地总面积 × 100%。

复种指数的高低受当地热量、土壤、水利、肥料、劳力和科学技术水平等条件的制约。热量条件好、无霜期长、总积温高、水分充足是提高复种指数的基础。经济发达和农业科学技术水平高，则为复种指数的提高创造了条件[①]。其理想值为 3。

3. 指标补充

还有一些植被指标也可以反映植被的生态性能，但是由于实验条件有限，而无法得出具体数值，如：森林覆盖率增减情况，此指标需要多年的实验结果进行分析，分增加 4%、3%、2%、1% 和维持原状五种类型；水源有害物质增减量，此指标主要反映植被对当地水源成分的影响，不仅

---

① 朱发：《层次分析法在石羊河流域生态环境现状评价中的应用》，《甘肃水利水电技术应用》1999（1），第 66—68 页。

需要多年的实验结果，还需要对水体内的各种元素的增减情况进行精确分析才能得出；土壤有害物质增减量，此指标主要反映植被对该地区土壤成分的影响，不仅需要多年的实验结果，还需要对土壤内的各种元素的增减情况进行精确分析才能得出。

另外较常用的还有两个定性的植被指标：植被类型和植被组成。植被类型指针叶林、阔叶林、灌丛、草丛、草甸、荒漠植被、沙生植被以及沼泽等植被形态及其相互的镶嵌组合；植被组成则指植被中树种及草种的构成状况。这两个指标虽不能量化，但在进行植被因素的笼统分析（如土地利用和土壤侵蚀研究中的植被因素分析）时十分有用。

由于航空航天遥感等新技术手段在水土流失等地学研究中的应用，一些新的植被因子度量指标被先后提出。较之于以往的植被指标不同的是，它们不是基于对林草植被植株的直接统计观测，而是以植被对可见光中的红光和不可见光中的近红外光的生理生态效应为基础的。这些基于遥感的新一代植被指标，主要是指植被指数。由于其不依赖于对植被的常规地面调查，而是通过一些新技术手段来间接地获取地面植被的覆盖信息，是一种对植被覆盖的综合、抽象和概化度量，一般不能直接应用于资源环境的评价和监测，还需要通过实地校验，建立起遥感指标与实际植被状况（如盖度）的转换关系。由于条件的限制，这些指标在实测过程中不可能得到，但是这些指标在具体进行生态认证的过程中，可以提高生态认证的精确性①②。如：

（1）植被指数（Vegetation Index）

植被指数又称为绿波指数，是航天遥感应用于对地观测而提出的专业术语，是指由遥感传感器获取的多光谱数据，经线性和非线性组合构成的对植被有一定指示意义的各种数值。在植被指数中，通常利用植物光谱中的近红外波段（IR）和可见光红波段（R）两个最典型的波段值。近红外波段是叶子健康状况最灵敏的标志，它对植被差异及植物长势反应敏感，指示着植物光合作用能否正常进行；可见光红波段被植物叶绿素强吸收，进行光合作用，制造干物质，它是光合作用的代表性波段。这两个波

①　张美华：《黄山景观生态环境的层次分析法综合评价》，《西南师范大学学报（自然科学版）》2000，25（6），第704—707页。

②　叶亚平、刘鲁君：《中国省域生态环境质量评价指标体系研究》，《环境科学研究》2000，13（3），第33—36页。

段数值的不同形式组合，是植被指数的核心。其实质是利用航天多光谱遥感技术中为植物生理生态特征所决定的特异性波段的数据，通过适宜的数学运算，求取可用于检测植被的存在、数量、质量、状态及时空分布特点的数值。

（2）环境植被指数（EVI）

又叫差值植被指数（DVI），定义为近红外波段与可见光红波段的亮度值之差，即 EVI（DVI）= IR－R。其特点是算法简单；对土壤背景有一定敏感性；当植被盖度为15%—25%时，差值随盖度的增加迅速增大；当盖度大于80%时，灵敏度明显降低。但易受大气的强烈影响。

（3）双差植被指数（DDVI）定义为近红外波段与可见光红波段的亮度值之差，减去可见光的红波段与绿波段亮度值之差，即 DDVI =（IR－R）－（R－G）。

该指标增强了植被的信息，能在一定程度上补偿大气的不利影响，并对土壤敏感，有利于植被分类，但涉及的通道多，数据量大。

（4）比值植被指数（RVI）

是近红外波段与可见光红波段亮度值之比，即 RVI = IR/R。研究表明，它是绿色植被的一个灵敏指示者，与叶面积指数（LAI）、叶干生物量、叶绿素含量相关最好。当植被盖度大于50%时（高覆盖），对盖度的差异十分敏感；但不能很好区分小于30%的植被盖度差异，并受大气和地形的辐射效应的强烈影响。适合应用于植被发展高度旺盛、具有高覆盖度的植被监测中。

（5）归一化差值植被指数（NDVI）

为近红外波段与可见光红波段的亮度值之差及与其之和的比值，即 NDVI =（IR－R）/（IR + R）。该指标提高了对土壤背景的鉴别能力，大大消除了地形和群落结构的阴影影响，削弱了大气的干扰，因而扩展了对植被盖度检测的灵敏度。当植被盖度小于15%时，能将土壤背景与植被区分开；当植被盖度为25%—80%时，随植被盖度的增大呈线性增加；植被盖度大于80%时，检测能力逐步下降。由于 NDVI 对植被盖度的检测幅度较宽，有较好的时相和空间适应性，应用较广，又被称为标准化植被指数。

（6）绿度植被指数（GVI）

是航天多光谱数据经主成分分析后得到的新通道，并进行一定角度旋转后得到的第二特征分量，称为绿度。它是绿色植物对近红外波段的强反射和对可见光红波段的强吸收特征的复合，随景观环境中的植被荣枯周期呈有序的变化。

（7）垂直植被指数（PVI）

是在二维数据上对 GVI 的模拟，其通式是：$PVI = COS2\theta IR - SIN\theta R$，在理论上它同 GVI 的物理意义是相通的。

五、生态认证地区的划分

为了更广泛地实施生态认证制度，我们选择包括陕甘宁老区在内的西北地区进行典型分析。西北地区生态因子的地域分异十分明显，不同地区的生态因子组成不同，存在的主要生态问题不同，治理的方略和途径也不同，这既是划分生态区域的基本依据，又是进行分区治理的要求。具体地说，生态治理分区应以生物与环境关系中最主要的生态因子——光热、水、土壤和植被的地域分异为基础，研究它们在地域分布上的质量、数量及其组合特性，综合各种自然要素，按照区域间的差异性和同一区域内的相对一致性来划分。由于区域间的差异性和区域内的相似性都是相对的，在范围上有大小，在层次上有高低，治理分区可划为四个不同等级的区域系统。

（一）黄土高原水土流失治理区

分布于温带干旱—荒漠区—荒漠区的东南部，为一广阔的黄土覆盖的地区，习惯上称之为黄土高原。它西起贺兰山、北至阴山、东至太行山、南为秦岭，形成了一个连续的黄土堆积区。西部地区海拔在 2000 米左右，中部地区为 1000—1500 米，而在陕、晋两省，海拔在 1500—2000 米，地理上被描述为一个海拔在 1000 米以上的黄土高原沟壑区。

黄土的松散特性以及该地区的降水强度较大的特点，容易产生水土流失。黄土高原的农垦历史悠久，随着人口的不断增长，对食物和燃料的需求迅速增加，垦殖面积进一步扩大。经过长期的采伐林木、铲柴挖药、过牧超载等掠夺式的经营，黄土高原的植被退化，水土流失进一步加重，沟壑快速发育，形成了梁、峁、塬、沟、丘陵相间的破碎地表，每年输入黄河的 1.6×10^9 吨泥沙中，80% 是由这一地区流出的。

（二）塔克拉玛干—毛乌素干旱荒漠治理区

呈东西向沿 40°N 纬线展布。为中亚温带干旱—荒漠带的东段，西起塔克拉玛干沙漠，向东经罗布泊洼地和吐鲁番—哈密盆地，又经河西走廊及阿拉善高原，延至陕晋宁交界的腾格里和毛乌素沙漠，经度跨跃为E75°—E115°。该带的南界为昆仑山、阿尔金山、祁连山—贺兰山及黄土高原北界，占据了西北近1/2的面积。自然环境的主要特征是降雨量少，年平均小于100毫米；蒸发量大，总辐射量大于1.4×10^5卡/平方厘米·天，1月份冷热交换量是大于零（地表辐射平衡减去表面与下层土壤热交换量，即土壤热交换量之差值，如有盈余，即为热源，如有亏损，则为冷源，表征影响大气环流的地面热力状况）。

人类活动对环境的影响也日益强烈。上中游地区大量开垦荒地，灌溉用水量扩大，致使湖泊面积缩小，下游林草植被枯死，绿洲衰退，岌岌可危的民勤绿洲便是最好的例证；大规模开垦种植，以及随意铲柴、挖药、采矿、捕猎等活动，造成严重的植被破坏，沙尘暴的发生频率和强度均有所加大；不合理的灌溉和排水系统的不完善导致土地盐碱化加剧。以上事实都加速了土地的荒漠化。

（三）三江源草场退化治理区

三江源地区位于我国的西部、青藏高原的腹地、青海省南部，为长江、黄河和澜沧江的源头汇水区。地理位置为北纬31°39′—36°12′，东经89°45′—102°23′。由于气温低、降水少，在高寒干旱、半干旱环境下，这里大部分地方只适于畜牧业生产，而难以从事种植业生产。该地区生态认证的主要内容包括：1）植被在生产过程中是否有利于草场的恢复；2）植被的存在是否能够调节草场承载量与实际载畜量的平衡。

（四）秦巴山地与汉水谷地泥石流治理区

位于西南亚热带常绿阔叶林区的北部边缘地带，包括四川盆地北缘的秦岭山脉、汉中盆地、大巴山—米仓山以及甘肃南部岷山以东的地区。其自然特征是北亚热带常绿阔叶林与落叶混交林—黄棕壤地带的特色景观。

该区水流落差大，流水侵蚀强烈，而大坡度严重削弱了地表的稳定性，充沛的降雨又为重力作用创造了条件。山体易发生滑坡、崩塌和泥石流。在自然条件下，裸露地带不久即可覆盖上新的植被，不影响大面积上的植被覆盖率。这里山大沟深，农业生产用地十分有限，耕地中坡耕地占90%。由于陡坡地多，加上对林木的乱砍滥伐，造成山地植被的严重破坏。此外修路、采矿也对地表植被产生较大的影响，加剧了水土流失，引起了较多的滑坡泥石流和地表的石质化，给人民的生命财产带来巨大的损失，部分石质山地变成裸露的石山坡，当地居民面临着无土可依的局面。

上述四个生态功能区在主要问题、考核内容、考核标准和操作办法上的不同如表6－2所示。

表6－2　　　　　　　西北地区四个生态功能区对比

	黄土高原水土流失治理区	塔克拉玛干—毛乌素干旱荒漠治理区	三江源草场退化治理区	秦巴山地与汉水谷地泥石流治理区
主要问题	水土流失	土地荒漠化	草场退化	地质灾害
考核标准	是否利于保持水土	是否利于防治风沙危害	是否利于草场恢复	是否利于涵养水源

六、其他规定

（一）植被生态性能评级的规定

和国家规定保护动物、植物相类似，我们对于各种植被的生态性能也要进行等级的评定，但与前者不同的是，我们的等级评定是针对不同的地区而言的，因为不同的植被类型适用于不同的地区，比如我们先前研究过的某种植被在一些地区是"蓄水池"，但在其他地区就变成"抽水机"了，所以我们在对植被进行生态性能评级的时候就要对其在不同地区及其子地区的等级一一列表说明。

对于评定为生态性能一级（生态认证结果＞0.8）的物品，我们则鼓励该植被的生产，且在现阶段我们可以认定该植被可以永久保留。

对于评定为生态性能二级（0.4＜生态认证结果＜0.8）的植被，我们做到不鼓励也不限制该植被的生产，但是建议该植被在5年内退出在该地区的生产。

对于评定为生态性能三级（生态认证结果＜0.4）的植被，我们限制其生产和发展，而且应该立即停止该物品在该地区的生产，以便将其负面效应减小到最低。

生态认证结果分析。我们以陕西安塞县坪桥镇为例进行生态等级认证。根据不同作物的指标值进行数值计算，其计算结果如下：

（1）洋槐 ＝0.421694

（2）杨树 ＝0.386864

（3）玉米 ＝0.369299

（4）土豆 ＝0.620768

（5）黄豆 = 0.595329

（6）苹果 = 1.542358

（7）枣树 = 1.208557

（8）黄瓜 = 2.762285

（9）西瓜 = 0.735084

（10）番茄 = 0.657142

（11）沙打旺 = 0.648173

（12）鸭茅 = 0.554694

即杨树、玉米生态认证等级最低，不利于该区生态建设与经济发展；苹果、黄瓜生态认证等级最高，应该鼓励种植，有利于该区的生态建设与经济发展。

（二）生态认证有效期

对植被进行生态认证过后，由于随着自然的演替和人为原因的变化，也许当时我们认为生态性能很好的植被到了一定阶段就不适应当地生态环境恢复的标准，反之我们认为生态性能差的植被却被广泛地需求，这就需要对各种植被生态认证的结果进行有效期的确定。

一般来讲，植被的生态性能在较短的时间内不会发生大的变化，所以我们将比较普遍的植被的生态认证有效期可以适当地制定得长一些，短的可以是十几年，长的可以多至几十年。那么对于比较特殊、生态环境的改变比较显著的植被我们就要将其生态认证的有效期缩短，当生态认证有效期满时，我们要组织人力对于该物品重新做出下一阶段的生态认证结果，这个有效期短的为 5 年左右，长的则为 10 年左右。

（三）建立各典型区植被最佳组合

对植被进行等级评定之后，出于生物多样性以及不同植被相互联系、相互影响的考虑，应对各典型区提出植被最佳组合建议。最佳组合建议主要包括：乔灌草的比率情况、具体植被种类的选择情况和经济林、生态林、农作物等比率情况等。

建立最佳组合时应充分考虑当地植被产品的特色，将当地的特有种加以保护，也要结合当地人民的经济来源情况，对主要经济来源植被产品建立专门种植基地，最后形成特有种、创收种与生态种相结合的种植格局。

（四）生态认证流程设计

生态认证在具体操作上须遵照一定的流程来进行，我们对生态认证的具体操作流程进行了设计（见图 6 - 1）。

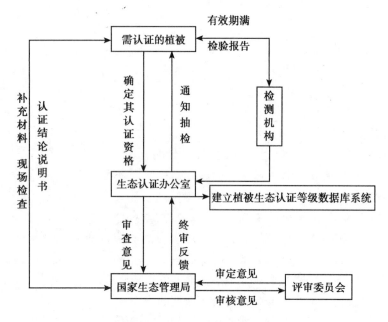

图 6 - 1　生态认证流程设计图

第二节　生态捆绑

目前，关于煤炭资源开发的研究较多，主要集中在对资源开发中存在的问题和对生态环境造成的影响等问题的客观分析以及一些开发建议与对策[1][2]。部分研究涉及了煤炭矿区开发对环境影响的评价及模型等理论的研究[3][4]。有关矿区开发与发展道路或模式的研究相对较少，主要是基于

---

　　① 段中会、杨宏科、赵洪林：《陕北神府矿区开发与生态环境保护中的几个问题》，《陕西煤炭技术》1998（4），第31—33页。

　　② 侯新伟等：《神府—东胜矿区生态环境脆弱性成因分析》，《干旱区资源与环境》2006，20（3），第54—57页。

　　③ 张汉雄：《神府—东胜煤田采煤对生态脆弱带环境灾害的影响与对策》，《环境科学》1996，17（6），第77—80页。

　　④ 刘文宗：《神府煤田开发带来的环境破坏的成因及反思》，《陕西环境》1996，6（4），第6—9页。

可持续发展观念下的开发思路，提出相应的对策与建议①②③④⑤⑥⑦⑧⑨⑩，在具体经济与生态发展模式方面的研究更少⑪，有待更深入的研究，经济与生态环境发展模式给矿区的开发提供了理论指导依据，具有重大的学术价值与实践意义。

榆林市地处我国中西结合部，既有西部地区的资源优势又有东部地区的市场优势，丰富的煤炭、石油、天然气等资源使其成为我国西煤东运、西气东输、西电东送的重要基地之一。榆林市总土地面积 43578 平方公里，辖 1 区 11 县，分别为榆阳区和府谷县、神木县、佳县、横山县、米脂县、吴堡县、子洲县、靖边县、定边县、绥德县、清涧县，共有 222 个乡镇，人口 353.14 万。榆林市含煤面积 22000 平方公里，占全市国土面积的 50.48%，全市储煤量 2714×10^8 吨，已探明储量 1412.39×10^8 吨，占全省煤炭探明储量的 87%。陕北煤炭资源主要以侏罗纪煤田为主，这里煤炭具有低硫、低磷、低灰和高发热量的特点，另外这里煤层埋藏浅，主要集中在 0—800 米深度，易开发，所以开发规模较大。榆林煤矿历年生产情况见

①　耿殿明、姜福兴、谢从刚：《综合评价矿区可持续发展的指标体系》，《中国煤炭》2003，29（3），第 25—28 页。

②　李堂军、孙承爱：《矿区开发对环境的影响与评价方法》，《煤炭环境保护》2000，14（4），第 56—59 页。

③　郑晓明、吕广忠：《矿区可持续发展的系统结构及模糊评价》，《金属矿山》2004（7），第 59—64 页。

④　李桂荣、王震、张金山：《矿区可持续发展的影响与评价方法》，《包头钢铁学院学报》2000，19（2），第 95—99 页。

⑤　范立民：《论陕北煤炭资源的适度开发问题》，《中国煤田地质》2004，16（2），第 1—3 页。

⑥　王双明、范立民、杨宏科：《陕北煤炭资源可持续发展之开发思路》，《中国煤田地质》2003，15（5），第 6—11 页。

⑦　王文平、李晋恒：《强化矿区环境保护走可持续发展道路》，《煤矿环境保护》2001，15（3），第 60—62 页。

⑧　王建华：《煤矿矿区生态恢复与可持续发展》，《科技情报开发与经济》2005，15（22），第 186 页。

⑨　崔丽琴：《绿色开采创新理念与矿区可持续发展》，《安全与环境学报》2006（6），第 34—35 页。

⑩　宋志敏、崔树军：《煤矿可持续发展与生态环境重建的探讨》，《焦作工学院学报》2000，19（6），第 430—433 页。

⑪　延军平：《基于生态购买的西部经济与生态良性互动发展模式研究》，《陕西师范大学学报（哲学社会科学版）》2006，35（4），第 96—101 页。

图 6 - 2。

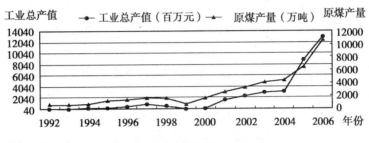

图 6 - 2　榆林煤矿历年生产情况

资料来源：榆林市统计局：《榆林统计年鉴》（1992—2006 年）。

从图 6 - 2 中可以看出：从 1992 年以来，原煤产量在 1999 年是个转折点，其余年份几乎都是持续增长状态，2006 年原煤产量超过亿吨；总产值在 1998—2000 年有些滑坡，而 2001 年以来，一直迅速增长，2001 年总产值是 2000 年的 35 倍，至 2006 年总产值首次突破百亿元。

榆林市地处黄土高原，西北临毛乌素沙地，从气候条件来看，本区域属于半干旱大陆性季风气候，春季干旱多风沙，夏季炎热而短促，夏秋暴雨且集中，冬季寒冷而漫长，多年平均气温 10℃，多年平均降水量 400 毫米左右，降水多以暴雨的形式出现，所以容易形成洪水，冲刷、侵蚀地表。这里空气干燥，有风日数多，多风天气引起风蚀，风蚀水蚀交替出现，使这里的地表年侵蚀模数达 15000—30000 吨/平方公里，这里土壤贫瘠、植被稀少，再加上资源开采引起的地面塌陷等，使这里的生态环境极端脆弱。煤炭开采的主要废物对环境的影响如表 6 - 3 所示。

表 6 - 3　　　　　　　　煤炭开采污染物及对环境的影响

主要废物	对环境造成的影响
煤矸石	占用大量耕地；破坏自然景观；形成扬尘；污染地表水和地下水
粉煤灰	污染大气环境；水体污染；污染土壤
矿井水	含有有机物质和有毒有害物质，破坏了水体质量

2003 年，榆林市煤炭开采业废气排放量为 36.016×10^8 立方米，占全市工业废气排放量的 11%，煤炭开采业产生的固体废物达 2.57×10^6 吨，占总量的 83%，全市产生的煤矸石达 2.5278×10^6 吨，粉煤灰为 19.83×10^4 吨，分别占全市工业废物产生量的 81% 和 6%；1999—2003 年，榆林

市政府和矿山企业共支付塌陷恢复治理资金 6764 万元，主要用于村庄的搬迁、损坏的道路、供电线路、水库等饮水工程的加固、修复和重建。煤炭资源开发利用带来一系列的生态环境问题使得"煤田开发区生态建设任重道远"①。对环保煤与生态煤②的开采需要进一步加强。传统的单一的以经济增长为目标的资源开发模式是不可取的。应该"一手抓经济发展，一手抓环境保护"③。走"在保护中开发，在开发中保护"的绿色矿业之路④。

一、生态捆绑

（一）生态捆绑的定义、实质

所谓生态捆绑，就是指为了实现生态环境与经济"双赢"的目标，在生态环境脆弱的地区以优势企业为依托，把企业所在区域的整体发展速度和质量作为企业考核标准，依据捆绑能力来实现生态重建。通过经济捆绑带动企业所在区域实现可持续发展，形成企区利益共同体，实现企业与区域的生态环境与经济互动"双赢"。捆绑能力是以企业产值或利润大小来确定，一般应为企业产值的 10% 或 1/3 左右⑤。

生态捆绑实质上就是资源开采的同时不能忽视生态环境的建设，二者"两手抓，两手都要硬"，生态捆绑是基础，经济捆绑是途径，区域捆绑是目标。经济的发展得益于各种资源的开发，为了经济的进一步发展，人们忽视了生态环境，煤炭开采造成了水资源的匮乏，采煤造成地面塌陷，矸石堆放破坏了土地，大气污染严重，煤渣煤灰污染环境，生态环境日益恶化，让人们不得不将生态与经济"捆绑"在一起思考，生态环境与经济的发展有着密切的关系，生态环境是潜在的资源，是未来的生产力，是经济发展的基础。良好的生态环境为经济发展提供了资源充分利用的客观

①　张万英：《煤田开发区生态建设任重道远》，《各界导报》2005 - 9 - 10。

②　李东英：《西北地区水资源配置生态环境建设和可持续发展战略研究》，科学出版社2004 年版，第 56—57 页。

③　徐友宁等：《中国西北地区矿山环境地质问题调查与评价》，地质出版社 2006 年版，第114—118 页。

④　魏其江：《靖远发展史话》，中共靖远县委党史资料征集办公室，甘新出［001］字总1458 号。

⑤　王保国：《资源开发更需生态环境保护——访陕西省榆林市人民政府代市长李金柱》，《新西部》2006（11），第 60—62 页。

条件，促进了经济的发展，相反，生态环境一旦遭到破坏，就会阻碍经济的发展，不仅如此，生态环境问题还具有显著的空间转移效应①：一个地方生态环境破坏了，受害的不仅仅是当地，其他相关地方也往往成为受害区域。一旦大规模开采就会引起河流断流，从而引发其下游的一系列生态环境问题。

（二）生态捆绑的类型

如果此地区以煤炭资源为优势，那就称为煤炭生态捆绑，如果以石油为优势资源就称为石油生态捆绑，以天然气为优势资源就称为天然气生态捆绑等。生态捆绑按性质又可分为三类（见图 6–3）：

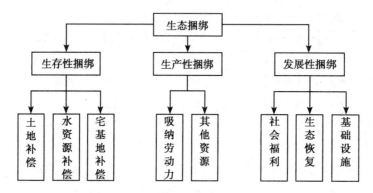

图 6–3　生态捆绑的类型

（1）生存性捆绑，包括土地补偿、水资源补偿、宅基地补偿等。土地补偿主要是因为煤矿占地以及开采造成的地表塌陷、地裂缝等对农民的生存环境与经济利益造成一定的损失，从而需要对其进行补偿。土地补偿可以是直接给予农民经济补偿，也可通过土地复垦、修复等措施来补偿农民。水资源补偿是由于煤矿开采对地表河流及地下水造成污染，影响到矿区居民的用水，因此通过修建引水设施，例如修建水塔等措施来补偿。宅基地补偿是对农民居住地的破坏而给予的补偿，用于修建房屋或是村庄的搬迁。

（2）生产性捆绑，包括吸纳劳动力以及其他资源等。煤矿的开采以及运输等需要大批的劳动力，包括一些技术人员，资源的开采给劳动力带来了经济利益，生态环境的改善带来了生态利益，在二者利益的驱动下，

---

① 段其群、杨雪清：《生态约束与生态支撑》，科学出版社 2006 年版，第 13 页。

更多的劳动力向此聚集。

（3）发展性捆绑，包括社会福利、生态恢复、基础设施等。社会福利主要表现为国家或社会群体给农民提供的一些公共福利设施以及津贴补助等。生态恢复主要是指对矿区废弃地的修复、改造以及对一些植被的恢复。矿区废弃地是指在采矿过程中所破坏的、未经处理而无法使用的土地，包括排土场、采场、尾矿区等①。矿区废弃地破坏了大量的耕地资源、污染水源、加剧水土流失、土地荒漠化，等等，对整体的生态环境造成了严重破坏，影响到矿区的经济发展，所以对矿区废弃地的生态恢复是非常有必要的。基础设施亦称基础结构（Infrastructure），指为生产流通等部门提供服务的各个部门和设施，包括运输、通信、动力、供水、文化、教育、科研以及公共服务设施②。基础设施的改善，为企业的发展提供了市场等，促进了煤炭企业的发展，从而推动经济的增长，加快了经济发展的速度。

二、生态捆绑发展模式设计

（一）模式设计

过去，在矿区生态环境保护的实践中，生态环境治理一直被排斥在企业管理之外，没有将矿区企业的经济与生态环境视为一个有机整体，一直是经济与生态环境相脱离的管理模式，这就造成了经济与生态环境的恶性循环。

生态环境与经济的脱节使煤矿开采仅以经济发展为目标而忽视了表面上看起来没有价值的生态环境。生态环境是经济发展的基础，经济发展是生态环境的物质保障。生态环境建设是一项长期的且费用较高的投入，为保障其能切实执行，国外一些国家要求采矿企业在被赋予生产许可证之前就建立起生态重建的金融安排③。在我国，这种方法也是可取的，实施生态捆绑发展模式，就要求企业预先支付用于生态环境建设的部分资金，虽

---

① 李洪远、鞠美庭：《生态恢复的原理与实践》，化学工业出版社 2004 年版，第 212—213 页。

② 刘培桐：《环境学概论》，高等教育出版社 2005 年版，第 264 页。

③ Bassett. R. A. , A Selective Review of Laws Requiring Reclamation on Closure of Mines. 13th Annual Conference of the International Bar Association-Section on Energy and Natural Resources Law. Cape Town South Africa. 1998.

然对中小型企业来说这是个很大的经济负担，但是这样能有效地避免公司因逃避责任而导致生态环境建设计划不能如期进行的后果，有了经济手段的制约，就能够更快更好地完成生态环境重建工作。生态环境建设纯属服务于国家能源开发和当地工农业生产的，以社会效益和生态效益为主的建设工程①，榆林地区煤炭工业处于起步阶段，由于资金有限，让企业在生态环境建设上投入太多的资金显然不切实际。因此，应由国家与矿区企业共同出资来改善矿区生态环境，同时为了减轻中小矿业公司的负担，国家可以适当地在信息与技术方面给予援助，这样做既可以提高企业的生产与经营效益，又使国家获得了改善的生态环境，是一项"双赢"政策。据统计，我国每年直接用于煤炭环境保护的资金约为 5×10^8 亿—6×10^8 亿元，仅占煤炭工业产值的 0.3%，远低于全国 1% 的平均水平②。

矿区居民是一个地方较特殊的群体，矿山社区包括"采矿所在的司法权管辖地传统上拥有土地的社区的代表者，以及其他受到采矿活动的负面影响的人或社区"③。对矿区生态环境的改善，最直接受益的是矿区居民，所以当地百姓有权利获得一定形式的补偿，也有责任和义务依据个人能力支付部分资金用于生态环境建设，为此笔者以问卷的形式调查了 105 户矿区附近的村民对矿区生态环境建设的资金支付的意愿情况，今整理得 70 份有效问卷，有效率为 67%（见表 6 - 4）。

表 6 - 4　　　　　　　　　矿区居民环保资金支付意愿调查

姓名	年龄	文化程度	子女数	年收入	支付意愿	姓名	年龄	文化程度	子女数	年收入	支付意愿
杜善勤	73	文盲	2	5500	▧	韩飞	30	小学	1	51500	★
杜龙军	40	小学	2	12940	◆	韩加宝	56	文盲	3	22100	★
黄栓栓	64	小学	1	6800	▧	李侠	44	小学	3	6600	★
姚永田	44	初中	2	7500	◆	张凤山	24	初中	1	20000	★
杜光亭	38	初中	2	15300	★	白忠林	41	初中	3	28000	★

---

① 郭至贤、茹建峰：《神府榆横煤田能源开发区水土保持与生态环境建设对策》，《水土保持通报》1999，19（5），第 59—62 页。

② 耿殿明：《矿区可持续发展研究》，中国经济出版社 2004 年版。

③ Date-Bah, S. K., Rights of Indigenous People in Relation to Natural resources Development: an African's Perspective. *Journal of Energy and Natural Resources Law*, 1998 (4).

续表

姓名	年龄	文化程度	子女数	年收入	支付意愿	姓名	年龄	文化程度	子女数	年收入	支付意愿
马珍萍	44	初中	2	18000	★	柳凤翔	46	初中	4	59100	★
杜刚强	43	小学	2	8700	★	张彦峰	24	高中	0	19600	★
杜振岗	35	小学	3	13700	◆	马忠	37	高中	2	35200	★
杜冬厚	50	初中	3	10000	◆	马彦平	28	初中	2	13200	★
杜罕罕	55	高中	3	12500	◆	马建国	31	高中	1	31800	★
杜龙刚	43	小学	2	6200	◆	马发祥	43	初中	2	11500	★
屈生田	46	初中	4	13000	★	李飞飞	22	初中	0	20000	◆
宋涛	28	中专	1	21550	★	白怀林	45	小学	3	25800	★
白利	26	初中	1	13250	◆	曹峰峰	23	高中	0	30000	★
吴永林	45	初中	3	23200	★	李治国	52	高中	4	24000	◆
刘继忠	27	初中	1	11450	★	李军峰	22	高中	0	16000	★
宋广生	29	初中	1	53500	◆	李阳	24	高中	1	30000	◆
刘白军	35	小学	2	21800	★	王林	40	初中	2	32500	◆
苏国伟	25	初中	1	24000	★	曹彩丽	25	初中	1	30000	★
刘玉军	30	初中	1	17700	★	马彦春	28	高中	1	31500	★
高树清	50	小学	3	12800	★	陈秀成	58	初中	3	14250	★
慕晓军	25	初中	1	17000	◆	陈鱼平	38	初中	2	12840	◆
白军	26	初中	1	13600	◆	陈兵	27	本科	1	20000	★
苏占国	28	初中	1	24000	■	陈彩成	53	小学	3	18650	◆
宋迎平	29	初中	1	30000	★	高小军	26	高中	1	12000	◆
庞建国	30	初中	2	14400	◆	王云堂	52	小学	2	35540	■
兰贵军	30	初中	2	17600	★	王强强	23	高中	1	24000	★
李治飞	45	小学	2	48500	★	王堂堂	52	小学	4	23060	★
韩加贵	42	小学	2	41600	★	陈云	28	高中	1	12630	★
李拯拯	30	小学	1	31200	★	陈峰	26	高中	1	30000	★
李武	29	初中	2	45600	★	陈二东	60	文盲	3	15350	◆
李鹏怀	48	小学	2	42200	◆	杨录林	24	高中	1	30000	◆
李彦镖	28	初中	1	50500	★	陈外杏	58	文盲	3	11800	■
郭世明	43	小学	2	41800	★	刘怀林	48	初中	2	27240	■
郭成喜	45	小学	2	58000	★	杨东	26	高中	1	15030	★

注："★"表示愿意支付；"◆"表示愿意支付部分；"■"表示不愿意支付。

  由表6-4中可以看出，61.4%的村民愿意出资改善环境，30%的人愿意出一部分，只有少数的8.6%的村民不愿意出资，据调查，村民不愿意出资的主要原因是观念上没有转变，认为受益的是矿业企业，理应由这些企业负责投入资金建设环境。

  榆林矿区生态捆绑发展模式如图6-4所示。笔者认为：国家、企业、地方、居民出资比例为4：3：2：1较为合理，因为开发规模较大、对生态环境破坏较严重的企业往往是国有企业，利润的绝大部分属于中央，理应出资比例大；企业若没有经济手段制约，破坏程度将更大；地方与居民的利润相对较少，出资比例也较小。

  我们设计的生态捆绑实施流程（见图6-5）。

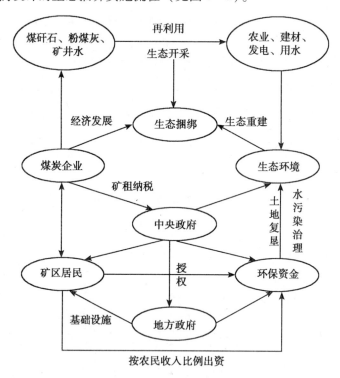

图6-4   榆林矿区生态捆绑发展模式

（二）模式评价

  矿区是由生态系统和经济系统相互交织、相互作用、相互耦合而成的，具有一定结构和功能的复合系统，是环境要素、生物要素、技术要素

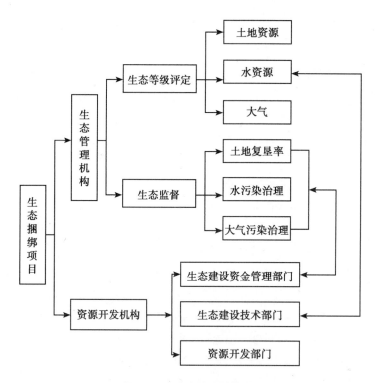

图6-5　生态捆绑实施流程

注：分级标准按照监测部门与专家环境质量评语来确定各参数因子权重系
数，从而计算得出。

和经济要素遵循某种生态经济关系构成的具有生态经济特征的集合体①。
矿区本身就是经济与生态的耦合，所以在矿区实施生态捆绑是非常可行
的。据研究②，榆林市经济系统整体的综合水平与环境系统的整体综合水
平呈负相关，这说明实施生态与煤炭捆绑发展模式是非常有必要的。实施
生态捆绑是改善生态环境，特别是改善资源开发区环境的有效手段，在矿
区生态环境建设中实行生态捆绑，具有如下优点：

（1）使得"先开采，再治理"的现象从根本上扭转为"边开采，边
治理"；

---

① 王维平、李宗植：《构建西北基础设施新体系》，兰州大学出版社2001年版，第1页。

② 孙顺利、杨殿：《基于 PSR 模型的矿区生态经济适度开发评价》，《金属矿山》2007
（4），第66—69页。

（2）改变了牺牲生态环境换取经济效益的现象；

（3）经济效益与生态效益并重，实现"花园矿区"；

（4）把生态环境建设提升到一定层次。生态捆绑发展模式使得矿区的经济与生态环境能够协调发展，所谓协调发展是指在以人类为核心和主体的全球生态经济系统中人类通过它不断理性化的行为和规范，以协调人类社会经济活动与自然生态的关系，协调经济发展与环境的统一，协调人类的持久生存，世代福利与资源分配的当前与长远关系，从而实现全人类寻求总体目标的最优化①。

生态捆绑发展模式的经济效益评价：

（1）农民经济效益评价。农民虽然没有直接获得一定资金，但是获得了生态环境效益，改善了他们的生存环境，减少了污染引起的疾病，减少了对农作物的影响，所以农民间接地获得了经济效益。

（2）地方经济效益评价。企业虽然从利润中取出部分资金用于生态环境建设，相比较而言，地方财政受到了影响，但是实施生态捆绑发展模式后，地方可以增加农业税收、畜牧业税收等，从中获益。

（3）国家经济效益评价。虽然国家从企业中获得的直接利益相对减少，但是却获得了生态效益，增加了绿化程度，提高了国际竞争力，整体而言，国家依然是获利的。

三、结论

（1）生态捆绑就是要求矿区的生态环境建设应该作为矿区建设系统的有机组成部分，应该进行整体规划。制定国家政策，要根据不同比例从国家、地方、煤炭生产企业收取适度的生态建设资金，用于生态环境的治理和建设。同时，不能仅仅以经济的增长为指标来衡量煤炭资源开发的成败，生态环境指标同等重要。

（2）榆林市处于我国水土流失和风沙危害最严重的黄土丘陵区以及长城沿线的风沙荒漠区，矿区经济与生态环境的矛盾十分突出。煤炭企业目前正处于既要发展经济又要保护生态环境的两难境地，通过煤炭与生态环境捆绑发展的模式是走出这种两难境地的有效方法。有生态环境指标的

---

① 陈大鹏、姜霞：《陕北能源重化工基地社会经济与环境协调发展研究》，《环境科学与管理》2007，32（9），第186—191页。

制约，使得矿区对生态环境的治理有了期限，从根本上消除了只追求经济增长而把生态环境置之度外的观念与做法。

（3）资源的开采促进经济的增长，生态环境同时伴随着资源的开发而不断恶化，进一步阻碍了经济的发展，这似乎是一种不可避免的矛盾关系。其实不然，经济与生态环境可以同步发展，生态捆绑模式使得矿区经济与生态环境实现"双赢"的目标。

第三节　特色产业脱贫模式分析

一、甘肃靖远县沿河农区"水体生态农（渔）业"模式

（一）该模式产生背景

人多地少，人口逐年增加，耕地逐年减少是靖远县的基本县情，也是县内各乡村的基本农情。随着该农区人口的不断增加和人民生活对农副产品的需求与日俱增，人口与资源，资源与生产，食物供应与需求的矛盾日渐尖锐。以生态学理论为依据，以"饲料→鸡粪→猪粪→鱼"这一食物链为中心，以沼气池为纽带而建成的"畜、禽、鱼、果"水陆共生系统的养殖模式，是解决上述矛盾的一个最佳选择[1][2][3][4][5]。这不仅取料方便，制作容易，而且最重要的是可充分利用土地、水和饲料资源，减少畜禽粪便污染，提高土地的利用率和饲料转化率，降低养殖成本，提高单产，综合效益十分显著。

（二）该模式的主要理论依据

水体生态农（渔）业。水体生态农（渔）业是在农（渔）业生产中引进生态学原理，以生态学、经济学和系统工程学理论为指导，遵循自然规律和社会经济规律，综合立体利用空间，通过能量物质的多重利用，生物结构的合理配置，以及劳力、资金、原材料、技术和管理等经济成分的

---

① 魏其江：《靖远发展史话》，中共靖远县委党史资料征集办公室，甘新出［001］字总1458 号。

② 周立三：《中国农业地理》，科学出版社 1993 年版。

③ 鲜肖威、陈莉君：《西北干旱地区农业地理》，1995 年。

④ 《中国农业生产布局》，中国科学院地理研究所经济农业出版社。

⑤ 赵映东、谢建丽：《甘肃境内黄河输沙量变化初探》，《甘肃水利水电技术》1998 年第 2期。

优化组合，从而使土地生产率、水面生产率、物质能量转化率、废弃循环率达到最佳效益的农业。

（三）该模式的内容设计主要原则

包括：（1）保证畜禽鱼健康生长和生产力提高；（2）充分利用畜禽粪便，减少其对环境的污染。

（四）模式内容设计

（1）鱼类生产规模和指标设计：鱼塘10亩，单产400公斤（1991）。（2）每亩鱼塘搭配猪的头数：2—3头，10亩鱼塘决定了猪的饲养规模是30头。（3）每头猪应搭配鸡的数量。按鸡粪替代饲料的比例为15%算，每头猪搭配鸡的数量为3—4只，所以鸡的饲养规模是90—120只。（4）鱼塘中各种鱼的投放比例和数量：根据计划鱼产量确定放养比例和数量，设计亩产400公斤鱼的鱼塘，亩放养鱼苗1500—2000尾，其中草鱼40%，鲤鱼占40%，花白鲢鱼占20%左右。（5）沼气池应建在居民比较集中的地段，以便能最大限度地利用居民排泄物，同时可以减少向居民区的输气输电管道开支。（6）葡萄园设在居民区和沼气池之间，一方面可以充分利用沼肥，另一方面可以净化空气居住区环境①②③④⑤（详见图6－6）。

二、陇东黄土高原区庆阳市特色产业选择

（一）特色农业

1. 草畜业

该区是甘肃省第二大牧区，但长久以来都处于分散经营状态，借退耕还林之机，不仅应加强原有草地的建设，广种优质牧草——紫花苜蓿，还应在北部干旱风沙区不适宜还林，但适宜还草的地区实现基地化生产，并引种其他新品种优质牧草。同时还要积极培育草加工、销售公司，与当地农业院校和科研院所结成合作伙伴，请他们做技术指导，发展草产业。

---

①　《水体生态农（渔）业》，《福建水产》1995年第2期。

②　沈启云：《浅谈靖远羊羔肉产业现状及发展对策》，《中国动物保健》2000年第9期。

③　张毅、赵燕芬：《鸡、猪、鱼立体养殖模式的研究》，《河南农业》1994年第1期。

④　叶启智、蔺红军：《发展集群产业壮大工业经济实力——对陇西县发展工业经济的探讨》，《甘肃科技》2006，22（9），第4—6页。

⑤　董锁成、刘桂环、李岱等：《黄土高原丘陵沟壑区生态城市指标体系与评价研究——以甘肃省陇西县为例》，《资源科学》2005，27（4），第82—88页。

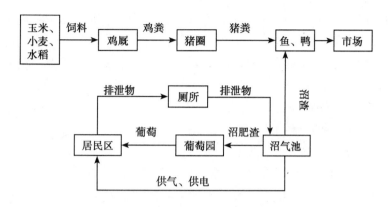

图6-6　畜、禽、鱼、果水陆共生模式

　　当地的畜产业是草产业的直接消费产业，目前已成立了宁县早胜肉牛育肥、良种繁育公司，华池肉羊场、牛场这些大型牛、羊养殖公司，还有一些养殖专业村、小型养殖场、养殖专业户，整体已基本形成"小规模，大群体"。但肉牛加工龙头企业建设缓慢，加工几乎空白，产销仍很松散，而且，畜产品监测检验，疫病预防、兽药服务体系不健全，养殖技术应用面小，尤其分散的农户养殖水平低。要实现畜牧业的产业化经营，就必须解决以上问题，健全各个环节，并形成由早胜牛、环县滩羊、陇东黑山羊、庆阳驴这些品牌组成的丰富的产品体系。

　　2. 果品业

　　庆阳素有"红杏之乡"的美誉，有许多有特色的杏品种，如宁县"曹杏"。目前，退耕还林的主要经济树种也是杏树，因此，应发展以"曹杏"为主打品牌，其他品种杏为支撑的杏产业。另外，宁县的"黄桃"、"晋枣"也是特有品种，无论从外观还是口感上都属同类产品中的上乘品。本地也是最适宜苹果生长的纬度带，已有荣获省级名牌产品称号的"赤城苹果"，但总体上还没有形成产业化的产销规模，生产经营较松散。因此，在退耕还林过程中，除了杏树外，还应在条件适宜的地区增加这些经济林木的数量，既能丰富林木种类，也可以增强本区果品业的竞争实力，为形成果品业的品牌化、产业化打下坚实基础。

　　3. 特色小杂粮产业

　　该区域远离大城市，又是雨养农业区，主要农牧业区生态环境质量完全符合国家制定的生产"绿色食品"的质量标准①。而且，杂粮食品日益受到现代人的重视，已成为人们日常饮食的首选营养品。因此，转变观念，增大高蛋白的黄豆、华池红小豆、玉米、油料作物，尤其是胡麻、什社小米、宁县黏糜、环县荞麦这些杂粮在种植业中的比重，增加它们的科技含量，建立质量保证体系，保证特产为"绿色食品"，推行绿色品牌战略是发展特色经济作物产业的必然选择。

4. 黄花菜、白瓜子、中药材产业

黄花菜和白瓜子是目前代表该区特色农副产品的知名产品，无论从其营养价值还是药用价值都具有巨大的市场潜力，而且，已注册了"庆针牌"、"蓓蕾牌"黄花菜，"凤川牌"白瓜子，目前缺少的就是基地化的生产规模及高技术的龙头加工企业。做大这两项产业不仅有利于自身发展，而且其连带效应是能够提升庆阳在全国的知名度，依靠其品牌效应为其他产品进入国内外市场创造"畅通"市场环境。另外，本地的中药材也应结合地方制药厂发展基地种植，发挥生态与经济双重效益。

（二）特色旅游业

庆阳的部分历史文物，如北石窟寺，南梁"陕甘宁苏维埃政府"开发得较早，但目前发展的规模都很小，而且游客仅限于本地人，影响面极小。在现代全球全国旅游业都蓬勃发展的21世纪，庆阳一定要抓住机遇，深入发掘旅游资源，发展特色旅游业。

虽然都是黄土高原，但由于地理环境的区域差异，各地人民的居住方式与生活习惯各不相同，再加上历史原因，使得陇东黄土高原的旅游资源具有明显的地方特色，并且资源的相关性较高，便于开发、组合成特色旅游项目。按照资源的类型可以开发出以下五种旅游产品：

1. 黄土风情、民俗文化游

庆阳的黄土民俗可谓异彩纷呈，先后被誉为"中国香包刺绣之乡"、"中国皮影之乡"、"中国徒手秧歌之乡"、"中国民间剪纸之乡"、"中国荷花舞之乡"、"中国窑洞民居之乡"、"华夏农耕文化之乡"，是其他黄土高原区无法比拟的。自2002年开始，将传统的端午节发展成有地方特色的民间传统节庆活动"中国庆阳香包民俗文化节"，迈出了面向全国旅游

① 董锁成、刘桂环、李岱等：《黄土高原丘陵沟壑区生态城市指标体系与评价研究——以甘肃省陇西县为例》，《资源科学》2005，27（4），第82—88页。

的第一步，但发展还处于初级阶段，无论是产品开发、基础设施都很不成熟，未来要以这一旅游节庆活动为龙头，将政府投资、民间集资与项目引资结合起来，深入挖掘民俗旅游资源，扩大对外宣传，带动全市旅游业的发展。

2. 红色革命游

优秀民间歌手孙万福创作的《咱们的领袖毛泽东》、木匠汪庭友创作的《绣金匾》、以老区劳动人民的打夯号子为素材创作的《军民大生产》，南梁"陕甘宁苏维埃政府"、"抗大七分校"、红军长征的最后一战"山城堡战役"等遗址，都是展现庆阳革命老区历史的珍贵遗产，是进行青少年爱国主义教育及革命故地重游的理想目的地。但目前，只开发了其中较有影响的几个，旅游产品单一，缺乏吸引与创新，今后要深入挖掘，不断完善产品体系。

3. 历史文化、文物游

上古名医、医学鼻祖——岐伯，周人建国立业、开创华夏农耕文化之地，电影《刘巧儿》的原型封之琴的故乡等标示着华夏文化的发源与庆阳历史的渊源；侏罗纪晚期岩层的"环江翼龙"化石，"黄河古象"化石，国家级重点保护文物、始建于北魏至今已有1500年历史、甘肃四大石窟之一的佛教石窟遗存"北石窟寺"，"秦直道"，"秦长城"，始建于明崇祯年间、平凉崆峒山的姊妹山、佛、道教合一的圣地"小崆峒"，以及数量丰富的古墓群、碑刻、古塔组成了庆阳庞大的历史文物资源群。这些资源具有高品位与稀缺性，创建成国家级的旅游精品具有绝对优势。而目前大部分几乎还未开发，其珍贵的价值没有受到地方重视。

4. 生态旅游

占全市面积近1/5的高原林海"子午岭"，不仅是黄土高原上难得一见的"绿色水库"，而且其中还保留有许多历史人文遗迹，如"千里通途秦直道"、"昭君出塞打扮梁"等，但现在开发方式还很简单，应积极筹备、完善，争取尽早申报为省级或者国家级森林公园，提高身价与知名度。董志塬作为"天下黄土第一塬"是世界上面积最大，保存最完整，黄土层最厚的黄土残塬，是研究黄土文明的最佳选择。而且，其高原农业风光不亚于平原地区，同时又兼具高山气质，开展农业观光、休闲度假具有较大潜力。

5. 油田基地游

西北最大油田、全国第四大油田——长庆油田，是庆阳经济的支柱产业，除了发展石油工业之外，还可考虑同时发展第三产业，开放部分生产基地，开发工业旅游产品，开展以大型专业生产企业为旅游资源的油田基地游。

三、米脂高西沟新集体经济模式

高西沟村一方面集体进行生态建设，另一方面积极促进农民个体经济的发展。高西沟村的整体发展模式是：新集体经济模式（见图6－7）。

（一）加强林业建设，转变农业增长方式，促进农村经济可持续发展

林业是整个大农业的重要组成部分，而农业本身又是一个综合性的多功能产业，不仅对农业的稳产、高产具有多种生态保障功能，可为社会提供大量的木材和众多的林特产品，并且可进一步开发利用的资源也极为丰富，堪称"绿色宝库"。高西沟村过去耕种土地200公顷，仅能维持全村人的温饱。后来逐年退耕还林还草，实行粮、林、草各占1/3的种植制度，结果使粮食总产量增长5倍，人均产粮增长4倍，多种经营也得到较大的发展，农民收入大大增加。仅村上120多亩4000多株苹果树，年产苹果20多万斤，

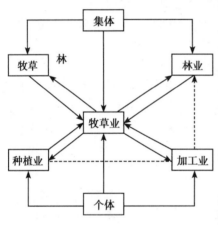

图6－7　新集体经济模式

年收入近8万元①。

在"三二一"新结构中，"林"是高西沟生态建设的主体。"高山远山森林山，近山低山花果山，山坡道路沟洼全绿化。"现有林地2253亩，其中生态林1660亩，果树、梨树、枣树、大扁杏、葡萄等经济林593亩。13.5公里长5米宽的环山生产路和9米宽的村级道路两旁，倒柳白杨成荫，新栽紫穗槐生长茂盛，给高西沟又增添了一道亮丽的风景线。

---

① 董锁成、吴玉萍、王海英：《黄土高原生态脆弱贫困区生态经济发展模式研究——以甘肃省定西地区为例》，《地理研究》2003，22（5），第590—600页。

（二）发展人工种植牧草，大搞舍饲养羊业，是农村经济新的增长点

足够的饲草是保证舍饲养羊顺利实施的关键。要把人工种植牧草作为先行措施去抓。建造人工林草植被应以草灌为主，在水分条件稍好的沟谷，可用乡土树种或引进的适宜乔木树种稀疏地混交于草丛中，形成稀树灌草结构模式①。加大人工种植力度，建成饲草基地，发展畜牧业。草场建设以封育保护、草地改良、禁牧轮牧为主。高西沟的"三二一"结构中，羊草业是产业结构调整的重点，是增加农民收入的支柱产业（见图6-8）。

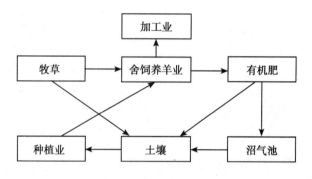

图6-8　畜牧业经济模式

（三）发展庭院经济，促进农民脱贫致富

所谓庭院经济②，一般是指以农户为单元，在自己的宅院四旁种植果、蔬，饲养家畜、家禽，以提高收入。

在调查中发现，高西沟的庭院经济发展得比较好。高西沟庭院立体模式是利用庭院有限空间，将所经营的项目进行垂直立体分布，地下建成沼气池及建窖贮藏，地上种植蔬菜，发展养殖业，营造葡萄、瓜类和豆类等（如图6-9所示）。

（四）发展劳务经济，增加农民经济收入

高西沟在建设生态的同时，也积极鼓励农民外出打工。现在已有188人走出农村，走向城镇，走向市场，我们调查得知，高西沟村外出人员人均收入最少都在2000元以上，最高可达2万元，农民收入非常可观。

① 陈强强、李国顺、陈小刚：《陇西县实现新型工业化模式与途径探讨》，《甘肃农业》2006，1（4），第39—40页。

② 褚大建：《从可持续发展到循环经济》，《世界环境》2000，5（3），第6—12页。

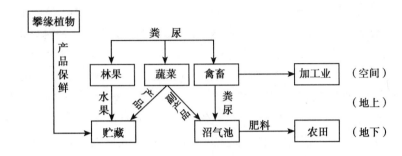

图 6-9　庭院经济模式

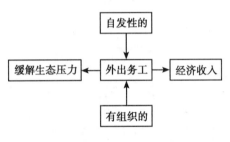

图 6-10　劳务经济模式

在市场经济条件下，米脂县利用现有的资源，根据历史传说，除了男性劳务输出外，特别注意打造"米脂婆姨"的品牌，进一步拓展农村劳动力的输出规模和就业空间。高西沟村利用有利时机，加大农村劳务输出力度。现在，高西沟村全家外出有 46 户，单身外出人员有 21 人，一方面增加了农民的经济收入，另一方面也减少了对生态环境的压力（见图 6-10）。

四、甘肃陇西可持续发展模式

陇西县在定西市有独一无二的地理位置，是介于兰州和天水之间的物流中心，陇西县人民政府也提出要把陇西县建设成为陇中区域经济中心，如何发挥本县在教育、中药材、铝业、木材交易、物流中转等方面的优势，避除资源短缺、基础设施落后、平均受教育程度偏低等劣势，将是陇西县经济可持续发展的关键。笔者根据陇西县自身的优势和劣势，设计并提出陇西县经济可持续发展模式（见图 6-11）。该模式以陇西县的强项教育和外来资本为原始驱动力，两者输出的高素质人才和资金应用到生态建设、输出劳务和优势产业，其中输出劳务和优势产业产生经济回报，然后用收益资本再为原始资本提供后续资金以及投入生态建设和教育，如此良性循环，便可构成陇西县经济可持续发展的理想模式。

在上述模式中，生态建设可通过对城区及近郊的工业园区绿化、退耕

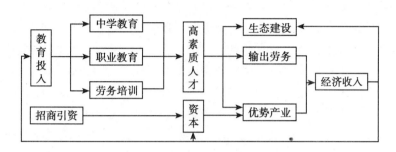

图6-11 陇西县可持续发展模式

还林及山地干旱区梯田建设实现；优势产业应该主抓马铃薯、中药材、木材交易、铝制品加工四大产业（见图6-12），此外，还应当积极发挥陇西县在定西市得天独厚的地理位置；在输出劳务方面，现在大多数农民还是个人自发性行为，以后政府应当发

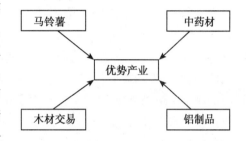

图6-12 优势产业模式

挥更大的作用，积极拓展劳务市场，组织待业农民外出务工，为农民务工提供更多保障。

应用此模式，可以大力推进农业产业化，积极发展生态工业，生态旅游等生态型的第三产业，培育生态经济体系，打破"脆弱—贫困—脆弱"恶性循环，达到生态环境与经济发展的双赢；促使经济再生产、人口再生产和生态环境再生产相互促进、良性循环、协同进化，实现经济效益、社会效益和生态效益相统一的综合效益，使生态经济系统功能最大化。

（一）兼顾生态环境的特色农业模式

陇西农业发展必须以区域生态环境承载力和资源比较优势为前提，依靠市场和高新实用技术，发展生态农业，走农业产业化道路。大力开发特色优势资源，尤其是生物资源，如中药材、马铃薯、食用菌、蔬菜等，发展订单农业和高技术农业，积极推进农产品深度加工，生产适销对路，市场需求强的生态化绿色"名牌"产品。畜牧业是附加值较高的产业，根据陇西县的实际和区域优势，应突出畜牧业生产优势，提高畜牧业产值在农业总产值中的比重，确立发展以草食畜为主，稳定发展猪鸡规模经营的战略思想。合理调节粮、经、草的种植比例，发展农牧型生态农业。

发展特色农业，走农业产业化道路，必须改变目前广种薄收的粗放型农业经营方式。发展生态农业是治理水土流失、改善生态环境、实现农业可持续发展、转粗放型经营模式为集约型经营模式的有效途径。生态农业必须与当地的自然条件和社会经济条件结合起来，推广新技术的运用，大力发展旱作节水农业，努力提高水资源的利用率。利用高新科技，发展喷灌、滴灌技术、积极培育和推广抗旱作物品种、树种和土壤抗旱保水技术。

（二）生态型新型工业化模式

陇西生态型新型工业化战略思想是：按照生态原理组织和布局工业生产过程，延伸产业链，延长产品生命周期，形成生态工业循环体系，推动陇西工业化进程跨越式、超常规发展，并把工业过程与农业过程和资源环境过程连接起来，形成工业—农业—环境大循环。依托陇西区位、交通和"西北旱码头"物流中心优势，发挥本地和周边中药材、马铃薯、农畜产品资源优势，应用高新实用技术，大力发展以中药材精深加工、生物制药、绿色化特色农畜产品加工业；应用高新技术改造传统的铝电冶金加工业，发展新材料工业，大力发展资源依赖小，技术含量高的生物产业、新型材料等高新技术产业；在中远期，依托物流中心物资集散优势，应用高新技术发展资源再生循环的环保产业；依托交通枢纽优势，尽早大力发展汽车修配、服务产业，促进交通运输和物流系统快捷、顺畅运转和良性循环。

（三）水土约束型农户为主体的庭院经济发展模式

水土约束型制度支持下农户为主体的庭院经济发展模式是指以水土保持为中心，以土地合理利用为前提，以政府为农户创造激励与约束机制的制度条件为先导，以农户为主体，通过退耕还林（草）恢复植被、小流域综合治理、产业结构优化配置、人力资源合理布局和经济与环境协调发展的制度创新，实现生态效益、经济效益和社会效益的有机统一，达到走出生态脆弱—经济贫困恶性循环的目的。

在目前所处的生态环境状况与社会经济发展的条件下，陇西县应发展以沼气能源为核心的庭院经济。其模式可设计为：以高效种植为主导，配套养殖与沼气相结合的庭院"四位一体"、"三结合"、"五个一配套"模式，此模式可应用于水、光、热比较好的中部川区；以养殖为主导，配套集雨水窖节灌种植与沼气相结合的庭院"三结合"或"五结合"模式，可应用于北部干旱、半干旱的山区；大中型沼气工程，主要应用温寒半湿润的南山区。

（四）以减轻环境压力为目的的劳务经济与第三产业发展模式

减轻人口对环境的压力是陇西县实现可持续发展的根本途径。在此方面应采取"两条腿走路"的办法：一方面输出农村剩余劳动力，减少农业耕作人口，发展劳务经济；另一方面推进城镇化，发展第三产业。

在城镇化过程中，陇西县应坚持"高起点规划、高标准建设、高效能管理、高质量服务"的原则①，紧紧围绕构建现代化中等城市的目标，进一步加强城市和小城镇的科学规划和建设管理，加快城镇基础设施建设步伐，遵循规律，因势利导，加强规划、建设与管理，积极推进生产要素向城镇合理集聚，突出抓好规划城市区和中心城镇的功能培育和发展壮大，辐射带动周边城镇的发展，逐步形成和完善以县城为核心、重点小城镇为依托，具有较强集聚和辐射能力的梯度结构城镇体系。推进城镇化进程，不断提高城镇化水平。

第四节　区域综合发展模式选择

一、大寨生态与经济互动发展模式

基于灰色关联模型的结果分析，并结合大寨村自身的生态环境特点和经济发展状况，提出了大寨具体的生态与经济互动发展模式（见图 6 - 13）。

大寨模式是指在黄土高原东部太行山区，当初大寨人自力更生、艰苦奋斗，创造出非同凡响的"大寨"精神价值，并奠定了良好的生态环境基础；在市场经济条件下，大寨充分发挥其优势，利用"大寨"品牌招商引资，促进当地经济发展，并同时发展生态旅游，使生态建设促进当地经济的发展，从而达到生态与经济的互动双赢。

此模式设计的指导思想是充分发挥大寨的品牌优势。"大寨"本身就具有文化资源上的独特内涵，另外从经济学的角度来说它还具有经济价值，因此在市场经济的条件下，"大寨"就可以转变成一个经济品牌，正是基于它本身具有的内涵，才形成大寨品牌的知名度、美誉度、

---

① Jeroen C. J. M. van den Bergh. *Ecological Economics and Sustainable Development*, *Theory*, *Methods and Applications*. Edward Elgar Publishing Company, Cheltenham, UK. Brookfield, US. 1996.

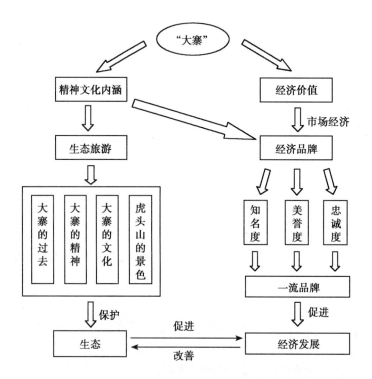

图 6 - 13　大寨村生态与经济互动发展模式

忠诚度,这是其他品牌无法替代的。大寨要想长远发展,就必须采取延伸、联合,让大寨品牌与外界挂钩,联合发展,把"大寨"这个品牌创造成一流品牌,最大限度地开发利用大寨独特的无形资产,用大寨品牌精心包装经济,让更多的大寨牌产品叫响市场、驰名中外;用大寨品牌招商引资,让更多的资金投放到大寨,更大的项目落户大寨,这样就促进了大寨乃至昔阳县经济的发展。大寨经济发展了,就有更多的资金投入到大寨生态旅游的开发,而大寨的生态旅游开发包括大寨的过去、大寨的精神、大寨的文化及今日虎头山上的秀丽景色,同时用大寨品牌扩大开放,让更多的中外游客到大寨观光旅游,让外部进一步了解大寨,关注大寨,这样既促进了经济的发展,又保护了生态,而大寨的生态建设也能成为游客旅游的景点,同时也能促进经济的发展,从而达到了生态与经济的互动双赢。

（一）品牌模式

1. 大寨具有发展品牌资源的优势

"大寨"品牌资源的重要价值，主要有以下两个方面[①]：

文化资源的独特内涵。首先从物质上来讲，大寨的知名度，主要表现在当初比较落后的生产状态下，创造出了非同凡响的物质价值，从而也得到世人的称赞和美誉。表现到具体的物质形式上，即以高产梯田、虎头山、陈永贵、铁姑娘等名词为意象符号，并以此奠定了大寨品牌的坚实基础。其次从精神上来讲，大寨更重要的在于通过其表象体现出的内在核心力量：自力更生，艰苦奋斗，团结一致，高度敬业，不怕苦不怕累。这些也是真正意义上大寨品牌的原始生命力，是对大寨人创业精神面貌的高度认同，也是使得人们对大寨品牌刮目相看的真正原因，由此进一步引申到品牌亲和力、好感度，美誉度及联想度等深层次属于品牌感性的东西。周恩来、邓小平、李先念、叶剑英等老一辈革命者居住过的窑洞，我国著名作家郭沫若去世后将自己的骨灰撒在虎头山上，作家孙谦去世后也在此埋葬，以及陈永贵的雕像，等等众多有意义的单点事项，凝聚起人们对大寨品牌的青睐。

经济角度上的品牌金矿。基于大寨如此之高的知名度和美誉度，实际上已经形成了实现从政治符号到商品品牌转化的巨大资本。"大寨"本身作为驰名中外的名称，把其用为商品品牌名称，进行市场经济条件下的战略运作，可缩短进入消费者眼球的时间，节约巨额广告宣传费用，节约产品在通路进程中所花时间，为产品获得市场份额，降低企业经营成本，无形中就形成了品牌价值的累积。同时以"大寨"作为品牌名称，使其具有了品牌自身之明显区别特性，本身就有着良好的保证、识别、认可的作用，同时与"大寨"所凝结的精神文化产生共鸣，有利于产品品牌忠诚度的进一步提升，同时产生与大寨精神内涵相关联的心理需求满足感。这种特定联系所蕴含的产品质量以及信赖是其他品牌名称无法替代的。

2. 大寨实现品牌资源转化的途径

依法缔造大寨品牌转化可持续发展的空间，实施商标战略。从法律概念讲，"大寨"已经成为重要的知识产权保护对象，依法建立"大寨"的

---

① 陇西县人民政府：《培育大市场，走活一盘棋——陇西县加快发展县域经济纪实》[EB/OL]，www. gansu. longxi. gov. cn，2005 - 09 - 23。

知识产权保护体系，是大寨品牌转化与保护的第一步。就"大寨"本身而言，作为一个世界驰名的地理名称，将之若使用于相关商品或服务项目，在标示该商品与大寨有特定联系的同时，暗示了商品的品质、信誉等特征与大寨自身的一些特有的因素密切相关。由于历史的原因以及以前对"大寨"品牌认知的局限性，"大寨"商标及品牌的使用比较混乱，甚至出现了商标被抢注的尴尬。这些情况都成为影响大寨拓展品牌战略的严重掣肘，必须进行规范，构建大寨的大、纵、深体系的知识产权保护工程。

构建大寨品牌识别体系。对大寨品牌整体综合印象及每个印象的具体组成部分，如视觉形象、标识颜色、字体规范、标识物等进行统一的确立并规范，明确禁止和打击任何乱用滥用品牌标识的行为。首先通过整体品牌形象整合，形成大寨品牌合力，同时防止品牌无形资产流失。对于通过许可授权使用"大寨"作为其商标的产品品质进行严格检查，杜绝对大寨品牌产品粗制滥造的低层次运作，从而造成城门失火殃及池鱼的恶性后果。在总体发展战略指导下，详细规范品牌宣传，品牌广告的文字表述、视觉传播，对品牌塑造过程中具有新颖性、独创性和显著性的创意、作品、名称、标志、颜色组合、三维载体等，及时寻求外观设计专利、版权登记、知名商标特有包装装潢进行法律保护。

积极进行知名度、形象力提升的战略宣传。作为一个知名的地理标志及本身享有的政治资本优势，大寨实现从政治符号到商业品牌的转化其事情本身，就有着可供挖掘的新闻价值，也是为社会大众、为国家政府所关注的重要事件，是操作性极强的新闻点。以"铁姑娘"的名气而备受关注的郭凤莲，同样是极为抢眼的新闻人物。为此，当地及全国媒体关于大寨的报道频频亮相，无形中又促进了大寨品牌在更广阔的范围内被更多人所认知。2001年5月19日至7月19日由大寨集团全权赞助的绿色申奥万里行活动，为2008年的中国奥运添砖加瓦，一度成为备受媒体追逐的新闻热点，省级国家级媒体、电视、报纸、网络竞相报道。此次活动作为大寨品牌形象工程的重要动作，为其树立很好的品牌知名度和美誉度起到了良好的宣传作用。

3. 打造"大寨"品牌任重道远

"大寨"作为一个知名的地理标志及本身资源具有的唯一性、权威性、排他性，已经迈出了从"政治符号"到"商业品牌"转化的第一步，还有很多不完善不完美的地方，还有很多内在潜力等待进一步的挖掘和激活，还要在自身企业发展上下工夫，只有这样才能实现大寨的可持续发展。

（二）生态旅游深度开发模式

1. 发展深层生态旅游业

"生态"具有自然和文化的双重属性，生态旅游的自然属性表现在以旅游区高质量的生态环境为依托，对游客的身心具有保健功能，并在这一过程中体现出和谐的人地关系；从文化角度看，"生态"则是一种文化体验和生存智慧。正是基于以上理念生态旅游便有了深浅层次之分①②。

浅层生态旅游是在自然区域进行的以不破坏资源环境为行为底线的旅游，旅游形式以观光休闲为主，多具有娱乐、游玩和享受的性质，对自然知识、历史文化和生态体验要求较低，人地关系也只在较低的层次上达到了和谐；深层生态旅游是高层次的科普旅游、文化旅游、体验旅游，追求对自然知识、历史文化、生态体验的深度获取，并使人地关系的和谐融洽在实践层面上上升为整个生态旅游系统的和谐"共赢"。深层生态旅游和浅层生态旅游的对比分析见表 6-5。

表 6-5　　　　　　　　浅层与深层生态旅游开发的区别③

两者的区别		浅层生态旅游	深层生态旅游
景区开发理念		旅游资源和景点的开发以自然美景为主，规划较规范而整齐划一	将特定类型的生态文化纳入开发之中，生态文化展示丰富
景区开发原则		利益主体各自为政，追求各自利益的发展和最大化	坚持系统的协调性，保证高效和谐及可持续发展
旅游目的和文化观念	旅游形式	以观光休闲为主	高层次科普旅游、文化旅游、体验旅游
	旅游目的	多具有娱乐、游玩和享受的性质，以观赏自然景观为主	以观赏认识自然奥秘和历史人文为目标，获得真切的文化知识和生态体验
	人地关系	较低层次上达到了和谐	上升为整个生态旅游系统和谐"共赢"
	生态文化意识	模糊、淡化	明确强烈
	生态体验	游客的参与性弱、生态体验低	旅游者积极参与、生态体验真切
旅游价值测评体系		仍以景点园区接待的客流量和旅游收入来评价其价值，注重旅游经济效益	价值的测评内容丰富，包括经济效益、景观效益、社会效益、生态效益及文化效益等多方面的内涵

---

① 胡鞍钢：《西部开发新战略》，中国计划出版社 2001 年版，第 67—71 页。

② Malte Faber, et al. *Ecological Economics：Concepts and Methods. Edward Elgar Publishing Company*. Cheltenham, UK. Brookfield, US. 1996.

③ 王建华、顾元勋、孙林岩：《人地关系的系统动力学模型研究》，《系统工程理论与实践》2003 年第 1 期，第 128—131 页。

2. 大寨深层生态旅游的开发

目前，大寨的生态旅游开发还仅限于初级阶段和较低层次，对虎头山森林公园的生态文化挖掘远远不够，旅游活动也仅停留在较低的层面上，游客的参与性不高；同时，其生态旅游产业结构还存在明显的不合理之处，产业链短且产业层次不高，对社区经济发展的贡献小。为此，大寨应该开发深层生态旅游，以实现旅游业的可持续发展。

大寨是一个拥有独特旅游资源的地方。它的过去、它的精神、它的文化和今日虎头山上的秀丽景色，都使得它与众不同。大寨所走过的曲折道路使其旅游资源具备了唯一性、排他性，因此大寨发展旅游业就是要抓住其自身的特色，挖掘其深刻内涵。其一，要在"农"字上狠下工夫，大做文章，把生态农业和旅游观光紧密地结合起来，融为一体。提倡退耕造林，使更多的土地绿化、荒山披装，拓展虎头山森林公园的面积。其二，要把浓缩和升华了的大寨历史再现出来。大寨人战天斗地的光辉业绩，自力更生，艰苦创业的伟大精神和爱国家，爱集体的高尚品格，构成了内容丰富的文化资源，表现在它不仅有独特的民俗文化，更有名人文化，同时它又是中国农业和农业文化的一个时代缩影，因此开发具有大寨文化特色的旅游项目势在必行。其三，要赋予大寨以新的时代特点和内容。大寨旅游业的发展是改革开放所取得的成果，但是大寨旅游业的发展远远没有达到它的目标，昔阳县拥有典型的太行山风光，把大寨这一特色旅游品牌和自然风光融为一体，加大投入和开发的力度，形成区域更加广泛的、以大寨为龙头的大旅游格局，必将带动昔阳县域经济步入一个新的发展平台。基于以上思想，大寨应该创建十八景，以达到生态旅游的深层开发。

大寨十八景的构思为：第一景是在农家招待所以及大寨的每家每户开设客房，到大寨旅游的游客可以住农家屋、吃农家饭、听农家故事、买农家纪念品，使城市人真正体验一下农村生活。第二景是在虎头山顶建设窑洞宾馆，成为山区度假村，使游客享受黄土高坡特有的韵味。第三景是建造山顶射击场，游客到此可以大显身手，回味一下当年铁姑娘在射击场上的英姿、比武招亲的动人情景。第四景是建造山顶娱乐场，歌厅、舞厅、录像厅、台球厅、乒乓球厅等设施齐全，供游客尽兴娱乐。第五景是水库风景点，可建钓鱼台，供游客陶冶情操，修身养性。第六景为名人景点，可在中央领导、将军等经过的地方或者有典故的地方，建造领导馆、将军馆、总统馆、科学家馆、文学艺术家馆等，使游客能触景生情。第七景为教育基地，主要对青少年进行自力更生、艰苦奋斗的教育。第八景为青山绿水松涛层层（虎头山顶建有碧水潭）的自然风光。第九景为"观虎园"，可在虎头山上放置一个大老虎的雕像，也可饲养几只活老虎，使虎头山名副其实。第十景为"狼窝掌"野狼观赏处，修复"狼窝掌"的自然环境，使"狼窝掌"又"狼来了"。第十一景为"猴鼠景观"，可放养猴子、松鼠等可爱的小动物，使游客登爬虎头山时，可以看到猴子蹿跳，松鼠飞跃，感受自然生物的勃勃生机及诙谐情趣。第十二景为农活实干示范园，到大寨的游客可在示范园里干农活，当一次真正的农民，亲身体验农民的工作生活。第十三景为果树栽种、果子采摘的果园实习场，游客到此可以亲自栽种果树，采摘果子，品尝果实，还可以给栽种的果树命名挂牌。等到果树长大、果实成熟，果园还可将命名挂牌的树上的果实寄到游客的家中，游客及其家人每年都可品尝到自己亲手栽种的果实。第十四景是大寨大型山山水水，专家泥塑雕像。第十五景是全国农业学大寨博物馆，把当年全国学大寨的模范村所发生的人、事、物在博物馆展示，使游客了解那个时代的情境，感受大寨昔日；第十六景为陈永贵同志墓。第十七景是已有的大寨展览馆。第十八景是建造一座全国农业博物馆，把全世界的农作物及农具用照片、标本以及实物的形式进行展示。

（三）发挥大寨品牌辐射作用的模式

"大寨"这个品牌，不仅给大寨带来了政治效应、经济效应和文化效应，同时也给昔阳县带来了极大的政治效应、经济效应和文化效应。大寨在3家与外地的合办企业中，仅大寨品牌就使大寨人坐享了20%—25%的股份。大寨村所属的昔阳县也利用"大寨"金子招牌引进项目，县城至大寨村方圆4公里的范围内，就有"大寨工贸园区"、"大寨生态农业科技示范园区"等项目。利用"大寨"品牌，因地制宜，充分发挥当地资源，可以走龙头带基地，基地带农户的农业产业化发展模式、高科技农业模式。

1. 龙头带基地，基地带农户的农业产业化发展模式

大寨核桃露是大寨与阳泉南娄集团合办的，其主要原料均来自太行山脉野生核桃，纯天然、无污染。而盂县是山西省农业大县，全县目前共有核桃树40万株，其挂果的已有30多万株。由于以前广大农户都是零星种植，没有产业化组织，也没有一家核桃深加工企业，生产出的核桃大部分被小商贩以较低价格卖到外地，农民的利益得不到有效保障，更谈不上增

加收入，而如今已成为山西大寨饮品公司规范化管理的原料基地，使农民得到了实质性的经济利益。

山西大寨饮品有限公司为了使农民不断受益和自身发展，已在阳泉建立了 20 万亩核桃种植基地。据测算，阳泉 20 万亩基地将为阳泉农民创造经济利益达 10 亿元。这种龙头带基地、基地连农户的农业产业化发展模式，不仅使企业受益，同时也使农民受益。

2. 高科技农业模式

农业要想发展，必须引入现代农业观念，向高、精、尖进军。大寨的土地资源不多，发展高科技农业不是大寨的优势，但大寨可以与周边村子联合发展，充分发挥它们的优势，来发展高科技农业。

为了加大农业的高科技投入，建设了"大寨生态农业科技示范园区"。园区不仅局限于大寨村，还覆盖了与大寨毗邻的武家坪、留庄、高家岭、金石坡等村，园区面积由 1.8 平方公里扩展到了 20 平方公里，这样就帮助扶持了周边地区农村的发展，达到了增加农民收入的目的。目前已完成了大寨村团结沟塘坝工程。为金石坡村铺了 3 华里长的地方引水管道，为武家坪村建起了蓄水 1500 方的水池，为留庄、武家坪村建起了日光节能温室 30 个，累计投入资金 300 多万元。园区建设使农民既看到科技带来的实惠，也感受到产业结构调整的重要。由此而带动大寨村及周围村庄的农业由传统的单一的种玉米格局转变为粮、菜、果、林共同发展。

二、高西沟区域综合发展模式选择

实践证明，在要求生态环境重建的同时农村经济也须得到发展的"双赢"态势下，以及面对千差万别的以农户为"细胞"的生态—经济—社会复合环境，大面积照搬、照套某一种或某几种模式，套用"典型引路"这种行政色彩甚浓的路子来解决全局性生态治理和环境建设问题，往往差强人意，是不可能行得通的。

所谓高西沟模式，即针对黄土高原丘沟壑区第二副区环境脆弱的特点，结合高西沟村实际情况，积极发挥现有生态效益较好的优势，努力改善当地比较落后的社会经济的状况，根据生态效益、经济效益和社会效益相结合的原则，以生态促经济，积极培育生态经济，把畜产品加工、绿色食品加工、生态旅游开发等特色经济作为带动当地经济发展的"龙头"，形成自我造血机能和自我发展机制，以实现本区生态、经济、社会的有机结合和互动"双赢"目的（见图 6 - 14）。

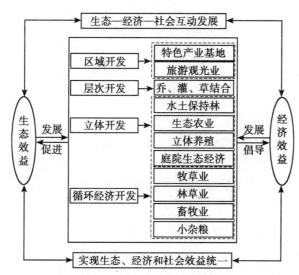

图 6 - 14 高西沟生态与经济互动发展模式图

（一）区域开发模式

互动发展观是科学发展观的重要组成部分，它是以互利为目标，建立在和谐发展的基础上，关注相关要素之间积极的相互作用和变化，主张构建良性互动发展模式[①]。生态恶化和农民生活贫困是黄土高原丘陵沟壑区面临的突出问题，土地产出率往往很低，大部分地区处在"种一坡、收一箩"的状态之中。坚持生态优先，并要兼顾农民吃饭、增收及地方经济的发展，解决好国家要"被子"、老百姓要"票子"的矛盾[②]，在以土地赖以生存的黄土高原丘陵沟壑区，并非易事。首先，在市场利益的驱动下，农民强调的是经济效益，其首要目标是在最短时间内追求利润最大化，对于高成本、低收益的投资是农民所不愿做的。其次，政府强调的是社会效益和生态效益，做的是农民不愿做、不宜做之事。

20 世纪六七十年代，全国上下积极响应"农业学大寨"，高西沟却在"以粮为纲"的年代默默地绿化着自己美好的家园。如今高西沟和大寨都

---

① 张义丰：《中国北方旱地农业研究进展与思考》，《地理研究》2002，21（5），第305—312页。

② 徐勇：《黄土丘陵区生态适宜型农村经济发展模式探讨》，《水土保持学报》2002，16（5），第489—501页。

是 500 多人，大寨 2004 年总产值 1 亿元，高西沟总产值仅 208 万元，大寨比高西沟高 48 倍。单纯地追求经济效益而不重视生态环境保护，经济发展会因为生态环境的破坏而受到制约；单纯地搞生态建设，不发展地方经济，生态环境建设的成果也很难持久。高西沟的生态建设早已成为黄土高原上的典范，但几十年来，经济的发展并没有见到成效，如何解决生态建设和经济发展的互动"双赢"，是我们目前亟待解决的重大问题。

区域开发模式是对本区域各种土地类型和资源优势等要素进行综合分析的基础上，充分挖掘地域空间潜在的利用优势，用发展的眼光建立特色产业基地，把资源优势转化成经济优势，达到"地为所用，各尽其能，彼此协调"的目的，以追求人地关系的和谐化和经济效益的最大化（见图 6 – 15）。

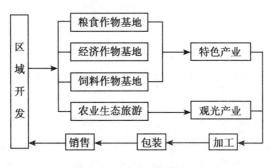

图 6 – 15　区域开发模式

例如，荒山坡地水资源相对比较缺乏，应发展优质无公害鲜果基地和高产优质饲草饲料生产基地；缓岗丘陵地势起伏小，坡度较缓，土壤透水性较好，灌溉较为便利，是发展无公害小杂粮和蔬菜基地的理想场所；利用村南马鞍梁上生态建设优势，建造松柏林森林公园；在人造平原上应该发展特色粮食种植园。另外，根据高西沟的实际情况，利用本区丰富的资源优势，大力发展粮食作物—经济作物—饲料作物三园复合性生产基地及发展经济林果—农业生态旅游观光产业型基地。黄土高原具有发展小杂粮生产的优势和条件，随着绿色保健食品消费潮流的兴起，又为其发展提供了良好的机遇。在小杂粮基地的建设上，要在技术、资金以及产前、产中和产后等服务环节给予大力帮助和支持，使得小杂粮产业兼备比较优势和竞争优势，从而实现高产、优质、高效，在不断完善栽培技术和产品加工技术的前提下，使其成为整个区域经济发展的支柱产业。

（二）层次开发模式

所谓层次开发模式，就是根据本区域的自然条件和地势情况，充分利用区域空间地势层次空间，将栽培植物按一定的方式配置，使之相互间互惠互利，实现良性循环的目的。

高西沟属于典型的黄土高原丘陵沟壑区地貌单元，研究区内塬、梁、峁错落有致，地势高低起伏，区内土质构造、土壤肥力和农田设施等方面具有一定的差异性。因此，为层次开发模式的建立提供了得天独厚的条件。山坡地可以发展林、果业，根据各树种类型对阳光、土壤、气候等的不同要求，实行搭配造林，乔、灌、草相结合，可提高光、热、水的利用率，改善小气候，增加土壤有机质，减少病虫害，增加生物多样性。低洼地可以发展水产养殖，开发高效水产养殖观光农田业，并开发钓鱼、划船等休闲娱乐项目。沟底上游栽种松柏、刺槐防护林，沟底中、下游发展玉米高产田和果园；沟坡中上部台田地发展果树，栽种苹果、梨、杏和大枣等经济林；沟坡下部修建蔬菜大棚和标准化梯田。

（三）立体开发模式

生态农业立体复合结构模式是有效利用光、热、水等资源，以生态经济学原理为指导，根据生物共生和物质多层次利用原理，因地制宜合理组合农林牧副渔等各生产系统的比例，达到保持水土，改善生态环境，增加农户收入，充分发挥本地资源优势，以实现生态效益、经济效益和社会效益的有机统一和良性循环的目的。

由于高西沟长期不合理的开发利用，自然植被几乎消失殆尽，主要以人工植被为主。自然植被以长芒草、冷蒿和铁秆蒿为主，落叶阔叶灌丛以酸枣为主，它们均零星分布在难以利用的陡坡、河谷、土崖上。当前，采取高矮间作，多层配置，多种作物组合的办法，通过高秆作物和矮秆作物、藤本作物和根块作物、喜阳作物和喜阴作物的合理间套和各种作物相互促进的关系，加速其生长发育，提高其产量产值①。

生态农业立体复合开发模式结构在空间上表现为（见图6-16）：①在立体空间垂直方向上，梁峁顶上为乔灌混交水保林为主，只种植刺槐、马尾松等，并与集水工程措施相结合；梁峁坡上为梯田或栽种林、果、牧草，实行林粮间作、林草间作，主要种植苹果、红枣、梨、大柏杏、洋

---

① 郭荣：《吕梁农村庭院生态经济模式探讨》，《山西水土保持》2003（2），第14—15页。

芋、苜蓿等；坡腰地畔上封山育林，种植柠条速生林等；沟缓坡上发展玉米高产田和果园，同时配套兴修水利工程；沟底修建蔬菜大棚和标准化梯田；② 在低洼积水地带，可挖塘养鱼等，从水面到水下依次为发展水面养鸭业→浅层水网箱养殖业→深层水放养业①。立体复合结构凑近崾、坡、沟之间，田埂与台田之间，沟坡和沟底之间充分利用"边际效应"，通过种、养业的多层次、立体化布局与配置，有效地利用了空间，充分利用了光、热、水、土资源，形成了多物种共生，多级质能循环利用转化的格局，提高单位面积生物产量②，并使农业生产过程与特色生态加工业和特色生态服务业紧密结合起来，实现特色种植业—特色养殖业—特色服务业—特色加工业各部门间的高效流动和循环。

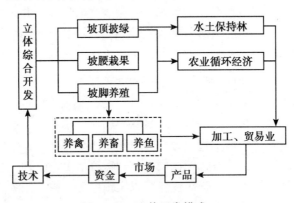

图 6—16　立体开发模式

（四）循环经济模式

循环经济的建立依赖于减量化—再使用—再循环的原则，它把传统的依赖资源消耗的线性经济增长模式转变为依靠生态型资源循环来发展的经济模式，这体现了新的资源观、生态观和价值观③④。近年来，循环经济

---

① 朱鹏颐：《发展农业循环经济的策略探讨》，《福建农林大学学报（哲学社会科学版）》2006，9（3），第34—38页。

② 邢培来、陈元和：《畜牧业发展重点的两个辩证关系》，《甘肃社会科学》1998（2），第17—21页。

③ 于善波：《农业循环经济发展模式与对策研究》，《佳木斯大学社会科学学报》2006，24（5），第43—44页。

④ 陈良：《农业循环经济的客观必然性与模式选择》，《农村经济》2006（10），第89—91页。

作为人类社会发展史中一种新型的资源利用模式与理念，正越来越为人们所接受和认可①。以生态经济为核心的循环经济是解决两大矛盾——农业社会发展阶段与全面小康社会目标的矛盾、社会经济贫困与生态环境脆弱的矛盾，是实现经济与环境良性循环的必由之路②。目前高西沟水资源的短缺已经成为农业可持续发展的"瓶颈"，耕地面积不断减少，已危及本村的粮食安全，如何从本区域自身背景、需求、条件和机遇出发，合理利用本区域资源优势，选择最适合的循环经济发展模式关系到本村农民的生存大计。

1. "四位一体棚"庭院生态经济模式

150 平方公里日光温室大棚"四配套"（沼气、猪舍、厕所、瓜果蔬菜温室四位一体）庭院生态经济模式，是以土地资源为基础，以太阳能为动力，以沼气为纽带，种植业和养殖业相结合，在全封闭的状态下，将沼气池、猪禽舍、厕所和日光温室（种植蔬菜、瓜果等）等组合在一起，形成以农带牧、以牧促沼、以沼促菜、菜牧结合配套发展的能源生态综合利用的良性庭院型循环经济系统③④。不仅可以解决农村闲散劳动力和人畜粪便科学利用的问题，还可以带动畜牧业、种植业全面发展，是一条符合农村产业调整、农业发展、农民致富的高效协调的好路子（见图 6 - 17）。

庭院生态经济是农户充分利用屋前和屋后闲散零星分布的有限土地资源和空间，打破传统平面式、分散式农业经营方式，提倡立体式、生态式、集约式的生产经营活动。该模式具有投资少、效益高、见效快、适应性强、经营灵活、产品商品性高、生产集约性强和生产率高等特点⑤，它是以沼气利用为纽带，以自家庭院为生产基地，高度利用能源、土地、饲

① 陈良：《江苏丘陵区不同类型生态农业发展模式与效益分析——以盱眙县为例》，《人文地理》2004，19（6），第6—10页。

② 李春越、谢永生：《黄土高原土地资源生态经济适宜性评价指标体系初步研究》，《水土保持通报》2005，25（2），第53—56页。

③ 刘彦随、靳晓燕、胡业翠：《黄土高原丘陵沟壑区农村特色生态经济模式探讨》，《自然资源学报》2006，21（5），第738—745页。

④ 魏彦昌、苗鸿、欧阳志云：《土丘陵区四种人工灌木植被生态经济效益分析》，《旱地区农业研究》2004，22（4），第156—162页。

⑤ 延军平、李怀恩：《陕甘宁老区生态贫水化与生态建设》，《水土保持学报》2003，17（1），第67—71页。

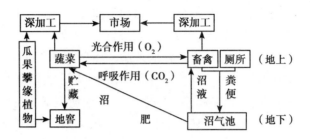

图 6－17　庭院生态经济模式

料、肥料等资源，使各种资源统筹安排，相互补充，把种、养、加有机地结合了起来，不仅使资源达到了最大优化利用目的，还解决了农村闲暇劳动力和农村妇女就业问题。在这个体系内，瓜果蔬菜可以通过温室大棚进行反季节生产，温室内建沼气池，不仅可使畜禽和人的排泄物得到无害化处理，还可以补充温室内光照和二氧化碳的不足。并且高效的沼气，可减少对薪柴的砍伐量，1 座 8—10 立方米沼气池，每天可产 2—5 立方米沼气，可相当薪柴 10—15 公斤，每年可节柴 2.5—3.0 吨相当于 34 平方公里薪炭林年生长量①。

2. 以草为中心的"草—畜—肥—粮"模式

牧草为养殖业提供饲料来源，牲畜的排泄物可以为农业生产提供肥沃的肥料，达到以草养牧，兴牧促农的循环利用系统。畜牧业和种植业的关

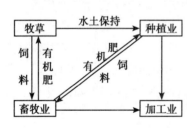

图 6－18　以牧草为中心模式

系是辩证统一的关系。畜牧业和种植业的发展是互动依赖和相互促进的。畜牧业为种植业发展提供大量的优质有机肥料和动力，养畜积肥，以粪肥田，还为种植业发展积累大量资金，促进种植业发展。种植业为畜牧业提供大量必不可少的精粗饲料。种植业发展离不开畜牧业，畜牧业发展离不开种植业。发展以牧草为中心，以

肉牛、羊等为支柱产业的特色节粮型畜牧业，形成畜多肥多、肥多粮多、

① 张信宝：《造林困难地区植被恢复的科学检讨及建议》，《人民黄河》2004, 35 (10)，第6—10 页。

粮多饲多、饲多畜多的良性循环①（见图 6 - 18）。

3. 以林果业为中心的"果—畜—禽—鱼"模式

果树修剪下来的大量嫩梢树叶经过堆置发酵或粉碎配制生产食用菌，就为家畜家禽提供了丰富的饲料来源，家畜家禽的粪便又为鱼提供饵料，池塘的泥浆还可以返田肥沃果园，以林果业为中心的"果—畜—禽—鱼"模式见图 6 - 19。例如，福建光泽县把种植业、饲养业、饲料加工业、屠宰加工业、食品深加工业连接起来，形成产业集群。从肉鸡饲

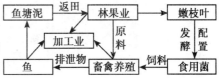

图 6 - 19　以林果业为中心模式

养延伸到加工业，采用生物工程技术，利用鸡羽毛研发多酯氨基酸，利用鸡肠提取胰蛋白酶，利用肉鸡加工下脚料开发猪、鳖、鱼饲料；又以鸡粪生产有机肥用于种植有机茶、有机稻，发展绿色食品，形成循环经济生态产业链②。

4. 以畜牧业为中心的"牧—沼—粮—草—果"五配套生态模式

其主要内容是：以当地的太阳能为基本能源，以沼气工程和废弃物转化环节为纽带，以农带牧、以牧促沼、以沼促粮、草、果种植业，形成生态系统和产业链合理循环体系，促进农区生态系统保护和农业经济发展（见图 6 - 20）。畜牧业的发展，必须引进优良品种，推进科学饲养管理，畜牧业发展的规模和速度，跟当地的饲料条件相适应，因此，还要改变以往粗放管理草地的观念，增强饲养效益，通过畜产品的加工及流通中激发的相关产业的发展，向社会提供大量的肉、绒、皮、毛等畜产品，丰富城乡居民的"菜篮子"。在地方政府和企业支持下建立一系列的养牛场与畜产品加工厂，如屠宰场、肉类加工厂、皮革厂、乳品加工厂、绒毛厂、饲料加工厂等各类高附加值畜产品加工厂，树立品牌意识，形成地方特色的优质产品。

5. 以小杂粮为中心的"种—加—肥—种"模式

以种植业为中心，以加工业为增值手段，加工以后剩余的残渣可以综合

---

① 杜方义：《米脂县舍饲养羊效益调查研究》，《陕西农业科学》2004 年第 5 期，第 70—72 页。

② 卢宗凡：《陕北生态环境建设特点与典型性分析》，《水土保持研究》2003 年第 4 期，第 52—54 页。

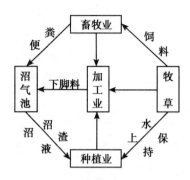

图 6 - 20　以畜牧业为中心模式

利用制造出有机肥料反哺土地，实现生态平衡，其循环流程（见图 6 - 21）。

　　要改变过去种植业加工以后的残渣利用方式，努力做到"变废为宝"。例如，过去大豆榨完油的豆粕，一般只能作为猪饲料，或粉碎后施到农田里作肥料，而江苏江河天绒丝纤维公司，则把豆粕作为原料，从中提取大豆蛋白，再加工成天然纤维，成为当今流行的、并被国外纺织专家誉为"21 世纪舒适型的'绿色纤维'"的新型纺织品原料，江河公司利用大豆蛋白纤维与其他纤维嫁接后开发生产的羊绒棉、羊毛、蚕丝、麻等多种混纺的绿色生态产品，畅销欧美、日韩及我国香港、台湾等国家和地区，而且，剩余的豆渣还可以综合利用生产颗粒有机肥，循环用于农业生产①。

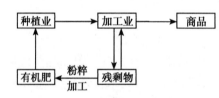

图 6 - 21　以小杂粮为中心模式

---

　　① 雷振：《西部地区应把畜牧业建成农村经济的支柱产业》，《农村经济》2001 年第 1 期，第 22—23 页。

第七章 生态义务与典型区
生态脱贫对策分析

第一节 生态义务

生态义务制，是陕甘宁老区生态建设与经济发展的国家对策。众所周知，全球生态是一个共同体，生态系统不是孤立的，生态的影响具有全球性。在一个国家内，生态不仅仅是林区的，生态也不仅仅是草原地区的，生态效益也是大家的。既然生态效益是大家的，就需要大家共同关心，共同保护，这也是大家的责任和义务。国防是自己国家的，为了国防安全，可以制定严格的兵役法，安排巨额军费。经济是自己国家的，为了经济发展，可以有多种激励政策，促进经济发展。生态影响首先是国家的，而且可以跨区域扩大影响，为了国家生态安全，必须制定严格的生态建设制度。

陕甘宁老区是生态环境脆弱的地区，是人为影响非常深刻的地区，由此联想到生态环境脆弱的广大西北地区，只有借助全国之力，才能完成生态恢复建设的任务；只有制定科学的生态管理制度，即全国实行生态义务制度，才有可能加速实现全国的生态文明。

生态义务的提出，是针对陕甘宁老区的生态建设需要，但生态义务的实行必须是国家行为，必须是全国行动，较少生态建设任务的大城市和东部地区都应该有生态义务。

一、关于生态义务

据报道，欧亚自然博物馆高层论坛国际组委会组织发布的《天津宣言》，倡导城市发展应承担生态义务和责任（2007年11月6日17：06来源：人民网）。《天津宣言》指出，全世界共有一个大的生态系统，城市在发展过程中应承担相应的生态义务和责任，确保在其管辖范围内或在其控制下的活动不损害其他城市的生态利益。城市间、区域间乃至国家间必须加强合作，遵循生态发展规律，建立城市生态利益共享机制，形成互惠共生的网络生态系统。

一些研究认为，要真正实现国土主体功能区的生态功能目标，需要一系列政策和利益协调机制来保障。创建生态市场机制，是实现主体功能区划目标的极具探索价值的出路。生态市场机制包括生态义务和生态义务交易等基本概念。它假设：

（1）每个地区均需承担一定分量的生态义务（通过政府管制落实到生态保护面积占国土面积的比例或人均拥有生态保护面积）。

（2）因各种原因，承担生态义务不足的地区（往往是过度开发地区），可以向承担生态义务饱和的地区购买，以弥补自己义务的不足。

（3）生态义务折合成生态税。生态义务或生态税的买卖按市场机制进行。在限制开发和禁止开发主体功能区，没有在市场达成交易的多余生态义务量，不计入生态税。

由于目前的生态管理理念带有很强的计划经济色彩，政府行政调控占据主导地位。建立生态市场机制、履行生态义务是政府提高生态管制效率和效果的重要工具。

义务，就是为了国家目的及持久安全，针对个人不愿意主动承担且无法独立完成的任务，通过法律形式规定，要求国家或全体公民必须无条件承担一定义务的法律责任。

义务执行主体的不同，决定了义务的性质不同。一种义务是规定国家必须提供条件和经济保障，公民需要积极配合的以共同实现的实践活动，如义务教育法，执行主体是国家，即国家为公民提供享受义务教育的条件。另一种义务是国家提出要求，需要公民积极参与和投入，如义务兵役法等，执行主体是公民，即公民为国家尽义务。

一般认为，完成义务的内容和形式是多样的，时间上也是灵活的，但不是随心所欲，不是可做可不做的，是法规要求的你必须做。义务一般具有法定性、强制性、义务性、全民性、公益性。

为了团体最大的集体利益，必须规定团体成员履行许多的义务，这些义务是多层次的，且强制程度是不同的。

为了国防安全，公民具有保卫国家的义务——义务兵役制，公民必须为保卫国家履行义务。义务的内容、时间和形式是确定的，具有被动（不愿意）强制性。

为了民族的发展，公民具有享受义务教育的权利——是国家为受教育者提供教育条件，义务是具体的，具有一定的主动（愿意）强制性。

为了生态安全，公民也应承担一定的义务——生态义务制，义务的内容、时间和形式是灵活的，具有一定的被动（不愿意）强制性。

二、生态义务与生态文明

（一）生态文明建设

文明的类型不同，实现文明的途径也不同。原始"文明"是为了生存，人类向自然直接索取，自然生产量决定着索取量；农业文明的动机是为了吃饭，不断扩大耕地面积是生存需要；工业文明的动机是为了生产生活方便，发展矿业、加工业是发展需要；生态文明的动机是安全与生存质量的需要，必须发展生态经济及绿色经济。生态文明是人类社会安全健康生存发展方向的高级文明（见表7-1、表7-2）。

表7-1　　　　　　　生态文明与其他文明的比较

文明类型	俗称	产业载体	主要服务内容	与环境关系	动机
原始文明	绿色"文明"	采摘索取	环境与食物	不破坏就是保护	生存
农业文明	黄色文明	种植	食物	发展耕作破坏生态	改善生活
工业文明	黑色文明	加工	工业品与食物	加工产品破坏环境	享受生活
生态文明	绿色文明	绿色经济	良好生态环境	限制开发保护环境	生存安全

表7-2　　　　　　　生态与绿色的主要区别

外在特征	共同点		不同点	
	生态 绿色	绿色 绿色	生态 多样性	绿色 单一性
实现目标	无荒漠	无污染	生态经济	循环经济
优点	自然	准自然	完全依靠自然	减少资源浪费
不足	经济价值小	维持费用大	限制开发活动	必须依赖人工辅助
适用范围	生态脆弱区	污染严重区	干旱半干旱区	平原区
适用阶段	改善生存环境	改善生产环境	是终极目标	是中间目标
例1：水电	利用自然	不减少径流总量	破坏水循环	改变流量分布区域
例2：风能	利用自然	不破坏自然	保护生态质量	不造成新的污染
例3：城市绿地	生态环境	绿色环境	人工生态	维持费用大
准确态度	自然生态	自然绿色	重在自然恢复	重在停止排放

　　表7-2中，水电是绿色的，但不是生态的。在我国西部水电建设中，水电是环保的绿色能源，但水电不是最生态的能源，开发水电破坏了水循环等自然生态环境，因此，水电与风能不同，水资源是有限的，开发水电一定要有度。只有风能开发才是绿色的，也是生态的。生态主要是终极目标，绿色是中间目标。

　　生态文明不仅仅是政治术语，而应该是实实在在的行动。生态文明的建设是一个具体的漫长过程，迫切需要法律的保障，生态义务是实现生态文明的重要途径。没有明确的公民生态义务，很难实现国家生态文明。只有全国（国际）实行生态义务制，制定生态义务法，才是实现生态文明的具体途径。全社会公民自觉履行生态义务的状况，决定着生态文明的程度。

　　判断生态文明程度的指标可以有许多。我们认为，生态文明包括生态文明结果和生态文明过程两个方面。

　　生态文明的结果（目标），就是通过建立良好的生态环境（基本消除生态灾害问题），提供稳定的生产条件（索取资源不会破坏生态与环境，且予以大于索取，生态足迹为正数），创造舒适的生活环境（基本消除环境问题），实现"三生共赢"（见图7-1）。

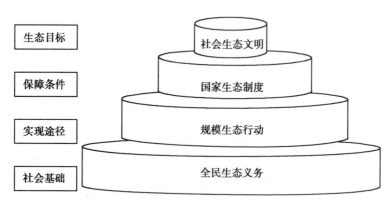

图7-1　生态文明的层次表达

　　生态文明的过程，一般又可划分为4个阶段。

　　生态文明萌芽：国家首先具有生态保护意识（有保护法律），有一定的生态保护活动。

　　初级生态文明：国家制定生态保护措施（有一定经济投入），组织大量社会力量从事生态保护活动，有一定的生态经济活动。

中级生态文明：国家有强有力的生态保护措施（生态建设投入可占GDP的2%—4%）且有部分国民主动投入生态建设，初步建立生态经济体系。

高级生态文明：国家有强大的生态保护措施（生态建设投入可占GDP的4%左右），全民积极履行生态义务，建立起完整的生态与经济互动发展的绿色经济体系，实现"三生共赢"。

我们一般讨论的生态文明，是指高级生态文明。我国现在的生态文明程度，东、中、西部有区域差异，应该说总体处于初级生态文明阶段。

（二）生态制度创新

我们认为，生态建设的关键是进行生态制度创新。在前期研究的基础上，我们提出生态义务的概念；为了生态建设的持久进行，建议实行生态义务制；为了确保生态义务的落实，国家应该制定生态义务法（见表7－3）。

表7－3　　　　　　　　生态义务与其他现行政策的比较

	涉及对象	表现形式	优点	不足
生态义务	全体公民	多种生态行为	动员社会力量	能否强制性
义务植树运动	部分公民	单一植树	调动部分力量	强制性不足
生态税	企业	纳税	增加责任意识	加重企业负担
生态补偿	国家（工程）	经济补偿	有经济来源	国家财政负担

生态义务，就是国家为了生态环境的持久安全，尽快实现生态文明，根据生态建设需要制定的生态建设法规，要求公民必须承担一定的生态安全责任。即强制要求公民承担一定的生态建设义务，明确相应的保护区域，确保生态成果的可持续性。

履行生态义务，虽然不需要服生态役，但责任是明确的，任何人不能逃避。

生态文明的内涵，即生态义务的层次：

从全球生态安全角度看，包括国际生态义务、国家生态义务、居民生态义务等。

在一个国家范围内，生态义务主要包括：

国家生态制度：生态购买——黄土高原、生态私有——沙漠区、生态认证——半干旱半湿润区、生态捆绑——煤炭企业。

国家生态工程——"三北"防护林工程、退耕还林工程、防沙治沙工程等。

生态管理政策——生态考核、绿色 GDP 考核等。

企业生态规范——生态捆绑或生态税。

全民生态义务——公民承担生态建设义务（不仅仅是义务植树）、生态保护责任、生态经济发展任务。

生态义务在生态经济体系中的地位（见图 7 - 2）。我们认为，生态私有、生态特区、生态捆绑、生态购买等，应该属于生态制度创新，具有很强的政策性；生态流域、生态认证、生态义务等属于管理建设思路，具有很强的实践性。其中，生态义务和生态草，具有全局影响，是最基础、最实用、最重要的途径。

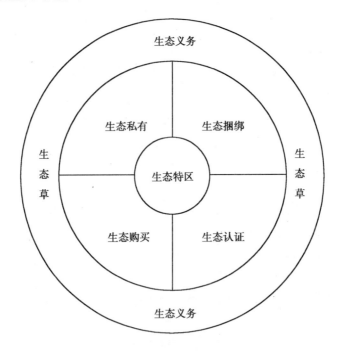

图 7 - 2　生态管理制度的结构

图 7 - 2 中，生态义务是覆盖范围最大的制度，具有普遍意义，特别是东部发达地区。生态草是生态建设的具有全局意义的科学生态观念，特

别是西北干旱地区。生态特区就是禁止开发的生态功能区，主要适用于西北干旱地区，也是影响区域比较大的建设战略。生态私有、生态特区、生态捆绑、生态购买等，是国家层面的生态管理制度。

（三）生态义务的形式

不同团体可以履行不同的生态义务。关于个人履行生态义务的表现形式，主要包括：

生态建设——植树种草的实践活动。

生态保护——生产生活过程中不破坏生态环境。

生态宣传教育——积极引导教育他人保护生态环境。

生态研究——通过调查研究，提出生态保护的建议。

生态管理——通过管理活动，制定科学的生态建设规划和管理政策，提供一定的经费，体现决策管理者的生态意识。

生态义务的分担类型：

时间——在一年中，确保有一定的时间从事志愿者等活动。

经济——支付一定的经费，资助生态建设、认养认建一定的生态环境等。

生态物——无偿提供树苗等生态物品等。

生态移民——生态移民是牧区承担生态义务与享受义务教育权力结合的一种形式。

生态思想——无偿宣传生态保护，提供生态建设建议、设计、规划等。

生态管理——可见的组织管理贡献等。

三、实行生态义务的必要性与可行性

（一）保证国家安全是国民的基本义务

特别是对一些不可替代、不可复制的有重大影响的对象，一般实行的是强制性动员全社会来参与保护。

国家安全，包括军事安全、政治安全、经济安全、生态安全，等等。为了确保国家军事安全，我国实行人民战争的国防战略，即全民皆兵，实现义务兵役制。随着时代的发展，战争的可能性在减少，但生态的威胁性在增加，生态安全越来越引起全社会的关注。

（二）为了国家生态安全，必须建立巩固的生态边防

保护生态边防，特别是西北干旱地区的生态保护，不应该仅仅是生态脆弱地区老百姓的责任，而应该动员全国力量，如当地出力，异地出钱，确保国家生态安全，类似全民生态义务兵役制。发达地区应该有同等或更多的生态义务。

（三）生态文明是具体的，不是抽象的口号

生态文明是系统工程，生态建设必须有具体的载体，必须动员老百姓积极参与。

（四）每个公民都有享有生态（生态权）、保护生态、建设生态环境的义务和权利

原来也有全国义务植树造林、义务劳动等活动，也曾发挥了积极作用。但由于不是强制行为，许多人也可以不参与，他们也可以认为植树造林与自己没有任何关系，并认为那是领导和小学生的事情。因此，实际效果越来越下降。

2007 年 3 月的植树节期间，国家林业局提请所有适龄公民履行义务植树职责，几天内，全国手机用户都接到了由国家林业局发出的短信息，内容为 "3 月 12 日是植树节，请您为国土绿化做贡献"。尽管我国已开展全民义务植树运动 26 年，但公民履行义务植树的尽责率并不是很高，公民对义务植树的法定性、义务性、全民性、公益性认识不足，2006 年全民义务植树尽责率仅为 55%。对此，国家林业局新闻发言人曹清尧说，提请所有适龄公民，无论职务多高，无论有多忙，请履行义务植树的职责。全国绿化委员会办公室综合组副组长韩国祥也认为，《义务植树条例》仍未出台，一些城市周边已没有成片荒山荒地，再组织大批居民直接绿化，确实有难度。

随着时代的发展变化，在市场经济条件下，应有新的更有效的形式来替代义务植树造林。

四、履行生态义务的可能途径

（一）制度途径

1. 制定《生态义务法》

国家应该制定促进生态文明建设的法律，如《生态义务法》或《生态文明促进法》，而不是《义务植树条例》。植树造林具有很大的局限性，

只强调了树木，忽略了其他具有生态意义的物种，特别是北方地区；只强调了植树节那一天的要求，排除了其他时间投入生态建设的可能性；只强调了植树活动，忽略了其他具有生态意义的行为，如出钱出力；强调了过程，忽略了结果，年年植树造林，处处不见林。生态义务制，是覆盖全国的全民行为，是强制行为，是义务，更是责任。

2. 实行生态义务登记制度

就像公民义务献血一样，要有准确记录，作为完成生态义务的有效证明。生态义务登记具有法律效应。

3. 实行区域目标制

不同地区可规定不同的活动内容和时间，可以规定集中履行生态义务的时间，或者考察区域目标的完成情况。

（二）实践途径

（1）积极参加当地生态建设。生态脆弱地区居民，根据政府统一安排，在规定地方完成自己的生态义务，保持生态成果。

（2）城市居民要明确生态义务内容，主动就近参与生态建设活动，超额完成生态义务。

（3）企业要按时缴纳生态税。

（三）交易途径

（1）认购生态脆弱地区生态植被（不是城市美化林草）。

（2）为生态脆弱地区出钱，支付生态建设费用，异地履行生态义务。

（3）为了履行生态义务，通过生态义务交易，完成生态建设任务。

五、《生态义务法》建议大纲

第一章　总则

第一条　为了保障国家生态安全，明确公民生态建设的责任和义务，根据宪法制定本法。

第二条　国家实行生态义务建设制度。

第三条　生态义务的目的是，通过全民的参与，使国家生态环境得以持续改善，确保早日实现生态文明。

第四条　凡具有中华人民共和国国籍的公民，不分性别、民族、种族、家庭财产状况、宗教信仰等，除了依法享有良好生态环境的权利外，还要履行一定的生态建设义务。

第五条　各级人民政府及其有关部门应当履行本法规定的各项职责，保障所有公民能正常履行生态义务。

第六条　国务院和县级以上地方人民政府应当高度重视生态义务制，组织和鼓励经济发达地区，通过履行生态义务，支援生态脆弱地区加强生态建设。

第七条　生态义务实行国务院领导，省、自治区、直辖市人民政府统筹规划实施，县级人民政府为主履行的体制。

第八条　对在生态义务实施工作中做出突出贡献的社会组织和个人，各级人民政府及其有关部门按照有关规定给予表彰、奖励。

第二章　公民

第九条　凡有劳动能力的公民和青少年学生，在单位和父母的组织指导下，每年必须完成一定的生态建设任务。

第十条　生态环境较好的经济发达地区的公民，可以通过一定的途径，资助国家进行生态建设。

第三章　政府

第十一条　各级人民政府要有计划的即时提供完成生态义务的条件，包括树苗、服务场地、责任区域等。

第十二条　政府应当建立、健全生态建设的安全机制，预防发生事故。

第十三条　政府要满足义务生态建设活动经费的需要，编制好生态建设经费使用计划。

第十四条　生态义务实行行政长官负责制。

第四章　实施途径

第十五条　公民积极参加当地生态建设。生态脆弱地区居民，根据政府统一安排，在规定地方完成自己的生态义务，保持生态成果。

第十六条　城市居民要明确生态义务内容，主动就近参与生态建设活动，超额完成生态义务。

第十七条　企业要按时缴纳生态税。

第十八条　认购生态脆弱地区生态植被（不是城市美化林草）。

第十九条　为生态脆弱地区出钱，支付生态建设费用，异地履行生态义务。

第二十条　为了履行生态义务，通过生态义务交易，完成生态建设任务。

第五章　经费保障

第二十一条　国家统一管理通过生态义务缴纳的生态建设经费，鼓励单位和个人积极资助。

第二十二条　通过生态义务收缴的经费和国家正常生态建设财政经费，在国家的统一部署下，由地方政府根据生态建设任务，具体制定经费使用的原则、方法、途径、数量。

第二十三条　国家要有独立的生态建设经费监督组织，负责监督生态建设经费的使用情况。如有违法行为，应追究法律责任。

第六章　法律责任

第二十四条　国务院有关部门和地方各级人民政府违反本法的规定，未履行对生态义务经费保障职责的，由国务院或者上级地方人民政府责令限期改正；情节严重的，对直接负责的主管人员和其他直接责任人员依法给予行政处分。

第二十五条　对未按照年度履行生态义务的公民，将采取一定的补救方法，如果连续三年没有履行义务的，将在其他环节中加倍补偿，直至法律责任。

第七章　附则

第二十六条　对不能履行生态义务的人员，必须有政府的相关证明材料，可以减免当年生态义务。

第二十七条　本法自　　年　月　日起施行。

第二节　高西沟生态与经济互动发展对策

一、生态环境对策

（一）加大宣传力度，开拓生态观光旅游业

高西沟为陕北生态建设的样板和示范，集生态、休闲、娱乐项目为一体，是强化米脂在陕西省内乃至全国影响力的重要旅游区，具有发展休闲农庄、生态观光、黄土高原民俗风情展示等生态休闲旅游项目的便利条件。在地方土特产上，小米、土豆做成的各种食物（蒸丸子、黑愣愣等），黄土高原地区比比皆是，高西沟不具有开发地方风味小吃的优势。可根据"米脂的婆姨，绥德的汉"在国内的影响力及利用高西沟生态治理的品牌，大搞农业生态示范区旅游，不仅能让有关人士前来汲取生态治理的成功经验，还能让后辈们感受到老一辈在艰苦岁月中治山治水的磅礴气势，以此激励、勉励自己。在经济后进地区，旅游业不仅可以带来经济收入，还能促进发展模式、发展道路的转变，带来的是生态保护的动力，大力发展生态观光旅游业，改变高西沟人们"靠山吃山"的窘境。倡导发展旅游业与生态环境保护的协调并进，不仅可以带动一个地区经济的繁荣，也可以带动当地人民发展观念的转变，符合全社会的整体利益和长远利益。

高西沟生态旅游业项目的启动，将带动高西沟村经济的腾飞。从 20 世纪 60 年代开始，高西沟共接待旅游人次见图 7－3，同时带动了当地交通、餐饮业、娱乐等行业的飞速发展。依靠原始的生态景色和黄土高原生态窑居，打造高西沟生态旅游的品牌，依靠媒体等的广泛宣传，扩充高西沟生态旅游的知名度。另外，生态旅游业的发展还必须推动其他相关产业的发展，改善投资环境，加大招商引资，积极推动餐饮业、交通运输业、地方土特产和旅游商品开发等产业的全面发展。

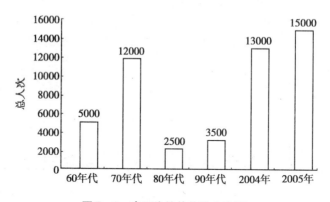

图 7－3　高西沟接待旅游人次图

高西沟蕴涵着黄土高原最原始的自然、人文风情，生态环境治理成功经验在全国享有盛誉，被称为"黄土高原的一颗明星"，应抓住这一特有的、唯一的资源优势品牌，积极发展农业示范村生态旅游。开发中应该转换传统思维方式，对该村道路、草滩、水系、窑洞及黄土塬、梁、峁等，进行全面合理的布局和规划，把其开发成特色精品旅游资源；沟底坝系建设娱乐场，里面可以设置专柜，陈设上档次、有品位、有吸引力的陕北特色旅游产品，像腰鼓、民歌、唢呐、秧歌、说书等民间艺术和剪纸、刺绣、石雕、面塑、泥塑等工艺美术，并吸引游客参与其中；山上建设旱作植物游览区；水平梯田建旱作农业旅游示范园；居民点处的窑洞可开设体现陕北人文特色的农家乐风味小吃。游客的游、娱、购、行、住、食各方面全部以黄土高原特色核心产品为主，保持产品的原汁原味，让游客充分享受黄土风情、黄土风光。各个生产区内，游客在这里可以观光、赏花、采果、摘菜，还可以吃住、垂钓、娱乐，让游客尽情欣赏黄土风光，享受黄土民俗风情，品尝绿色食品，实现回归大自然、陶冶情操、休养健身的愿望①。高西沟农业生态旅游可开发的旅游项目为：① 观赏性娱乐：陕北民歌、陕北说书、小戏、扭秧歌、跑旱船等表演性项目；② 参与性娱乐：剪纸、骑毛驴、坐牛车、秋季采摘、碾压"钱钱"、学干农活、纳鞋垫、织粗布、学剪纸等；③ 休闲性项目：钓鱼、划船、拍照、书法、绘画等；④ 特色旅游产品：治山治水的宣传图册及相关的各种工艺品，制作窑洞微雕、剪纸、泥人、面塑、鞋垫、粗布、布鞋、石雕等旅游纪念品，全面展示黄土文化的内涵。

（二）开拓柠条灌木林、苜蓿的市场潜力

发展林草植被是最终改变黄土丘陵沟壑区生态环境质量、控制水土流失的根本途径和措施②。近年来，柠条种子市场看好，价格昂贵，具有很大的市场开发潜力，而且柠条是牛、羊等牲畜的良好饲料。发展柠条防护林，既是保持水土、培肥地力和改良土壤的重要措施，又是以林促牧、解决农村燃料问题和增加农民收入的理想途径③。苜蓿幼嫩的茎叶和花，具有多种食疗和药用价值，从苜蓿叶中可以提取叶蛋白，作为食物蛋白添加剂，提取蛋白后的叶渣，还可以进一步制取高活性膳食纤维。

种植柠条和苜蓿有显著的综合经济、生态效益（见图 7－4）。① 成本低，收效高，见效快。② 土保持效果好。陡荒地种植柠条比自然荒坡减少径流73%，少冲刷量86%，减少侵蚀量68.7%，柠条的生态效益和经济效益分别为11089元/公顷、4170元/公顷，综合效益十分显著，紫

① 童玉芬：《关于人口对环境作用机制的理论思考》，《人口与经济》2007年第1期，第1—4页。

② 杨飞燕：《陕北红枣产业发展现状、问题及对策研究》，《陕西林业》2004（5），第3—5页。

③ 张殿发、卞建民：《中国北方农牧交错区土地荒漠化的环境脆弱性机制分析》，《干旱区地理》2000，23（2），第133—137页。

花苜蓿根系茂密，盘根错节，能保持水土、固氮、改土培肥。③ 优良的饲用植物。柠条的花、叶、枝、夹果和种子富含营养，是优良饲料。苜蓿营养丰富，适口性好，被赞誉为"牧草之王"，据测定苜蓿干物质中含粗蛋白质为 15%—25%，比玉米高 1—1.5 倍，赖氨酸含量为 1.05%—1.38%，比玉米高 4—5 倍。④ 优质的经济能源植被。柠条的根、种子和花亦供药用，有滋阴养血，镇静和止痒等功效，种子榨油，可用于润滑、照明，枝条顺直、坚韧，是良好的编织材料，亦可作燃料，3 公斤柠条柴顶得上 1 公斤好煤。苜蓿的茎叶和花，可做蔬菜供人食用，除此之外，还有催乳、促进受孕和怀胎、利尿和轻泄作用，对泌尿系统和消化道、呼吸道疾病及关节炎也有治疗作用。

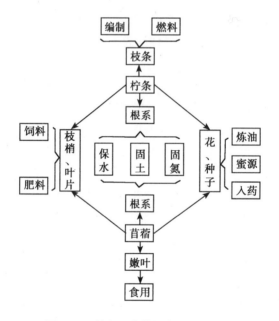

图 7 - 4　柠条、苜蓿综合效益利用图

（三）提倡自然恢复生态植被

所谓自然恢复，是完全依靠自然力量能稳定土壤生产力的植被生长的可持续发展过程[①]。近 50 年来，黄土高原"年年造林不见林"，人工林多

———————

① 马定渭、邹冬生、戴思慧、钟晓红：《中国生态问题与退耕还林还草》，《湖南农业大学学报（社会科学版）》2006（1），第 4 页。

为生长缓慢的"小老头树"，林下草灌很难恢复，"远看绿油油，近看水上流"的"空中绿化"现象比较普遍。人工林草建设效果不佳，主要原因不是造林树种和技术问题，而是黄土坡地不适合造林的问题。黄土颗粒组成细，孔隙度高，孔隙以细孔隙为主，降水入渗浅，地面蒸发耗水多，加之沟壑密集，地形切割深，塬面、梁峁等高位黄土坡地土壤含水量更低，土壤水分条件不适合森林的生长，人工造林不可能取得成功①。乔灌草的合理搭配，跟当地土壤蓄水功能的大小相一致，大面积的人工林，不可避免地要过度利用土壤水资源，再加上不合理的林草搭配，损伤了土壤水库的蓄水功能，使得土壤干燥化，反而更不利于植被的恢复，加重生境条件恶化。

干旱半干旱区生态系统退化源于自然植被的破坏和土壤侵蚀，其内在修复机制和自我修复能力受到损害②，对干扰的回复力和弹性减小③，其所保持或控制的基本资源（土壤、水分、养分和有机质）急剧减少④。黄土高原水土流失治理经历了 50 余年，关于治理的理论、技术和方法有大量的研究结果，为生态恢复提供了良好的理论技术基础⑤。生态恢复靠的是自然的力量，而不是人的力量，它是在自然规律条件下，以发挥自我修复能力为主，并辅助于合理科学的人工措施，达到恢复和改善生态环境的目的。按照宜林则林、宜草则草、宜荒则荒的原则，努力取消那些引起生态环境退化的各种干扰，在积极开展植树造林种草的同时，注重和充分发挥生态系统的自我修复功能，采取退耕、禁牧、封育等措施，推动黄土高原地区大面积的植被恢复和生态系统的改善，加快水土流失治理步伐。

---

① 陈荣清、张立武：《对我国西部地区退耕还林的调查研究》，《内蒙古林业调查设计》2005（1），第 4 页。

② 张丽君：《加强生态环境建设实现西部环境与经济"双赢"》，《黑龙江民族丛刊》2004（1），第 1—4 页。

③ 吴晓青、夏峰、洪尚群：《生态购买是西部生态建设的新战略》，《四川环境》2006（1），第 2 页。

④ 郝高建、赵先贵、王彩红、张文洁：《陕北黄土高原沟壑区生态建设与农业发展模式研究——以延川县刘马家疙瘩村企业农庄模式为例》，《干旱地区农业研究》2004，22（3），第 175—179 页。

⑤ 李世东、张丽霞：《黄土高原沟壑区退耕还林典型优化模式机理分析》，《应用生态学报》2004，15（9），第 1541—1546 页。

二、经济发展对策

（一）加快形成畜牧业规模化、产业化经营，促进高西沟经济发展

长久以来，黄土高原丘陵沟壑区农民付出和收益总是大相径庭，借鉴"川军"和温州商人的吃苦耐劳，及"云南打工仔"的认真踏实，培育高素质、高质量的劳务品牌，努力培养"米脂婆姨"劳务品牌向东部劳动力市场输出的能力。调查中发现畜牧业将成为高西沟今后经济发展的主导产业（见图 7－5）。但牛羊等牲畜的养殖都是以独立家庭饲养为主，没有形成规模化、专业化经营，对畜产品管理、加工、销售等方面没有形成统一市场体系，饲草采购、储存等环节缺乏技术指导和引领。截至 2002 年年底全村存栏羊崽 1110 只（其中小尾寒羊 460 只，白绒山羊 650 只）；存栏肉牛 90 头（牛以秦川牛为主）、存栏猪 62 头、鸡 1100 只，全村人工种草面积达到 80 平方公里，灌木林面积达到 100 平方公里，人均牧业收入 760 元。羊、牛产品市场前景看好，羊肉、牛肉属高蛋白、低脂肪食品，随着人们生活水平的提高和膳食市场的调整，羊肉、牛肉及其制品的需求量将会逐年增加，同时羊皮、牛皮、羊绒制品也成了热门货。

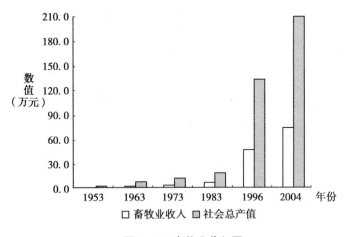

图 7－5　畜牧业收入图

鉴于此，为加快当地经济发展，政府应该采取积极有效的措施，加大对耕地的集约经营及对承包户投资贷款的力度，扩大舍饲圈养的规模，兴办以农、林、畜产品为主的龙头企业，对畜牧产品实行深加工、精包装。以资源为依托，以市场为导向，以效益为中心，以科技为先导，立足村情打基础，整体联动求发展，通过典型示范、龙头带动、强化基地建设、推进种、养、加、产、供、销一体化格局的形成，实现区域化布局、科学化生产、规模化产业化经营、社会化服务。定期培训及推广技术养羊、养牛新技术，重点推广青贮技术和配合饲料饲喂技术。利用当地丰富的饲草资源，依托群众积累的丰富经验以及可靠先进的技术，促进养羊、养牛业向规模化、产业化、效益型发展。在具体实施中应遵循以下基本原则：① 坚持可持续发展的原则。实行以草定畜，秸秆利用，舍饲养殖实现经济、生态、社会效益的相统一。② 坚持适度规模原则。根据村内情况，发展饲养 20—60 只以上的养羊户 77 户，饲养 2—8 头的养牛户 60 户，同时对所饲养的羊、牛建档立户，科学管理，力争建成全县良种羊牛生产基地。③ 坚持科技兴牧原则。抓紧科学技术培训，典型示范，普及推广实用技术，提高养羊、养牛的科技含量，促进养羊、养牛业由粗放的数量型向集约的质量效益型转变。④ 坚持市场导向的原则，通过市场导向，龙头带动，走产业化开发道路。

（二）实现农业产业化、集约化经营，抓住绿色市场的潜在商机

农业产业化是依据资源条件，以市场为导向，以经济效益为中心，对主导产业和拳头产品实行区域化布局、专业化生产、一体化经营、社会化服务和企业化管理，通过市场牵龙头、龙头带基地、基地连农户的形式，逐步形成种养加相结合，产供销、贸工农相互依存、相互促进、互惠互利、转化增殖的生产经营流程。高西沟林果产品特色不明显，市场化水平和外向度低，产品市场竞争力不高，要提高农、果产品的附加值，增强产品的市场竞争力和商品率，提高农民的增收途径，必须提高农、果产品的科技含量和技术人员的技术素养。高西沟应该立足实际，因地制宜地发展特色林果基地，大力发展绿色产业，使资源优势转化为经济优势，走出一条"以果业为主，林果业与绿色农产品结合，综合发展"的农果产业化、集约化道路，形成市场引导企业，企业带动基地，基地联结农户的产业化运行机制。同时以优惠政策吸引多方投资，走"公司＋农户＋基地"之路，农民通过科技培训积累能力，基地提供丰富原料，基地和龙头企业结成一定的利益关系，最终实现农民增收、企业得利的"双赢"发展路子。

2005 年世界绿色食品销售总量占国际食品市场总规模的 3.0%。立足当地资源优势，以价值增殖为核心，摒弃小农经济下的经营模式，依靠加大科技投入和科技体制的创新，开发建设一批具有地域特色的农产品基

地——以薯类、豆类、谷子为主的绿色小杂粮生产基地和绿色无公害蔬菜基地，发展具有地方特色绿色农产品销售或深加工，依托高西沟品牌，打造薯、豆、牛羊肉等产品的知名度，使其逐渐成为新的经济增长点和支柱产业、优势产业，增加农民收入。高西沟劳务收入已成为家庭收入的主要来源，由于劳动力技能低，在外从事体力劳动并非长远之策，不能把劳务经济作为本村经济发展的突破口，当务之急是如何实现当地绿色产业与市场接轨，如何利用市场机制的推动作用，把绿色产业转化为商品，实现其高额增殖。农业生产应瞄准市场，以现代农业技术为依托，以绿色农业为核心，通过建立一次性投入、长期受益的绿色无公害基地，既可改变本村农民冬季吃菜难的问题，又可将新鲜的绿色无公害蔬菜推向市场增加农民收入。

三、社会发展对策

（一）改造人居生活环境，美化村容村貌

为把高西沟村建设成既具有时代特色，又富含陕北农村建设风格的人居环境，房屋、庭院等改造必须实施"四改"（改厕、改灶、改圈、改不良生活习惯）、"三建"（建沼气池、建小菜棚、建集雨场或窖）、"两化"（硬化绿化道路、美化庭院）项目。

（1）"四改"项目：改厕——拆除现有小土窑、烂砖烂石砌的单厕，新建配备抽水马桶和坐便器的卫生间。改灶——现有灶房、卧室、餐厅同居一室，通过移灶、隔断等措施将灶房、卧室、餐厅、客房、浴室等彻底分离。改圈——打破人畜共院的局面，在院外新建圈舍。改不良生活习惯——通过宣传教育，彻底改变村内赌博、吸毒、信奉邪教的恶习。

（2）"三建"项目：建沼气池——每户建一个8立方米的沼气池，除做饭照明外，还可以节省大量的煤和电力资源。建小菜棚——充分利用庭院面积，四季不仅可以提供新鲜瓜果蔬菜，还能保证沼气冬季供气不断。建集雨场或窖——合理利用水资源。

（3）"两化"项目：硬化、绿化道路——拓宽道路，方便交通，美化区域。美化庭院——装修窑面门窗，建花栏、小型花坛和绿篱，硷畔整修栽植经济林。

（二）依靠科技优势，开发农村人力资源

根据调查，高西沟人口整体素质较低，主要表现在：① 文化素质低，受教育程度普遍低；② 科技素质低，接受新科技的能力差；③ 市场适应力差，缺乏担当风险的意识；④ 人口老龄化日益严重。历史上，黄土高原地区文化科技低下，生产技术落后，信息闭塞，交通阻塞，思想观念陈旧，导致经济发展极其落后，最终形成越穷越垦、越垦越穷的怪圈。大量调查结果显示，我国广大农村劳动者普遍观念陈旧，小农意识较强，技术素质薄弱，目光短浅，缺乏风险意识，农村劳动者低下的文化素质决定其思想素质和技术素质的落后[①]。一个地区的人力资源是关系该地区经济发展的关键，"要致富，先治愚"，一个地区的经济发展除了受社会条件和经济条件限制外，还应该以发展教育和提高科技水平为突破口，只有把经济增长方式转移到依靠科技进步和提高劳动者素质上来，才能实现高西沟生态与经济的互动"双赢"。

首先，必须加强高西沟的基础教育，不断提高劳动者的整体素质，通过传统的课堂教学和短期培训，开发利用如"基地＋农户"、"教师＋农户"、"学生＋农户"等模式，不断加强职业教育与普通教育、高等教育的衔接与沟通，建立人才成长"立交桥"[②]，提高师资力量，完善城市与农村之间的"教育对口支援"机制，为高西沟的未来发展奠定坚实的人才储备力量；其次，培育和发展科技优势是高西沟建设和发展产业优势的关键，通过举办培训班、专题讲座、专家亲临现场指导、参观学习和媒体报道等形式，加强工作人员的科技培训，改进种植业和养殖业技术水平；最后，加强高西沟劳务输出人员的技能培训，大力推广和应用高新技术和农业实用技术，为剩余劳力外出打工谋生提高技术含量及收入水平。

（三）加快农村剩余劳动力转移，提高劳务输出科技含量

高西沟由"三三"制向"三二一"制转变后，耕地面积的减少势必带来农村剩余劳动力数量的增加，农村存在大量剩余劳动力，必然阻碍农业技术进步，制约农业劳动生产率提高，影响农民收入增长，降低农民的福利水平和农村市场对工业产品的吸纳能力[③]，如果在短时间内农村剩余

---

① 张兰生、方修琦、任国玉：《我国北方农牧交错带的环境演变》，《地学前缘》1997，4（1—2），127—136 页。

② 景可、申元村：《以退耕还林（草）政策为契机加快黄土高原生态环境建设》，《中国水土保持 SWCC》2003（4），第 7—8 页。

③ 张希彪：《陇东黄土高原沟壑区农业资源生产潜力及其开发水土保持研究》，《水土保持研究》2004，11（3），第 95—97 页。

劳动力没有找到新的经济来源，就会造成生态环境的破坏。应不断完善城市劳动力市场，积极促进农村剩余劳动力的转移，在转移上应该采取"多渠道分流，多种形式转移"的农业政策，积极地推进产业结构的调整，使得农村剩余劳动力被第一、第二、第三产业的各个部门吸收，不断拓展其就业渠道。

2005 年，米脂县外出务工人员 3.4 万人，占全区劳动力资源总数的 40.1%，全年实现劳务收入 2 亿元左右，人均年收入在 0.5 万元以上。外出务工人员主要在内蒙古、新疆、山西等地，主要从事煤炭生产、建筑业、加工业和服务业。劳务经济已经成为米脂县经济发展的重要组成部分。据调查，高西沟外出务工人员普遍存在文化素养低和劳动技能缺乏的问题，外出务工人员多数集中在中小学文化程度，并且极少数接受过职业教育，有相当数量的务工人员没有任何技能和特长。强化外出劳务工人的劳动技能培训，改变固定教学时间、固定教学场所的单一培训形式，注重体现四个结合，即短期适应性培训与技术等级培训相结合，集中培训与就近、就地培训相结合，工作时间与业余时间培训相结合，滚动式教学与班次式教学相结合，使失业人员、农村劳动力有更多的选择培训的机会①，进一步提高外出劳务人员的就业能力，增强务工人员创业的科技含量。

四、循环经济对策

（一）转变经济增长方式，增强民众循环经济意识

切实转变思想观念，树立科学发展观，着力转变经济增长方式，顾全生态效益和经济效益，结合当前利益和长远利益，以资源利用和环境保护为出发点，改变过去传统的"越穷越垦、越垦越穷"的耕作模式，实现生态环境"好"的前提下经济"快"发展。坚持加强和改善宏观调控，积极促进产业结构优化升级，延长产业链，实现农畜产品的集约化、产业化、市场化，打造特色农畜品牌产品。健全相关的监督约束机制，创建良好的体制环境和政策环境，积极鼓励和引导民众的参与和认可，增强其循环经济意识，从而保证农业循环经济健康持续发展。

（二）深化改革，推进区域科技创新

以改革开放为动力，依靠市场，企业化运作，把政府与企业、资源与

---

① 倪永明：《县域生态环境质量评价的理论和方法——以陕西米脂县为例》，西北大学出版社 2002 年版。

市场结合起来，建立符合现代市场经济要求和循环经济体系的政府管理体制①。发展农业循环经济必须以先进科技创新为支撑点，科技创新在农业循环经济中处于核心地位，起着根本性的推动作用。科技进步对经济的增长的贡献是通过科技创新实施的，环境问题的产生源于科技进步和人们对自己行为的失控，环境问题的解决同样需要科技进步的帮助。因此，应充分发挥农业科研组织与管理机构的作用，鼓励在农业科研运行机制与模式上进行探索与创新，通过推进区域农业科技创新，能加快新技术、新设备、新产品的研制开发和推广应用，为发展循环经济提供技术平台。由此可见，科技创新是经济增长取之不尽的源泉。

（三）加大宣传力度，制定优惠政策，促进农户积极参与

营造发展农业循环经济的良好氛围，一是政府部门应定期举办农业循环经济知识培训和辅导讲座。二是利用新闻媒体、报纸杂志等途径，开展多层次、多形式的农业循环经济宣传，加大农户的农业循环经济理念，提高农户对农业循环经济的认识②。另外，发展循环经济还有赖于政府的支持和引导，政府相关部门还需要制定一系列的优惠政策，加大财政扶持力度，努力探索企业和农户之间的合作，建立政府引导、市场主导、社会参与的循环经济推进机制，为农业循环经济的发展提供强有力的保障。

第三节　靖边县生态与经济互动发展对策

一、合理规划

靖边县复杂的地理环境和广阔的地域决定了其生态系统类型的多样性，同时各地理区域的生产和生活方式决定了其对生态环境的影响类型。合理的规划可以明确哪些地段可以开发利用，哪些地段需要保护，哪些地段适宜造林，哪些地段适宜种草植灌，哪些地段需要人工干预，哪些地段可以自然恢复。

根据靖边县生态系统退化的状况和自然地理条件以及靖边县地形地貌

---

① 马永祥、徐亚娟：《庆阳市农业经济发展中存在的问题及对策》，《甘肃农业》2004（7），第35—36页。

② 周立华、程国栋、王正文、张明军：《庆阳地区农村生态经济发展模式与政策建议》，《干旱地区农业研究》2002，20（3），第117—120页。

三大类型区，对靖边县的生态环境的治理以及经济的发展进行具体的、合理的规划，具体区域采取相应的措施、采用相应的模式。

二、严格控制人口增长，提高人的环境意识

按照联合国标准，半干旱地区人口密度为 20 人/平方公里，目前靖边县人口密度相当于此标准的 3 倍。庞大的人口负荷，给环境造成了巨大的压力，也影响了经济的发展。因此，严格控制人口，尤其是农村人口增长，人口的压力是环境退化、经济增长速度不快的重要因素之一，同时人作为环境治理工作的直接参与者，其环境意识的强弱直接影响防治工作的效果，而且在具体实施各项政策时，比如封山禁牧、退耕还林还草等，要严格执行，但要充分尊重人，这样才能得到人的拥护，只有实现人与人的和谐相处，才能为生态与经济的良性互动提供良好的发展环境。

三、因地制宜，搞好生态与经济建设工作

物种选择和主导产业的选择也是需要特别注意的问题，由于靖边县的地带性植被是以适应干旱气候的草类和灌丛为主，林地只是片状或是点状分布，因此在生态环境建设上应以当地的灌丛物种为主，可在一些水分条件优越的地方适当造林，但也应注意水分条件的限制，切不可盲目引进高耗水的树种。

主导产业的选择要在生态环境建设的基础上进行，所以在进行生态建设时要把提高当地政府财政和农牧民的收入作为一项重要的因素予以考虑，使得在改善生态环境的同时，也有利于当地政府的财政收入和农牧民的收入增长，这样就会调动当地政府和农牧民对生态恢复与重建工作的积极性，也会促使其在生态恢复与重建投入上的进一步增加，形成一种生态恢复与重建—经济、社会发展—生态恢复与重建投入增加的良性循环体系。

四、传统农牧业技术与现代科技相结合，以期获得更大的生态效益和经济效益

注意发掘优良农牧业传统，使之在现代农业科学技术条件下得到更好的发扬，注重高效生态建设方面的现代技术的应用和推广。在进行生态建设时，注意把生态建设和经济开发结合起来，选择那些既能固沙防风又能增加农牧民收入的资源性物种，在恢复生态植被的基础上进行适度的产业化开发，就

可以形成集生态效益、经济效益和社会效益为一体的新型产业链。

五、规模化经营，产业化发展

目前靖边县的社会经济已经有很多发展模式，但都没有发展起来，主要原因就是没有形成规模，没有走产业化的路子，所以导致生态建设和经济发展效果不明显。对于个体农民来说，走产业化这条路的主要困难是市场问题，这就要求当地政府在开始的时候帮助或协助农牧民走入市场，并在政策上予以支持，这样产业化才能真正形成，经济才能稳定发展，生态建设也就有了资金上的保障。

六、品种优良化、市场化

以上模式所选择的树种、农作物品种种类繁多，比如沙棘在全世界就有 6 个种、12 个亚种，我国就有 5 个种、6 个亚种，所以选好品种至关重要。不仅要选择适合本地环境的品种，而且要考虑其生态效益，在此基础上，选择那些经济价值高、市场需求量大的品种，这样所栽种的沙棘市场前景好，农牧民所种沙棘的经济效益就可以有保障。

所以如果把生态环境治理作为一种经济活动来进行[1]，发展生态效益型经济、建设生态经济特区，把生态治理和保护转化为生态经济，把生态优势转化为经济优势，这样就可以达到生态与经济互动协调发展，生态效益与经济效益"双赢"的效果。

---

[1]　郝高建、赵先贵、蒋蕾、梁运峰：《黄土高原沟壑区村级单元生态建设与可持续农业发展模式——以榆林沟壑区为例》，《干旱区资源与环境》2004，18（6），第 85—89 页。

第八章 研究总结

第一节 主要观点

目前，关于陕甘宁老区生态与经济研究仍然十分单薄，区域发展的整体规划或国家战略更加缺乏，老区整体发展面临新的困难。

2008年7月底，陕甘宁老区的延安、榆林、吴忠、固原、庆阳、白银、平凉7市，达成了加强区域合作的7点共识，建议建立"陕甘宁革命老区国家级生态能源经济示范区"，迫切希望改变陕甘宁老区目前的生态与经济状况。

在生态环境十分脆弱的陕甘宁老区，如何实现生态与经济的互动发展，是政府十分关注的重大问题，同时也是实践中十分难以解决的问题，更是学术研究的难点问题。

该项目成果，丰富了生态经济学中生态经济系统、持续发展、系统结构、功能与平衡的理论观点，拓展了生态经济产业、生态安全与乘数效应战略、生态补偿与制度创新的应用价值，力图在一定程度上进行理论与实践创新。

该项目重视了实践价值的体现，我们及时把有实践意义的研究成果以专题报告的形式，通过政府内部刊物《陕西决策咨询》进行交流，先后发表的3篇专题报告，引起了政府部门的关注。

我们认为，生态脱贫途径研究，主要探讨生态建设与经济发展的互动关系。我们讨论的主要脱贫途径，包括理论研究途径和实践对策途径。生态脱贫的理论研究途径，主要探讨了系统动力学模型、互动评价模型、互动发展模式等，旨在提高理论分析水平，如报告中的第四、第五部分；生态脱贫的实践对策途径，主要探讨了制度建设途径、实践对策途径等，旨在强调可操作性，如报告中的第六、第七部分（见图8-1）。

该研究初步建立了生态经济制度体系，第一次提出了生态脱贫途径的生态制度优化与层次结构的观点，特别注意了对策的针对性、操作性、制度创新等。生态制度优化，就是在进一步完善生态购买、生态私有制度创

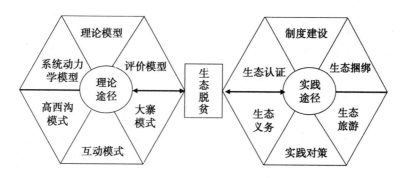

图 8 - 1　陕甘宁老区生态脱贫途径总结示意图

新的基础上，提出生态认证、生态捆绑、互动发展观等观点，而且这些制度与途径具有圈层和层次结构，即不同的地区应该实行不同的生态制度和建设途径，具有生态制度创新和生态管理创新的价值。关于区域互动发展类型的研究，完善了对区域互动发展的理论总结。

在该项目的研究过程中，特别注意突出了六个结合：

即把生态建设与经济发展研究相结合；把宏观制度研究与微观实施途径研究相结合；把实证调查研究与理论分析研究相结合；把自然科学方法与社会科学方法相结合；把全区范围的整体研究与典型区案例研究相结合；把典型区域的模型研究、模式研究与制度研究、对策研究等相结合，最大限度地突出综合性、区域性、交叉性、互动性、实践性。

主要研究观点可以概括为：

（1）进一步研究了陕甘宁老区气候暖干化的趋势，认为其气候背景对该生态建设与经济发展十分不利。气候的暖干化加剧了陕甘宁老区生态环境的恶化，全力促进天然植被的自然恢复力，乔灌草并重，有效利用珍贵的水资源。在发展陕甘宁老区特色经济体系的同时，时刻关注气候变化的过程，以便及时调整修复措施，提高老区抵御气候灾害的能力。

（2）初步分析了典型村农村人口空壳现象的生态与经济效应，提出了发展模式，对同类型地区的生态与经济互动发展有一定指导意义。研究建议，利用农村劳动力大量向外迁移的机遇，结合生态建设工程以保持水土和改善生态环境，通过农林养殖业的分类规模经营管理和合理发展后续加工产业以增加农民收入，最终实现生态建设与经济的协调持续发展。

（3）应用系统动力学等方法，建立了互动发展模型，评价了典型区

（靖边县、大寨村、高西沟村、风沙区）生态与经济互动的水平，进行了理论分析，提出了针对性的发展建议。研究警示认为，目前靖边县经济的发展影响和破坏了生态环境，而生态环境的恶化反过来会影响经济的发展。短期来看，经济效益提高很快，但生态环境恶化的速度更快。长远来看，靖边的生态环境最终会影响经济持续健康发展，这是靖边县生态与经济系统的现状。

（4）提出了生态认证、生态捆绑的制度建议。生态认证就是指在西北及陕甘宁老区生态功能区，根据植被的不同生理机制来确定其对生态环境的敏感度，评定其在不同生态功能区的生长状况，及其对生态环境的影响程度，以市场机制为手段来保证它在一定生长的环境中创造最大的经济和生态效益。

建议国家制度政策，按不同比例从国家、地方、煤炭生产企业收取适度的资金，用于生态环境的治理和建设，同时要求不能仅仅以经济的增长为指标来衡量煤炭资源开发的成败，生态环境质量指标同等重要。

（5）分析了实行生态义务的可能性和必要性。生态义务是针对陕甘宁典型区提出的发展对策，但具有全国意义。为了国家生态环境的持久安全，尽快实现生态文明，根据生态建设需要制定生态建设法规，要求公民必须承担一定的生态安全责任。即强制要求公民承担一定的生态建设义务，明确相应的保护区域，确保生态成果的可持续性。建议国家制定《生态义务法》。

第二节　项目其他研究成果

（公开发表学术研究论文 26 篇，

不含最终成果）的基本情况

1. 主要内容

关于自然环境变化的特点与趋势研究，表明陕甘宁老区生态环境十分脆弱，脱贫与经济发展的难度愈来愈大；

关于人口问题的研究，表明人口问题是制约陕甘宁老区脱贫的重要因素，必须提高人口管理的水平；

关于生态与经济互动发展模式研究，针对不同的功能区提出相应的发展对策；

关于（黄河、渭河、灞河）水环境及淤地坝水文效应的研究，如

"论生态黄河"、"渭河下游水沙变化趋势分析"、"西部城市水环境与经济发展协调模式研究",表明退耕还林(草)已经取得一定的成绩,但仍需要继续完善政策;

关于系统的区域实证调研,已经完成 20 多篇调查报告,由于篇幅限制,也没有一一进入主报告。

2. 创新性

主要集中在以下几个方面:

关于陕甘宁老区气候暖干化趋势对经济及退耕还林(草)的不利影响观点;

关于建设"三北"防护草的观点;

关于草原牧区牧权交易的观点;

关于"基于可公度方法的川滇地区地震趋势研究"论文中 2008 年发生大地震的意见。

3. 社会影响

根据"论'三北'生态草建设"(《陕西决策咨询》2006 年第 8 期)而修改的"转变生态建设观念,积极建设三北防护草",作为西北历史环境与经济社会发展研究中心的基地 2006 年度咨询报告上报教育部。"基于生态认证的陕西及西北生态环境重建途径研究",发表于《陕西决策咨询》2007 年第 7 期。

项目研究人员曾发表于《灾害学》2006 年第 3 期的"基于可公度方法的川滇地区地震趋势研究"论文(内容虽然与陕甘宁老区没有关系,但因同属于西部,论文同时标注另一西部项目和该项目资助),认为"尤其是 2008 年更符合已有地震资料的统计规律,因此川滇地区下次可能发生≥6.7 级地震的年份为 2008 年"。结果是 2008 年 5 月 12 日四川汶川发生 8 级地震,是新中国建立以来损失最大的地震,其宏观发生趋势的结论是正确的,引起了灾害学术界和社会的关注。截至 2008 年 8 月 1 日,已经被同行下载 54934 次,浏览 54524 次,实属罕见。

附　　录

教育部人文社会科学研究项目

陕甘宁老区生态脱贫途径研究（05jjd770013）

发表论文汇总　2008－5－11

1. 延军平、徐小玲等：《基于生态购买的西部经济与生态良性互动发展模式研究》，《陕西师范大学学报（哲学社会科学版）》2006年第4期。

2. 延军平等：《论"三北"生态草建设》，《陕西决策咨询》2006年第8期（总第76期）。

3. 延军平、肖雁、张芳：《基于生态认证的陕西及西北生态环境重建途径研究》，《陕西决策咨询》2007年第7期。

4. 延军平、张香：《新疆葡萄酒业快速发展的途径研究》，《新疆师范大学学报（自然科学版)》2007年第2期。

5. 延军平、张红娟、蒋毓新：《黄土丘陵沟壑区县域气候生产力对气候变化的响应》，《干旱区研究》2008年第1期。

6. 延军平、张志民、张小民、张璐：《草原牧区生态与经济互动途径研究》，《干旱区资源与环境》2008年第4期。

7. 周立花、延军平：《论生态黄河》，《西北水力发电》2006年第3期。

8. 龙小霞、延军平：《基于可公度方法的川滇地区地震趋势研究》，《灾害学》2006年第3期。

9. 张红娟、延军平、周立花、刘晓琼、徐小玲：《区域经济互动发展主要类型及实施对策》，《重庆工商大学学报（西部论坛)》2006年第6期。

10. 陈锋、延军平：《基于国际经验的西部经济发展与生态建设互动途径研究》，《世界地理研究》2006年第4期。

11. 王颖：《1923—1932年陕北自然灾害的初步研究》，《气象与减灾研究》2006年第3期。

12. 张红娟、延军平、张志民、周立花、刘晓琼、徐小玲：《秦岭南麓贫困山区经济与生态"双赢"互动模式研究》，《干旱区资源与环境》2007 年第 1 期。

13. 丁金梅、延军平、鲁丰先：《开封市龙亭景区旅游生态占用分析》，《河南科学》2007 年第 1 期。

14. 严艳：《陕甘宁边区经济发展与产业布局研究》，中国社会科学出版社 2007 年版。

15. 陈正：《人口与生态环境变化指标体系及评价方法研究》，《统计教育》2007 年第 3 期。

16. 肖雁、延军平：《宁南山区退耕还林还草气候效应分析》，《宁夏农林科技》2007 年第 2 期。

17. 马蓓蓓、薛东前、延军平：《西部城市水环境与经济发展协调模式研究》，《干旱区资源与环境》2007 年第 5 期。

18. 丁金梅、延军平：《近 50 年陕甘宁地区气候变化特征分析》，《干旱区资源与环境》2007 年第 6 期。

19. 张芳、杜继稳、延军平：《陕甘宁接壤区气候变化特征及其生态环境效应》，《干旱地区农业研究》2007 年第 4 期。

20. 鲍锋、延军平、孙虎：《高寒农牧交错区退耕还林政策实施效应评价》，《水土保持研究》2007 年第 4 期。

21. 姚蓉、延军平：《陕北地区生态与经济互动发展初探》，《生态经济》2007 年第 8 期。

22. 李小丽、延军平：《陇东黄土高原区庆阳市生态与经济互动模式研究》，《陕西农业科学》2007 年第 5 期。

23. 张倩、延军平：《渭河下游水沙变化趋势分析》，《干旱区资源与环境》2007 年第 9 期。

24. 陈正：《陕西省人口与生态环境现状及评价分析》，《陕西行政学院学报》2007 年第 4 期。

25. 陈正：《人口对生态环境脆弱性影响的相关分析——以陕西榆林为例》，《西安财经学院学报》2007 年第 1 期。

26. 肖雁、延军平、张芳：《西北地区生态环境建设制度创新研究——生态认证》，《陕西师范大学学报（自然科学版）》2008 年第 1 期。

27. 丁金梅、延军平、文琦等：《基于生态足迹法的榆林市生态重建研究》，《干旱地区农业研究》2008 年第 2 期。

28. 文琦、延军平、丁金梅：《农牧交错区生态建设与农村经济耦合发展研究》，《农业现代化研究》2008 年第 2 期。